Conversando **contigo!**

Capa e projeto gráfico:
Kátia Cabello
Foto :
Renato Cirone

Revisão e Editoração Eletrônica:
João Carlos de Pinho

Publicação, Distribuição
Impressão e Acabamento
CENTRO DE ESTUDOS
VIDA & CONSCIÊNCIA EDITORA LTDA.

Rua Agostinho Gomes, 2312
Ipiranga • CEP 04206-001
São Paulo • SP • Brasil
Fone / Fax: (11) 6161-2739 / 6161-2670
E-mail: grafica@vidaeconsciencia.com.br
Site: www.vidaeconsciencia.com.br

Textos publicados originalmente
na revista *Contigo!*, da editora Azul,
desde a edição 938, de 07/09/93,
até a edição 1114, de 21/01/97.

Zibia Gasparetto

Conversando **contigo!**

EDITORA VIDA & CONSCIÊNCIA
GRÁFICA

Como nasceu este livro

No ano de 1993, Walcyr Carrasco, então diretor da *Contigo!*, me convidou para ser colunista da revista. Até então eu tinha sido só uma secretária dos espíritos desencarnados, tendo publicado apenas os trabalhos deles.

Era um bom desafio, e eu aceitei por vários motivos. Primeiro porque tinha curiosidade de saber como eu me sairia escrevendo por minha própria conta. Depois, porque essa revista era de grande tiragem, muito popular, o que me permitiria divulgar as idéias que mudaram minha vida.

Educada como a maioria das mulheres de minha geração, procurei cumprir todas as regras que a sociedade coloca como certas e só muitos anos depois descobri que a maioria delas eram erradas.

Em novembro de 1946, quando me casei, enterrei a menina cheia de vida, de alegria, amante da música, da dança, do prazer de viver, da espontaneidade, e entrei no papel da "esposa" e da "mãe".

Não que seja ruim ser esposa e mãe. Eu me casei por amor. Estava feliz em ter um lar, em estar com a pessoa amada. Amava meus filhos. O ruim foi a forma como eu assumi isso.

Aos vinte anos, eu não era uma beleza especial, mas era viçosa, alegre, cheia de prazer, atraía sempre muitos admiradores, e depois do casamento eu achava errado que algum outro homem me admirasse, mesmo que eu nada fizesse para isso. Me sentia culpada, e aos poucos fui sufocando minha exuberância natural, procurando me esconder, entrando no papel da "senhora", engordando, e cada dia me dedicando mais à família, aos filhos, ao marido, esquecida de mim.

A mediunidade foi uma porta maravilhosa que me abriu o entendimento para a realidade da vida espiritual. Entretanto, como médium eu sentia mais do que nunca a "obrigação" de ser séria, sisuda, o exemplo da missionária que precisava "salvar" os sofredores do mundo!

Quanta ilusão! A única pessoa que eu poderia "salvar" era eu mesma, já que cada um é responsável apenas por si. Foram necessários mais de trinta anos, muitas desilusões, para eu entender isso.

A vida me deu tudo, e eu não fui capaz de vivê-la do meu jeito e aproveitar a felicidade. Passei o tempo todo sepultando minha alegria, meu prazer, só pensando nos outros, acreditando que um dia seria recompensada por meu esforço e sacrifício.

Sempre me ensinaram, não só os pais, os professores e até os amigos, que para ser feliz eu precisava pensar nos outros primeiro. Que para ser humilde eu tinha que me anular, ficar em último lugar. Que para ser boa esposa eu tinha que me sacrificar pela família. Eu me anulei para fazer isso.

Meu marido era um homem de temperamento forte, mas muito trabalhador, honesto, sempre respeitou a família. Nós nos amamos muito. Meus filhos, saudáveis, amorosos, nunca me deram problemas. Eu vivi bons momentos de convivência com todos eles. Mas, apesar disso, eu sentia um vazio no peito, uma insatisfação que nada preenchia.

Intimamente eu me recriminava por isso. Eu não tinha nenhum motivo para me queixar. Entretanto, a insatisfação, o vazio no peito continuavam me infelicitando.

Depois de 34 anos de casamento, em um ano, perdi duas muletas. Meu marido e minha mãe. Os filhos, já adultos, eram independentes. Fiquei só.

No princípio, vagava por minha casa à noite, olhando triste os quartos vazios. Quando dormia, acordava no meio da noite procurando o braço amigo do homem que dormira abraçado comigo todos aqueles anos e encontrava o vazio. Sentia dentro do peito uma dor, um buraco que nada conseguia preencher.

Tentei me agarrar em meu filho Luiz Antonio. Entretanto, ele, estudioso, profundo conhecedor do comportamento humano, não me permitiu. Me empurrou, falou duro, me mostrando que estava na hora de eu assumir o controle de minha vida e que eu tinha poder de fazer isso.

Chorei muito, mas alguma coisa dentro de mim acordou e eu senti que precisava reagir. Que se eu não fizesse isso acabaria como tantas outras pessoas de idade que tenho visto: abandonada e infeliz.

Enxuguei os olhos e procurei aprender. Custei para me aprumar. A tristeza, o desânimo, a falta de confiança em mim ainda estavam muito presentes. Mas eu tinha começado a compreender, a abrir minha mente, e isso não tem volta. Os conceitos errados aprendidos e cultivados durante toda minha vida ainda me limitavam, mas Luiz Antonio não perdia ocasião de me mostrar que eu ainda podia mudar e tornar minha vida melhor. Eu reagia e renovava meu esforço para me reencontrar.

Eu tinha perdido completamente a identidade. Não sabia mais do que gostava, do que eu precisava para ser feliz. Há muito eu não me sentia nem escutava. Tinha me tornado uma desconhecida.

Aos poucos fui reagindo. Os livros de auto-ajuda, de pensamento positivo, me fizeram ver lados da vida, possibilidades que eu ignorava. A perceber pedaços de meu sentir e a retomar o contato com meu ser interior, com minha essência.

Descobri o poder do subconsciente, e conseqüentemente meu próprio poder. Entusiasmada, percebendo que me faziam muito bem e que funcionavam, comecei a colecionar afirmações positivas, escrevendo-as e espalhando-as por toda a casa, colando-as em lugares visíveis.

Com a orientação de meus guias espirituais fundei uma editora e mais tarde, junto com Luiz Antonio, minha filha Silvana e meu genro Jorge, fundamos o Espaço Vida e Consciência.

Tornar-me empresária, dirigir uma editora e agora administrar boa parte de nossa empresa tem sido gratificante e me mostrado capacidades ignoradas, novos aspectos de minha personalidade e principalmente que eu seria capaz de aprender qualquer coisa, se o quisesse. Ser útil, produzir, tornar-me independente financeiramente é um prazer do qual agora eu não abro mão. Comprar o próprio carro, custear as próprias despesas, ter o próprio dinheiro traz dignidade.

Aos poucos consegui de volta minha alegria, vivacidade, prazer de cantar, dançar e me divertir. Hoje eu sei que a alegria é alimento espiritual e sem ela a vida se vai, definha, por falta de energia. O entusiasmo é motivante e atrai novas forças astrais, melhorando nossa saúde, aumentando a vontade de viver.

A vida me ensinou que eu não precisava ter me abandonado para ser uma boa esposa e uma boa mãe. Que eu não precisava me tornar sisuda para ser uma pessoa espiritualizada. Que para ser feliz eu só precisava continuar sendo eu, vivendo dentro de minha natureza, respeitando o jeito de ser que Deus me deu.

Eu redescobri a alegria de viver. Estou ainda jogando fora meus medos. De muitos eu já me livrei, mas alguns de quando em quando reaparecem como a me advertir que eu não posso esquecer de me fazer feliz.

O contato que durante três anos e meio tive com os leitores, através da revista *Contigo!*, ora respondendo suas perguntas, ora contando minhas experiências, deu-me muita satisfação. As milhares de cartas que recebi e ainda recebo atestam que o caminho é esse, pois muitas pessoas me contaram que tinham experimentado minhas sugestões e mudado suas vidas para melhor.

Algumas até se reuniam todas as semanas para discutirem minhas matérias e tirarem mais proveito. E quando a revista, modificando seu formato, estabeleceu novos critérios e eu achei que estava na hora de parar, foram elas que me escreveram pedindo que reunisse esse material em um livro, o que estou fazendo agora.

Eu redescobri a vida e me considero uma pessoa muito feliz! Convido você a fazer o mesmo, não importa quão ruim sua vida esteja agora. Está em suas mãos o poder de mudar! Coragem! Jogue fora seus medos e vá em frente! Assim como eu, tenho certeza que você conseguirá!

Um abraço,

Zibia Gasparetto

*Meus agradecimentos à Editora Azul
e a Airton Almeida, diretor da
revista* Contigo!, *por liberarem
os artigos para publicação deste livro.*

O que é reencarnação?

A reencarnação é um fenômeno da natureza. Em seus ciclos, tudo é equilíbrio e acontece no tempo certo.

Embora o homem se agite, sofra e chore, ignorando o sofrimento humano, tudo segue igual, esse equilíbrio não se rompe. A vida continua cobrindo nosso planeta de pássaros e flores como se nada estivesse acontecendo. Um bêbado estirado na calçada, uma família dormindo ao relento, alguém sofrendo na UTI, o sol brilha no céu, sereno e límpido, indiferente e mudo.

Frente aos problemas humanos, as pessoas de fé rezam e esperam tentando ajudar como podem. Os descrentes rebelam-se e tornam-se agressivos, como se a agressividade pudesse defendê-los da dor.

A vida não é omissa e a natureza tem a serenidade de quem sabe o que faz. Seu pulsar obedece a leis perfeitas. Está no leme de tudo, respondendo a cada atitude com uma reação equivalente. Sem julgar nem punir. Apenas colocando os meios para que cada um amadureça e compreenda os valores eternos da alma.

Nós somos muito mais do que um animal pensante. Nós somos espíritos. Temos uma alma que é a essência divina e um corpo astral que nos possibilita viver em outras dimensões do universo, depois que nosso corpo de carne morre. Feito de matéria menos densa, mais maleável, ele torna possível a reencarnação. Nascemos, crescemos, morremos e tornamos a nascer quantas vezes for preciso para desenvolver nossa consciência.

Na Terra, estamos retidos temporariamente em estreita faixa energética de forte magnetismo, para podermos esquecer, o que é um alívio, diante do quadro de nossas necessidades. As experiências passadas ficam arquivadas em nosso inconsciente e são elas que determinam como será nossa próxima encarnação, que tipo de pessoas serão nossos pais e quais os valores que precisamos exercitar.

Nossas atitudes escrevem nosso destino. Nós somos responsáveis pela vida que temos. Culpar os outros pelo que nos acontece é cultivar a ilusão. A aprendizagem é nossa e ninguém poderá fazê-la por nós, assim como nós não a poderemos fazer pelos outros. Quanto mais depressa aprendermos isso, menos sofreremos. A reencarnação é a porta e a chave para compreender os problemas do mundo. A desigualdade social, as diferenças de aptidões e de oportunidades, as doenças incuráveis, principalmente em crianças, as tragédias coletivas ou não, as mortes prematuras.

É a ação da justiça divina que jamais pune porque o erro é condição essencial a nossa aprendizagem. Nos permite tentar de novo, rodeando-nos de beleza, garantindo o desabrochar de nossas experiências, cerrando uma cortina sobre nosso passado, permite-nos conservar os talentos já desenvolvidos.

O gênio é resultado de muitas vidas dentro de uma mesma função. Com o tempo, aprendemos a usar nossa força interior, a transformar a agressividade em coragem e motivação ao trabalho, a inveja em esforço para conquistar mais sabedoria, o orgulho em dignidade. A intuição e a lucidez aparecem depois de muitas encarnações e nossa alma brilha e aprende a ciência de ser feliz. A dor perde sua função porque não colocamos resistência às mudanças do progresso.

A vida trabalha incessantemente para nossa felicidade. Se você não é feliz, convido-a a fazer uma lista respondendo a esta pergunta:

— Quais as coisas boas que eu tenho?

Seja sincera. Observe todos os detalhes. Sua saúde, o que gosta em você, suas virtudes, suas vitórias. Não omita nada.

Experimente. Certamente se surpreenderá. Escreva-me contando o resultado. Eu espero você.

A vida não é omissa e a natureza tem a serenidade de quem sabe o que faz.

A vida continua!

Somos eternos! A morte é só uma mudança de estado. Depois dela, passamos a viver em outra dimensão. Porém, continuamos a ser os mesmos, com as mesmas idéias, afetos e sentimentos.

Aquela mãe controladora que sempre dizia o que você deveria fazer, aquele marido ciumento e mandão, aquele parente que não apreciava você, todos eles estão lá, na outra dimensão, iguaizinhos como eles eram no mundo terreno. Se as leis que regem os diferentes planos de vida não fossem tão rigorosas, talvez eles continuassem a perturbar sua vida, mesmo depois de mortos. E embora alguns acreditem nisso, não é tão fácil assim. Os mundos são separados por diferentes ondas de freqüência, o suficiente para garantir o bem-estar de todos.

Também aqueles que você ama, os artistas que você admirava, o amigo que você não esquece, todos continuam mais vivos do que nunca, fazendo parte de uma sociedade organizada, onde podem desempenhar várias atividades, trabalhar, aprender, experimentar. Outros mundos existem neste universo infinito. Já pensou como a vida é extraordinária?

A interferência desagradável dos espíritos em nossas vidas só tem acontecido a algumas pessoas em caso de dependência, estabelecendo laços tão fortes que a vida precisa ser drástica para vencê-los.

As pessoas dizem que se amam e se colam umas às outras. E elas caminham aos grupos, penduradas, misturando as idéias e os pensamentos, os gostos e os problemas, de tal sorte que perdem a individualidade. Não fazem nada sozinhas. Tudo fica difícil. Não sabem mais do que gostam, o que querem, nem o que lhes dá prazer. Estão sempre fazendo coisas sem vontade. A isso se dá o nome de depressão.

As que convivem durante muitos anos nesse estado, principalmente no casamento, entrelaçam de tal sorte suas energias que, quando um dos dois morre, a aura daquele que fica torna-se cheia de buracos, que podem ser vistos pelos videntes e até registrados nas fotos Kirlian.

Neles a sensação de perda é muito forte, e só o tempo, a doação magnética de energias e principalmente a vontade da própria pessoa se motivando a outros interesses conseguem a recomposição individual. Você conhece alguém assim? Tente perceber em quem essa pessoa se pendura. Elas dão a isso o nome de dedicação, amor, amizade e até cooperação. Eu daria o nome de comodismo, manipulação, preguiça. Isso não é amor.

O amor é um sentimento da alma, de prazer interior, não condiciona nem exige. Libera e dá plenitude. Alimenta e revigora. Não pede a destruição da individualidade, não cria algemas nem sofrimento.

A vida precisa ser renovada. A morte é a mudança que estabelece a renovação. Quando alguém parte, muitas coisas se modificam na estrutura dos que ficam. E, sendo uma lei natural, ela é sempre um bem, muito embora as pessoas não queiram aceitar isso. Nada é mais inútil e machuca mais do que a revolta. Lembre-se de que nós não temos nenhum poder sobre a vida ou a morte. Ela é irremediável.

O inconformismo, a lamentação, a evocação reinterada de quem se foi, a tristeza, a dor podem alcançar a alma de quem partiu e dificultar-lhe a adaptação na nova vida. Ele também sente a sensação da perda, a necessidade de seguir adiante, mas não consegue devido aos pensamentos dos que ficaram, a sua tristeza e a sua dor.

Se ele não consegue vencer esse momento difícil, volta ao lar que deixou e fica ali, misturando as lágrimas, sem forças para seguir adiante, numa simbiose que aumenta a infelicidade de todos.

Pense nisso. Por mais que esteja sofrendo a separação, se alguém que você ama já partiu, liberte-o agora. Recolha-se a um local tranqüilo, visualize essa pessoa em sua frente, abrace-a, diga-lhe tudo que seu coração sente. Fale do quanto a ama e do bem que lhe deseja. Despeça-se dela com alegria, e quando recordá-la, veja-a feliz e refeita.

A morte não é o fim. A separação é temporária. Deixe-a seguir adiante e permita-se viver em paz.

A morte é só uma mudança de estado.
Depois dela, passamos a viver em outra dimensão.

Você tem mediunidade?

Se você:

- é instável e emocionalmente vai da euforia à depressão sem causa aparente;
- de repente sente dores pelo corpo que se manifestam ora em um lugar ora em outro;
- tem sintomas de doenças, queda de pressão, falta de ar, arrepios;
- sai de casa bem e, ao entrar em algum lugar, sente-se indisposto, com vontade de sair correndo ou de dormir;
- tem facilidade de ser amável com algumas pessoas e com outras você quer brigar;
- sente medo, insatisfação, não dorme direito, vai ao médico e ele não encontra nenhuma doença e diz que você está com "distonia do neurovegetativo";
- tem pensamentos estranhos, sente inchaço nas mãos, na cabeça, dormência nos membros;
- sonha que está voando, caindo ou vê seu corpo adormecido na cama...

Se um pouco de tudo isso estiver acontecendo com você, é hora de descobrir que sua sensibilidade está se abrindo. Que você tem mediunidade.

Abrir a sensibilidade é caminhar para a maturidade espiritual. Claro que se você fosse equilibrado emocionalmente, seria uma maravilha. Só captaria as energias dos iluminados, das coisas boas e se sentiria muito bem. A sintonia é uma realidade.

É aí que entra o problema emocional de cada um. A afinidade é lei universal.

Dá para perceber como isso pode ser penoso para quem ainda não aprendeu a dominar suas emoções?

Todas as pessoas têm alguma sensibilidade, são influenciadas e influenciam os outros. Contudo, há aquelas em que isso se torna mais evidente, com várias perturbações de difícil diagnóstico, que podem manifestar-se em sintomas de doenças cujas causas os médicos não conseguem descobrir.

Somos bombardeados por toda sorte de energias: as formas-pensamentos das pessoas, a mente social, os espíritos dos que já morreram e que ainda perambulam pela Terra. Somando a isso tudo nossas crenças, nossas ilusões e nossas necessidades, teremos o quadro de nossa situação real.

Por causa disso, muitos temem a mediunidade. Sentem-se perturbados e a culpam. Ela não é responsável por isso. Ao contrário. Ela revela os pontos que precisamos equilibrar, o quanto a pessoa é descuidada consigo mesma e está dependente dos outros.

Toda dependência é sinal de imaturidade. Ela anula nossa força interior, nos torna fracos e incapazes. Para crescer é preciso desenvolver os próprios potenciais, cooperar com a vida. É da lei do progresso, não há como evitar isso.

É por essa razão que os desafios estão sempre presentes em nosso dia-a-dia. Assumir a responsabilidade por nossos atos, com coragem e disposição, nos coloca a favor da vida e ela nos apóia.

Porém, se você nega sua própria força, julga-se incapaz, imperfeito, está dizendo *não* a seu próprio crescimento, certamente os desafios serão maiores.

A abertura da sensibilidade pode nos proporcionar momentos de extrema felicidade. A ligação com as forças sublimes da vida colocará novas lentes em nossos olhos, lucidez e serenidade em nosso coração.

Quando isso não acontece, está na hora de parar e prestar atenção. A vida só age por nosso melhor. Quando ela permite que você seja açoitado pelas perturbações, qual é o recado que ela pretende lhe dar? Dentro de minha experiência posso até arriscar alguns palpites:

- Você é também um espírito eterno.
- Tem uma alma que sobreviverá à morte de seu corpo!
- Há vida em outros mundos além da Terra!
- A morte não é o fim!
- A vida continua.
- Os que morreram continuam a viver em outras dimensões!
- A separação é temporária!

Viver essa experiência não é fenomenal? Eu convido você a largar a dependência e acreditar em sua força interior, a vir comigo e com meus amigos espirituais para descobrir a eternidade da vida, a reencarnação, a possibilidade de evoluir sem dor. Eles nos dizem que nós podemos ser felizes desde agora. Você quer? Escreva-me. Eu espero você.

Há vida em outros mundos além da Terra!
A morte não é o fim! A vida continua.

Comunicações com os espíritos

Segunda-feira às oito e meia meu telefone tocou:

— É da casa de Zibia Gasparetto, a colunista da revista *Contigo!*? Ela dá consultas a domicílio?

Não. Eu não dou consultas de espécie alguma. Algumas pessoas poderão perguntar:

— Mas você não é médium? Não se comunica com os espíritos?

Sou. Na verdade são eles que se comunicam através de mim. Isso modifica um pouco as coisas. Como costuma dizer meu amigo Chico Xavier, esse telefone só toca de lá para cá.

As pessoas fazem muita confusão a esse respeito. Aliás, pensam que os médiuns existem para fazer o que elas querem, resolverem seus problemas, curar suas doenças. Em suma, elas acreditam que os médiuns intervêm nos acontecimentos do cotidiano de acordo com os caprichos e as ilusões de cada um.

— Como?! Você não vai me atender? Eu estou precisando.

Isso nas horas mais inusitadas, em uma invasão à privacidade do médium, na ilusão de que ele vai poder resolver todas as dificuldades que essas pessoas levaram anos para acumular. Se isso não se der da forma como elas imaginam, saem revoltadas:

— Eu não acredito nessas coisas!

Ninguém está sozinho. A assistência espiritual existe e tem prestado incontáveis serviços às pessoas, numa demonstração de que a vida é amor e bondade, mas jamais se prestará a fazer por elas a parte que lhes cabe.

Se viemos ao mundo para desenvolver nossos potenciais, privar-nos disso seria danoso a nosso progresso. Nenhum amigo espiritual se prestaria a esse papel. Eles são muito independentes e só fazem o que querem e acham que é bom.

Contudo, a população no astral é composta de pessoas que viveram na Terra e, se há os que são mais evoluídos, há os que por serem ainda muito mundanos preferiram ficar por aqui, em volta das pessoas. Esses são os que gostam de dar palpites na vida alheia, interferir nas brigas de família, nos meandros da política e chegam a formar verdadeiros partidos, tentando proteger aqueles com quem simpatizam e atrapalhar os adversários. Sem falar do futebol e da religião, cujo fanatismo continua mesmo depois da morte.

Pessoas que se prestam ao uso da mediunidade sem conhecimento das leis que regem esses fenômenos são presas fáceis desses espíritos e acabam pagando um preço alto por essa "ajuda".

Há alguns anos fui a um cabeleireiro no bairro paulistano dos Jardins. Enquanto aguardava a vez de ser atendida, tive minha atenção voltada para uma moça que estava cortando os cabelos. Senti enorme vontade de conversar com ela, mas me contive. Uma voz me dizia que eu precisava lhe falar e que era importante.

Como eu não sabia o que iria dizer-lhe, não disse nada. Mas quando eu estava no secador, ela veio e sentou-se a meu lado. Então, comecei a sentir um peso na barriga, na altura dos ovários, e quando percebi já estava falando com ela.

— Você tem algum problema nos ovários?

— Por quê?

— Por que você teve uma gravidez tubária que não evoluiu. Fique tranqüila, que não é nada grave. Vai ficar tudo bem.

Minha boca falava e eu observava sem poder parar. Ela começou a chorar e respondeu:

— Eu vim fazer o cabelo e as unhas porque vou me internar no hospital hoje à tarde. Tenho um cisto no ovário e vou ser operada amanhã cedo. Eu estava muito nervosa. Tenho filhos pequenos e temia que me acontecesse alguma coisa. Agora sei que tudo vai sair bem. Obrigada.

A emoção tomou conta de nós. E, de fato, quando voltei lá na semana seguinte soube que ela tinha sido operada com muito sucesso e que eles tinham retirado um feto extra-uterino mumificado.

A ajuda dos espíritos em nossas vidas tem se manifestado de inúmeras formas, nem sempre tão direta como essa. Um atraso, a perda de um avião ou uma mudança de última hora em nossos planos podem ser uma forma de evitar acidentes ou problemas.

E embora os médiuns possam perceber essa interferência, muitas pessoas já as sentiram em suas vidas. Quem não pode contar uma experiência a esse respeito?

A ajuda dos espíritos em nossas vidas tem se manifestado de várias formas, mesmo quando não percebemos.

Você sempre foi um sucesso!

Há pessoas que se queixam tanto que eu, hoje em dia, quando as encontro, tenho receio de perguntar:

— Como vai?

Porque, quando eu faço isso, elas abrem o muro das lamentações e eu, como não pretendo cultivar essa sintonia, custo a encontrar uma brecha para escapar.

O melhor é ir logo dizendo:

— Como você está bem! Que maravilha!

Elas, que se preparavam para desfiar o rosário de queixas, ficam sem graça, mas se sentem melhor e reagem mais animadas:

— Você acha?

Você é das que se queixam ou das que consolam?

Quando alguém se queixa e você acha que precisa ser compreensiva, fazer cara de solidária para parecer que é muito boa e sofre com a dor alheia, com certeza vai carregar uma boa parte das energias negativas da pessoa. E se você for muito sensível, é até provável que a queixosa acabe por se sentir melhor e você saia dali derreada.

Como?! Não é caridade sentir os sofrimentos dos outros? Tentar ajudar?

Quando a ajuda é efetiva, verdadeira, é divino. E quem consegue isso certamente se sentirá muito bem. Mas se nos sentimos mal, é claro que aconteceu o oposto. Em vez de prestar ajuda como pretendíamos, nós baixamos nosso padrão energético, ficamos igual.

— Mas eu tinha boa intenção. Por que aconteceu isso?

Será? Nós gostamos de parecer caridosos sem que a compaixão nos impulsione. Fazemos isso por uma convenção social em que não entra o prazer nem o verdadeiro sentimento. Mas nossas atitudes no dia-a-dia não obedecem a nossas fantasias e sim refletem idéias nas quais acreditamos. Muitas são parciais, falsas, aprendidas e aceitas sem questionar.

Nosso subconsciente trabalha na materialização de nossas crenças. Ele não tem senso de humor. Faz sempre o que acreditamos. Não falha. Dessa forma, o fracasso não existe. Você foi sempre um sucesso! Sua vida é obra sua. Você é responsável por suas experiências. Mesmo aquelas que parecem não depender de você foram atraídas por sua forma de pensar.

As coisas não vão bem? Só colhe infelicidade? É hora de perceber como você consegue fazer isso. Certamente não escolheu a atitude adequada para obter bons resultados. Mudando essa atitude, tudo se modificará.

A vida deseja que você desenvolva seus potenciais de espírito eterno e aprenda a ser feliz. A felicidade é nosso destino e só o bem é verdadeiro. Para nos ensinar isso, a vida programa nossas experiências de acordo com nossas necessidades. Através do resultado dessas experiências conquistamos a sabedoria.

Na queixa há sempre uma justificativa para continuarmos a ser como somos, mas há também uma auto-imagem negativa. Você pensa que não pode fazer nada, que é incapaz e não merece. Conforma-se em ser pobre, em ficar em segundo plano, em pensar primeiro nos outros (é feio pensar em você primeiro). Acha que, para você ter, outros terão que lhe dar e que perder. Como se Deus fosse pobre e tão limitado que para dar a uns teria que tirar de outros. Esses pensamentos são altamente depressivos e atraem infelicidade.

Seu subconsciente obedece às mensagens que você lhe envia. Você tem todo o poder de criar seu próprio destino. Se deseja viver melhor, reconheça isso.

Faça uma lista de suas crenças e até das frases que costuma dizer. Se puser atenção e for sincera, logo vai perceber quais as crenças que são responsáveis por sua infelicidade. Não pense mais nelas. Esqueça-as. Quanto mais se preocupar em eliminá-las, mais pensará nelas e as alimentará.

Trate de cultivar o oposto. Faça afirmações positivas sempre usando o presente. Exemplo: "Eu sou feliz", "Tenho muita sorte", "Minha saúde está cada dia melhor", etc. Escreva-as e espalhe-as em sua casa, nos lugares onde você possa vê-las constantemente. Repita-as várias vezes ao dia.

Mas não se esqueça de pôr emoção nelas, acreditar realmente no que afirmar. Ignore aquela vozinha que lhe diz que não vai funcionar. Não custa nada experimentar.

Lembre-se de que todos os problemas de sua vida foram criados por você. Você foi, é e sempre será um sucesso. Suas escolhas podem ter dado um resultado diverso do que você esperava, mas você conseguiu materializá-las. Refletem o que você crê, e o que você crê seu subconsciente materializa. Pense nisso.

Se sua vida vai mal,
precisa perceber como você está
conseguindo fazer isso.

Um remédio especial!

"Minha neta Natália nasceu com um câncer no pescoço e morreu aos seis meses de idade. É importante para mim receber uma mensagem desse espírito, compreender por que isso aconteceu. Peço-lhe para me tirar dessa angústia, dessa depressão."

Se eu tivesse o poder de entrar em seu coração e mudar seus sentimentos, talvez o fizesse. Mas ninguém pode fazer isso, a não ser você mesma.

Os espíritos são seres livres que fazem o que querem ou o que podem. Não é aconselhável evocá-los. A vida astral é muito ativa e organizada. Pode acontecer que a pessoa que desejamos chamar não tenha possibilidade de vir até nós e nossa energia iria perturbá-la.

Você quer compreender, não aceita o que aconteceu à sua família. E se eu lhe dissesse que as coisas são diferentes do que pensa? O que você chama de doença foi cura; o que acredita ter sido morte foi vida.

Natália, em vida anterior, foi mulher bonita, forte e passional. Teve muitas paixões, amor, sofreu, viveu intensamente. Mas foi traída, sentiu-se humilhada. Não expressou seu rancor. Chamada ao perdão, disse que perdoava, mas em seu coração guardou fundo ressentimento. As pessoas que odiava tiveram uma vida boa, e ela, embora dissimulasse, não se conformava. Achava injusto. Por que a vida não as castigava?

Ela foi ficando deprimida, perdeu o prazer de viver. Tornou-se amarga e triste. Só falava na traição da qual fora vítima. Até que começou a sofrer umas ausências e por fim alguns ataques com convulsões. Morreu inconformada e chegou no astral doente e infeliz.

Tratada com carinho pelos assistentes espirituais, Natália melhorou um pouco. Mas os ataques se repetiam causando-lhe grande sofrimento. Estudando seu caso eles chegaram à conclusão de que ela, tendo guardado o ressentimento durante tanto tempo, tinha acumulado energias destrutivas no cerebelo de seu corpo astral, tendo formado uma espécie de tumor, que provocava suas crises e seus ataques.

Natália queria melhorar, precisava curar-se. Agora compreendia a limitação das pessoas. Percebera que ela dramatizara demais a ofensa recebida. Tinha exagerado sua importância. Aprendera que as pessoas só dão o que sabem dar. Esperar delas o que não têm condições de fazer é ilusão. Por fim, Natália sentiu grande alívio. Seu ressentimento tinha desaparecido.

Embora se sentisse melhor, sua saúde não era boa.

— Eu quero melhorar. Estava enganada. Agora quero ser feliz, ter saúde. Joguei fora minha vida inutilmente. Estou arrependida — disse ela a seus assistentes espirituais.

Interessados em que ela se curasse, eles estudaram profundamente seu caso e lhe disseram:

— Para você sarar só há um remédio: reencarnar.

— De novo? — perguntou ela um pouco assustada.

— Sim. Você sabia que o corpo de carne é uma válvula que absorve as energias do corpo astral e as elimina? Ele absorve e elimina essas energias, em forma de doenças. As doenças do corpo são a saúde da alma. Alguns meses serão suficientes para eliminar seu tumor e você ficará curada.

— Estou com medo! Esquecer tudo, nascer de novo!

— Nós vamos ajudar. Não tema. Quando voltar, estará curada. Não é uma maravilha?

— Está bem, aceito. Mas reencarnar onde?

— Há uma amiga sua reencarnada na Terra que a receberá com amor. Providenciaremos tudo.

Assim, ela nasceu, viveu, curou-se e voltou ao astral, deixando as marcas dolorosas de sua alma enterradas junto com aquele corpinho frágil e pequenino.

Por isso, renda graças a Deus por ter permitido que você e sua família ajudassem na cura de Natália. Ela, de onde está agora, cheia de saúde e feliz, certamente os está abençoando.

Não olhe as coisas como parecem ser. Vá mais fundo. Olhe com os olhos da alma. Há muito para agradecer. Não perca mais tempo. Limpe sua alma de toda mágoa, ressentimento, aprenda a não julgar o que não consegue entender. Sinta a bondade de Deus, sua perfeição e a beleza da vida!

Assim como Natália reencontrou a alegria, diga adeus a sua dor e deixe a felicidade entrar.

O que você chama de doença foi cura.
O que você chama de morte foi vida!

Você consegue ver o bem?

"Eu me julgo uma pessoa boa e não faço mal a ninguém."

Nas maioria das cartas que recebi, havia essa frase e logo a seguir, ao invés de relacionar as coisas boas que cada um já tem na vida, vinha a lista das dificuldades, dos problemas, dos sofrimentos, das lutas e o pedido de ajuda.

Essa incapacidade de perceber o bem em suas vidas revela por que essas pessoas sofrem e atraem para si cada vez maiores dificuldades. Quem planta colhe. Elas estão em sintonia com o mal o tempo todo. Cultivam os acontecimentos tristes e curtem as tragédias como inevitáveis, colecionam as queixas e as coisas desagradáveis que lhes acontecem. O que podem esperar?

— Isso não é verdade! — parece-me vê-la responder. — Eu nunca cultivei o mal. Só penso no bem, só desejo o bem. Mas eu sou realista. Não me iludo. A dor é uma realidade!

Você pode até desejar o bem. Mas quando se fixa nas queixas e no lado negativo das coisas, age sob essa ameaça. O que importa não é o que você gostaria, mas o que você faz.

Suas atitudes determinam sua verdadeira escolha. E depois de semear, você vai ter que colher. A dor machuca e, quando chega, cumpre sua finalidade. Porém, ela só aparece em último caso, quando foram esgotadas todas as outras alternativas. A vida é misericordiosa sempre.

Você já se perguntou por que há pessoas para as quais tudo é fácil e elas estão sempre bem? Até sei o que você vai dizer:

— Conheço algumas, mas essas são "cucas-frescas", não se importam com nada. Eu sou diferente. Eu me importo com a dor alheia!

Essa é a grande ilusão! Você pensa que acreditar na dor, pensar nela, é solidariedade. "Sofrer junto" significa ter bondade, fraternidade. Como se adoecer com o doente pudesse curá-lo!

Em vez de sofrer com a miséria e a fome, com as tragédias, as guerras, os problemas sociais que assolam nosso mundo, seria melhor parar um pouco e se perguntar:

— Tenho condições de fazer alguma coisa para melhorar tudo isso?

Se você sentir que tem, faça. Faça e esqueça. Se não tem, reconheça seus limites e esqueça da mesma forma. Não carregue o peso dessa dor no coração, nem se impressione com ela. O que aconteceu com os outros não vai obrigatoriamente acontecer com você. Não lhe cabe nenhuma culpa pelo que ocorre no mundo. As coisas não vão melhorar só porque você sofre e gostaria que elas fossem diferentes. Pare de se torturar!

Seja mais modesta. Reconheça que você não tem condições de modificar as pessoas. Saia da ilusão de querer "salvar" todo mundo. O que você pode fazer agora é olhar a vida com bons olhos. Experimente de novo: "O que eu já tenho de bom?"

Será que desta vez você vai perceber os tesouros que enriquecem sua vida? O corpo saudável, uma particularidade especial... Uma casa aconchegante, uma família bonita, um amigo dedicado, um sorriso agradável, liberdade de escolher, facilidade para determinadas coisas, boa voz para cantar, etc., etc.

Impossível que você não tenha pelo menos algumas dessas coisas. A menos que esteja iludida, condicionando seu bem-estar e pensando: "Eu só serei feliz quando..." ou "Eu só serei feliz se..."

Colocamos nossa felicidade em coisas ou pessoas sem saber se quando a obtivermos seremos realmente felizes. Nós nos iludimos de tal forma que passamos a viver na esperança do futuro. Com esse comportamento, desperdiçamos os melhores momentos de nossas vidas. Estamos ausentes o tempo todo. As boas oportunidades passam por nós e nem sequer as percebemos. Não vivemos realmente, só cultivamos nossa loucura.

Não é de estranhar que agindo assim acabemos infelizes, frustrados e cheios de insatisfação.

Vamos mudar isso? Você pode. Está em suas mãos criar e modificar o próprio destino. O poder é só seu.

Aí vai uma dica. Tudo na vida tem dois lados: o positivo e o negativo. Todas as situações podem ser observadas através deles. De que lado você está? Diante de um problema ou de um momento desagradável pergunte-se:

— O que a vida pretende me ensinar com esse fato?

Tenha calma e espere. A resposta virá com certeza. Logo perceberá o lado bom do que está acontecendo. E se você aprender logo, certamente não precisará mais dele. Vamos tentar?

Você pode mudar sua vida.
Está em suas mãos criar e modificar
o próprio destino. O poder é só seu.

Você tem medo de fantasmas?

As pessoas têm muito medo de morrer e de ver fantasmas. Você sabia que, quando seu corpo dorme, seu espírito pode sair e viajar pelo astral? Eu disse pode, porque alguns estão tão preocupados com os problemas do dia-a-dia que quando dormem seus espíritos não se desligam deles.

São as pessoas que dramatizam muito e querem resolver tudo dentro da própria cabeça. Geralmente acordam cansados, com o corpo moído na manhã seguinte, pior do que estavam no dia anterior. Assim ficam incapacitados de resolver seja lá o que for.

Outros, mais adestrados, conseguem sair do corpo e ir ao astral em busca de conselhos de seus amigos espirituais. E embora muitos não se lembrem disso, acordam com a intuição de como proceder. É o momento em que eles conseguem visualizar uma situação com maior lucidez. Pode até aparecer aquela desejada idéia genial!

Você pode perguntar:

— Se vamos ao mundo astral durante o sono, por que ao acordar não nos lembramos?

Porque lá a freqüência é outra. Embora cada pessoa tenha sua própria freqüência energética determinada por seus sentimentos e atitudes, o corpo funciona como um amortecedor, para que as energias e lembranças do passado não nos perturbem nas experiências terrenas.

Mesmo assim, todos já tivemos, de alguma forma, experiências marcantes fora do corpo. A interpretação varia conforme as crenças de cada um, mas é certo que quando passamos por uma delas, sentimos forte impressão, muito diferente dos sonhos psicológicos.

É que, temporariamente distanciados do corpo, assumimos algumas lembranças da vida astral e registramos as emoções com tal intensidade que o mergulho na carne não consegue apagar.

Algumas pessoas conseguem ir para o astral e ver seu corpo adormecido na cama. Se elas não conhecem esse fenômeno, ficam com medo de ter morrido.

Mas a morte só ocorre quando o cordão de ligação entre o corpo astral e o de carne se rompe. Enquanto isso não ocorrer, elas poderão retornar ao corpo sem problemas.

Há os que saem do corpo sem perder a lucidez. A esse fenômeno o cientista Waldo Vieira, que pesquisou o assunto, deu o nome de projeciologia. Ele sai do corpo conscientemente desde os seis anos de idade. Ele viaja pelo astral, visita pessoas e conta o que viu lá, sem ter estado fisicamente no local, além de conversar com espíritos no astral. Criou exercícios e ensina as pessoas a desenvolverem essas aptidões. Quem fizer uma viagem astral perderá completamente o medo da morte.

Você sabia que quando se sai do corpo durante a noite a pessoa também é vista no astral como um fantasma?

Certa vez um espírito me procurou para eu dar um recado:

— Diga a Ana que eu estou exausto. Ela vive passando mal e me chama para socorrê-la. Fui o pai dela, tenho feito o possível, mas agora não dá mais!

Tentei conversar com ele:

— Por que está zangado?

— Não estou zangado, mas cansado. Quando ela vai pegar no sono, estremece e acorda se sentindo mal. Fica com medo de dormir. No outro dia está indisposta e o corpo todo doído. Ela culpa os espíritos, me chama, quer que eu os esclareça e os afaste. Mas não são eles que a estão perseguindo.

— Não?

— Não. Ela sofre de perseguição dos espíritos encarnados. Durante o dia, é rancorosa, vaidosa e pretensiosa. Briga com todos, julga-se dona da verdade. Se algumas pessoas não fazem nada, outras ficam danadas. Durante o sono, quando elas saem do corpo, vão ajustar contas. Chegam a bater nela! Por isso ela volta para o corpo e perde o sono. O que posso fazer? Quem mandou ela arranjar encrenca? Diga-lhe que desisto, que não me chame mais porque agora vou cuidar de mim. Adeus e obrigado.

Esse certamente não será seu caso. Mas se conhecer alguém que se enquadre nos sintomas dessa pessoa que descrevi, pode passar a sugestão.

Quem fizer uma viagem astral consciente, perderá completamente o medo da morte.

Como se vive no astral?

Que idéia você faz do mundo astral? Pensa que quando deixamos nosso corpo de carne nos tornamos seres etéreos, sem consistência, algo vago, como uma fumaça? Acredita que nós, uma vez lá no astral, sejamos obrigatoriamente bem comportados, segundo a moral das religiões da Terra? Que, ao chegarmos, alguém com poderes de juiz vai nos receber e determinar, segundo nossas ações, o lugar onde deveremos ficar?

Muitos pensam assim porque:

- os espíritos não podem ser vistos a não ser pelos videntes;
- em algumas aparições eles estavam transparentes;
- eles atravessam com facilidade nossas paredes.

Como nós não podemos fazer isso, julgamos que eles detenham fantásticos poderes. Nos incomoda saber que eles podem invadir nossa privacidade, intervir em nossas vidas sem que os possamos impedir. E por mais que um parente nosso seja amado, ninguém gostaria de vê-lo aparecer depois de "morto". Ninguém quer ver os espíritos.

Eles tentam desfazer essas impressões contando como é o mundo onde vivem. Há muitos livros sobre esse assunto e meu amigo Silveira Sampaio adora contar o que acontece lá, no mundo onde ele vive agora.

Naquela dimensão tudo é sólido para eles, o corpo, os objetos, igual aqui. Há cidades, estações do ano, céu, terra, tudo. Sociedade organizada, com algumas diferenças. A hierarquia, por exemplo, é natural porque quem é mais espiritualizado exerce um poder energético irresistível sobre quem o é menos. As pessoas se unem pela afinidade e por isso os grupos são bem definidos, o que não ocorre em nosso mundo, onde se mesclam pessoas de vários níveis de espiritualidade.

Lá, as pessoas que desejam o bem se unem para ajudar-se mutuamente e prestar serviços onde for preciso, inclusive aos que sofrem na

Terra. As que são mais revoltadas, justiceiras, fanáticas, se juntam e tentam conseguir o que pretendem. São elas que tumultuam a vida das pessoas daqui, pretendendo vingar-se, tomando as dores de seus entes queridos, tentando fazer justiça com as próprias mãos, acirrando discussões e desarmonia.

Depois daquela briga você nunca mais se sentiu bem? Depois que tomou partido e discutiu acaloradamente em defesa de alguma corrente de opinião, você tem tido tonturas, sonolência, raiva, insônia? As coisas vão mal em casa, você fala uma coisa e as pessoas entendem outra? As crianças andam irritadas, chorando à noite com medo, brigando mais do que o natural? É possível que, com alguma atitude sua, você tenha desagradado um grupo astral que resolveu tomar as dores do outro lado e esteja jogando energias negativas em você.

— Como?!! — você vai dizer. — Eu sou pessoa religiosa. Rezo todos os dias, tenho fé em Deus, vou à igreja. E minha proteção?

Na verdade, embora tudo isso a fortaleça espiritualmente, sua proteção é você quem faz. Não adianta você desequilibrar-se, agir de forma negativa, baixar sua energia e depois ir rezar, pedir proteção e ajuda. Nenhum mentor espiritual poderá fazer isso porque sua atitude revela uma falta de conhecimento dos valores verdadeiros da alma. Cada um precisa assumir os resultados de suas atitudes para poder amadurecer.

Não podemos esquecer a lei da sintonia. Você já reparou que mesmo aqui, no mundo, onde há vários níveis de comportamento, as pessoas se unem pela afinidade? Por isso ninguém é "vítima" e cada um é responsável pelo que lhe acontece.

Para os que pensam no bem, a vida no mundo astral é maravilhosa. Os artistas, os escritores, os cientistas, todos continuam seguindo adiante em suas conquistas e aprendizagem. Os sentimentos são mais profundos e ampliados, a beleza, a luminosidade, a harmonia são mais intensas. Há amor, fraternidade, dedicação, sinceridade.

Você não gostaria de viver em um mundo assim? Se tem essa intenção, é melhor começar desde agora a perceber o que vai por seu coração.

A nossa energia reflete sempre o que o coração sente. E é ela que vai determinar o lugar do astral para onde você deverá ir quando seu corpo de carne morrer. Naquela hora não haverá ninguém para julgar suas atitudes a não ser você. Pensando bem, não seria melhor deixar o negativismo e começar a cultivar só o bem desde já?

Seu padrão de energias é que vai determinar o lugar para onde você irá quando seu corpo de carne morrer.

Você tem medo da mediunidade?

"Muitas coisas que você disse em seu artigo sobre mediunidade, eu sinto. Como fazer para melhorar?"

Recebi muitas cartas com essas indagações. Essas pessoas percebem que têm mediunidade, mas não se decidem a estudar o assunto, dizem que sentem medo de lidar com os espíritos.

Elas precisam ir a um Centro Espírita. Digo isso não para fazer proselitismo nem para pregar religiões. Tenho aprendido que as religiões dividem as pessoas e que a fé é particular. Cada um tem o direito de escolher livremente como deseja viver. O que importa mesmo é viver bem, levar uma vida saudável, boa, útil, agradável, cooperar com a sociedade, evoluir.

Contudo, o Centro Espírita kardecista é o único lugar onde se estuda profundamente o fenômeno da mediunidade, não só na parte teórica, na qual existe extensa bibliografia científica a respeito, como na experimentação prática, que ensina o aluno a lidar com as energias que o envolvem, promovendo o equilíbrio e buscando a harmonização

Quem sente as sensações pré-mediúnicas a que me referi anteriormente precisa urgentemente desses conhecimentos. Se deseja melhorar, equilibrar-se, é hora de deixar qualquer preconceito religioso e buscar conhecer a verdade dos fatos, que só aparecerá através da experiência.

Há muita fantasia em torno das pessoas que morreram. Se muitos são descrentes, outros, ao contrário, são tão crédulos, alimentam idéias tão absurdas que acabam por tornarem-se objeto de divertimento dos desencarnados gozadores que perambulam no astral e se ocupam em assustá-los cada vez mais.

O bom senso é sempre oportuno. As pessoas não mudam só por ter deixado este mundo e ido viver em outro lugar. Por que o medo?

Será porque você não os pode ver e controlar, ou porque sua fantasia os imagina desfigurados e pálidos, como nos filmes de terror?

Aí, depende da faixa mental de cada um. Quem acredita que todas sejam assim atrai justamente essas. Esqueceu-se da lei de afinidade?

A mediunidade faz parte da natureza. É um presente, uma ferramenta a mais para o progresso do homem. Quando a pessoa atinge determinado padrão de necessidades, sua sensibilidade se abre, mais ou menos conforme o caso. E esse processo vai continuar, indiferente aos medos, aos preconceitos e às ilusões de cada um. Fugir é pior. Quanto mais resistência contra, mais ele se acentua, até vencer todas as barreiras.

Quem tem mediunidade precisa ser bem orientado e assessorado por pessoas experientes, que conheçam a questão, que é complexa e requer estudo especializado.

Enquanto vocês meditam sobre isso, aí vão algumas dicas:

- Como estamos todos mergulhados na mente universal, sentimos as energias circundantes tanto das pessoas encarnadas quanto das desencarnadas, conforme o grau de nossa sensibilidade. Quando alguém se aproxima, nós realmente captamos o que ele sente. É como se esse estado fosse nosso.
- A mudança acontece de repente e sem nenhuma causa aparente.
- Quando há dor, ela não permanece no mesmo lugar. Anda pelo corpo, ora aqui, ora ali. Não passa com remédios. Só cura quando houver a retirada das energias.
- Quem tem sensibilidade aberta exala uma energia especial. Os espíritos necessitados percebem e se aproximam pedindo auxílio. Há uma troca energética. Eles se sentem aliviados, a pessoa envolvida sente o que ele estava sentindo. Raiva, tristeza, depressão, medo, sintomas de doenças, dor, mal-estar, etc. Nenhum médico que desconheça esse fator conseguirá diagnosticar a causa desses sintomas, nem localizar alguma doença.
- Às vezes essas energias penetrando o corpo astral provocam irritações no corpo físico, como coceiras, quedas de pressão, sufocações, obstruções das vias respiratórias, resfriados, alergias.

Você duvida? Não se esqueça de que seu corpo físico é apenas energia condensada por tempo determinado, que se transforma a cada minuto. Quando esse tempo acabar, ele voltará ao estado anterior. Seus elementos irão formar novos corpos, de acordo com as leis da vida, enquanto você continuará com seu corpo astral, sua trajetória natural de evolução.

Não é maravilhoso? A vida é perfeita e bela! Viver é a oportunidade de aprender a perceber a luz. Quem a percebe se ilumina, e quem está iluminado vive em paz.

A mediunidade é um presente,
uma ferramenta a mais
para o progresso do homem.

Você está certa?

As religiões, a sociedade convencionaram o certo e o errado, utilizando critérios próprios. Quem obedece a esses critérios é catalogado como pessoa equilibrada e é aceito pela maioria.

Diante da conquista de novos conhecimentos, essa avaliação vai se modificando. A verdade vai aparecendo aos poucos.

Copiamos os modelos instituídos porque desejamos ser aceitos e amados pela maioria. Acreditamos que isso seja valorização. Mas o que fazer com nossos sentimentos que não se encaixam nesses papéis? Ignorá-los? Sufocá-los para que ninguém perceba que somos diferentes?

Temos medo de ser diferentes. O que tememos já está acontecendo. Nós somos diferentes. Cada um é um. Não existem duas pessoas iguais. Você morre de medo de não ser "certinha"?

Nesse caso, em tudo que vai fazer há sempre um severo juiz dentro de sua cabeça, avaliando se cada ato seu está ou não dentro do papel.

— Será que isso está certo?

O medo de fazer algo "errado" é tão grande que há pessoas que não fazem nada sem antes consultar os outros. O pai, a mãe, o irmão mais velho, o amigo inteligente, o guru, os espíritos, o psicólogo, o tarô, a cartomante. E como cada um é um e tem seu próprio modo de perceber as coisas, os conselhos serão tantos e tão diferentes que, no fim, a indecisão fica maior.

Sempre que você pergunta aos outros o que deve fazer, está se classificando como incapaz. Isso é uma grande ilusão. Por ser diferente, você não é inferior a ninguém. Não lhe falta nada. Você é só você. Tem seu próprio modo de sentir e de fazer as coisas. É tão capaz quanto qualquer pessoa.

O problema é que você não acredita, não confia em si e dessa forma abdica de seu poder de realização.

Pergunte-se: Você sempre fez o que seu coração pediu ou o que seu juiz lhe dizia que deveria ser o certo? Quando foi contra seu coração, lembra-se da sensação de vazio e de aperto no peito que sentiu?

Pois é. Esse aperto no peito é indício seguro de que você sufocou seus verdadeiros sentimentos, se anulou em favor do papel social.

Quando não somos verdadeiros, a insatisfação aparece. Todas as pessoas que não se acreditam boas tentam compensar. Como sentem vergonha do que pensam ser, fingem ter virtudes que ainda não possuem mas que gostariam de ter. Para elas, errar seria o caos. E como "sabem" que estão sendo falsas, não se respeitam e perdem a dignidade. Ninguém pode ser feliz se sentindo assim.

Foram aqueles que saíram do "padrão" e das "regras" do convencional que acionaram o progresso do mundo sem se preocupar com o certo ou o errado. O próprio Jesus Cristo, se tivesse entrado nos padrões sociais de sua época, teria fracassado em sua missão.

O carisma é a expressão da alma. Quando a alma fala, sua essência espiritual e divina se manifesta, e a pessoa brilha, conquista, aparece. É nela que reside sua força e poder. Negá-la é preferir a obscuridade.

Se você quer ser feliz, mande embora seu "severo juiz", ouça seu coração. Valorize o que sente e seja uma pessoa verdadeira. Assuma seus sentimentos. Só diga *sim* depois de sentir o que realmente quer. Caso contrário, não tenha receio de dizer *não*. Deixe de contar seus problemas aos outros e perguntar o que deve fazer. Confie em seus critérios. Você pode! Experimente.

Temos medo de ser diferentes.
O que tememos já está acontecendo:
nós somos diferentes!

Qual é o teor de sua energia?

A mediunidade faz parte da natureza. Todos somos médiuns, uns mais, outros menos desenvolvidos, e trocamos energias uns com os outros.

— Isso não é verdade. Eu nunca senti nada!

Os que dizem isso nunca perceberam que muitos de seus pensamentos foram resultado da absorção das energias alheias.

Você já notou como trata as pessoas? Principalmente as que não são íntimas?

Com umas você sente prazer em conversar, com outras você antipatiza, quer vê-las pelas costas. Isso não é apenas um capricho seu, mas um reflexo das energias que elas irradiam e você capta.

Existem pessoas nutritivas e pessoas sugadoras. As nutritivas são:

- Independentes. Cuidam de si, assumem suas próprias necessidades, evitam descarregar seus problemas nos outros, procuram ganhar seu próprio dinheiro.
- Generosas. Dão os bens que não vão mais utilizar, cooperam com as obras de cunho social. Estão sempre renovando.
- Confiantes em si. Estudam as experiências alheias, mas na hora de decidir não perguntam aos outros o que fazer.
- Otimistas. Em todos os acontecimentos olham os lados positivos. Nunca fazem drama de nada.
- Respeitosas. Nunca invadem o espaço de ninguém. Aceitam os outros como são sem desejar mudá-los.

As sugadoras são:

- Vítimas. Sofredoras. Quando lhes acontece uma coisa boa, ficam logo esperando uma coisa ruim. Culpam o governo, a sociedade, as pessoas por suas dificuldades.
- Dependentes. Nunca fazem nada sozinhas. Acham tudo difícil. Sentem-se incapazes.
- Indecisas. Não têm opinião própria. Só fazem o que os outros dizem.

- Depressivas. Jamais falam do que já têm, só do que ainda lhes falta. Estão sempre querendo atenção especial das pessoas e revoltam-se quando não são atendidas.
- Inseguras. Apegam-se a tudo e a todos. Têm medo das mudanças, do novo e do futuro. São ansiosas e dramáticas. Vêem o lado pessimista dos fatos.

Quando você capta energias de pessoa nutritiva, sente-se muito bem. Mas se de repente sente o corpo pesado, boceja, fica deprimida, triste, com dor de cabeça ou enjôo, provavelmente absorveu as energias de uma pessoa sugadora.

Nesse caso vá para um lugar sossegado e faça o seguinte exercício:

Feche os olhos e pergunte mentalmente de onde vêm essas energias. O rosto da pessoa aparecerá em sua memória. Então, imagine que você está dentro de sua pele e diga com firmeza:

— Eu não quero nada de você... O que é seu é seu. O que é meu é meu. Fico com minha energia. O resto vai sair agora, não quero isso para mim.

Sentirá imediatamente grande alívio. Contudo, se você se sente rejeitada pelas pessoas, está na hora de observar quais as energias que você irradia. Elas são responsáveis por tudo que você atrai em sua vida. Pense nisso.

As energias que você irradia são responsáveis por tudo que você atrai em sua vida.

Você está bem?

Você se conhece? Percebe as energias que estão a sua volta? Sabe que além de seu corpo de carne você tem o corpo astral? É ele que canaliza as energias vitais para que seu corpo físico continue vivo e saudável. É através dele que as energias entram e saem. É através de seus pensamentos e crenças habituais que elas permanecem em você.

Quando se deprime, quando é pessimista e vê perigos por toda parte, acumula em seu corpo astral energias que comprometem sua saúde física, provocando sintomas os mais diversos. Exalando esse tipo de energia, você atrai para sua vida pessoas encarnadas ou não que pensam como você, o que vai agravar seu mal-estar.

No início, essas energias acumulam-se só no corpo astral, e embora você sinta inúmeros sintomas desagradáveis, os médicos nunca conseguem descobrir a doença. Com os anos, elas acabam por atingir o corpo físico e aí sim os exames vão detectar o mal. Mas, quase sempre, tarde demais para a cura. Se você conseguir curar uma, logo aparecem outras.

Os remédios aliviam alguns sintomas, mas não atingem a verdadeira causa. Ela reside na forma como você sente e vê a vida. Na importância que dá ou não ao que lhe acontece.

Quando analisamos os acontecimentos, falamos em merecimento e culpa, em certo e errado, em crime e castigo. Acreditamos que Deus tenha um código de ética para nos julgar. Os fatos provam que nada disso é verdade.

Quantas pessoas bondosas, virtuosas, sofrem tragédias dolorosas enquanto outras consideradas "ruins" passam a vida inteira sem que nada de mal lhes aconteça? Se fosse por merecimento, isso não aconteceria.

A vida tem critérios próprios, muito diferentes dos nossos. Nos vê como seres em desenvolvimento. Conhece a capacidade de cada um, não exige o que as pessoas não têm condições de dar. Ninguém castiga uma criança de cinco anos por não saber ler, espera a hora apropriada e a coloca na escola. As pessoas "ruins" são crianças espirituais que precisam freqüentar a escola do mundo para aprender. São protegidas pelas leis universais para que permaneçam largo tempo na Terra. O povo costuma dizer:

— Gente ruim não morre!

À medida que nos tornamos mais conscientes, essa proteção se modifica. Quem já tem conhecimento e procede como um ignorante colherá mais depressa as conseqüências.

Se você é uma pessoa bondosa e está cheia de problemas, com certeza não está usando seus conhecimentos como poderia. Você já tem condições de ter saúde, sucesso e felicidade. Só precisa fazer o que sabe. Vamos experimentar?

A vida não exige das pessoas o que elas ainda não têm condições de dar.

Benzimento cura?

Quando as coisas vão mal, as pessoas costumam dizer:

— Que azar! Você precisa se benzer!

Há problemas que só se resolvem com uma boa benzedeira. O cobreiro, a erisipela, o quebranto se curam como por encanto com o benzimento.

Meu sogro, homem criado na fazenda, costumava contar que quando uma vaca com bicheira era atendida pelo benzedor, no dia seguinte os bichos todos caíam, mortos.

Quando comecei a estudar os fenômenos paranormais, acreditava que o benzimento fosse fruto da crendice popular. Contudo, hoje penso que esses fatos precisam ser mais bem estudados pela ciência.

Eu mesma, certa vez, fiquei acamada com erisipela. Por mais de um mês, sob cuidados médicos, fiquei tomando antibióticos, e meu tornozelo piorava a cada dia. Havia bolhas roxas que se transformavam em feridas com dores terríveis. Até que a mãe de um amigo meu foi visitar-me e disse com simplicidade:

— Erisipela só sara com benzimento. Se você quiser, eu aprendi a benzer com minha avó e podemos tentar.

Durante nove dias seguidos ela benzeu minha perna, que foi melhorando a cada dia. Quando terminou, eu já estava boa.

Não encontrei explicação lógica para esse fato, embora tenha estudado bastante sobre mediunidade. Lembrei-me de que quando criança, menina viçosa, cheia de vida, apanhava quebranto com muita facilidade. Tinha febre, abatimento, mal-estar e minha mãe me levava na benzedeira. Ela pegava um prato fundo, colocava água e pingava óleo: se eles se misturassem, era quebranto mesmo. Benzia, e eu saia de lá boa.

Que tipo de mediunidade é esse? Que tipo de capacidade essas pessoas têm que restabelece o equilíbrio, trocando as energias doentes pelas saudáveis?

Nos centros espíritas, a troca de energias é chamada de "passe" e é aplicada por médiuns doadores. Há pessoas que por sua constituição natural acumulam grande quantidade de energias curadoras. Geralmente são ativas, têm grande vitalidade e sentem muito calor. São propensas a pressão alta e a problemas circulatórios. Quando esclarecidas e preparadas, podem tornar-se excelentes médiuns doadores, equilibrando assim a própria saúde.

No passe, o médium cria um ambiente favorável de oração e harmonia, comanda e direciona as energias, ajudado pelos espíritos. Pode perceber o teor das que entram ou saem nas pessoas ou no ambiente. Isso não ocorre no benzimento. As pessoas dizem a oração decorada, bocejam ruidosamente durante o processo, gesticulando em forma de cruz. Não demoram mais do que alguns minutos. Por que será que funciona?

Claro que se você está doente o tratamento médico é indispensável. Um passe é sempre bom. Quanto ao benzimento, não custa nada experimentar.

A natureza tem recursos próprios
para restabelecer o
equilíbrio que nós desconhecemos.

Os sonhos são importantes?

São. Quando bem compreendidos, podem representar uma poderosa ajuda na conquista de nosso equilíbrio emocional e espiritual.

Há sonhos que causam impressões tão profundas que as pessoas não os esquecem facilmente. Os médiuns sabem disso, porquanto onde vão há sempre alguém querendo contar um sonho, fazer perguntas sobre seu significado. Você gostaria de estudá-los? Aí vão algumas dicas:

Há três tipos de sonhos:

1 – A pessoa dorme, mas seu espírito não se desliga do corpo. Está tensa, coleciona problemas. Não confia na vida e acha que precisa controlar tudo. Tem a sensação de que falta alguma coisa. Revive impressões fortes de acontecimentos presentes ou passados, inclusive de outras encarnações, tentando ainda solucioná-los. Seus sonhos são confusos, repetitivos, não raro acabam em pesadelo. Como não relaxou à noite, acorda cansada. É o famoso estresse.

2 – Sonhos psicológicos. São mensagens que o Eu Superior manda para a consciência. O Eu Superior é a essência divina em nós. Ele ajuda o desenvolvimento interior. Quando estamos maduros para aprender algo mais, ele, através dos sonhos, manda mensagens a nosso consciente, procurando chamar nossa atenção mostrando partes escondidas de nossa personalidade. Betty Bethardes, em seu livro *A Chave dos Sonhos*, nos ensina a entender e a tirar proveito desses sonhos, que são os mais comuns.

3 – O espírito deixa o corpo e vai encontrar-se com amigos nesta ou em outras dimensões. É a Projeção Astral. Alguns se recordam de fragmentos, outros de conversas ou pessoas. Há os que conseguem completa lucidez. Percebem quando saem do corpo, vêem o próprio corpo adormecido e sabem tudo que fizeram. Sentem imensa alegria e bem-estar. Leveza, que desaparece ao regressar ao corpo. Quem teve uma experiência dessas perde completamente o medo da morte. Sabe que a vida continua. Quem vai ao mundo astral, mesmo não se recordando com clareza, sente forte impressão.

Tente perceber em qual dos três tipos de sonhos o seu se encaixa e leia aqui a orientação correspondente:

1 – Se você fez o que sabia ou podia, entregue os problemas nas mãos de Deus. Ele nunca erra. Relaxe. Preocupar-se não vai resolver nada.

2 – Você está progredindo. Procure a mensagem de seu Eu Superior e vá em frente.

3 – Se sente-se bem, ótimo. Se não, pode estar se encontrando com espíritos doentes quando sai do corpo. Ao dormir, procure se ligar com o espírito amparador que está a seu lado. Verá a diferença.

Escreva contando como foi. Eu espero você.

Os sonhos podem revelar segredos
de nosso mundo interior
ou nos levar ao encontro de
pessoas de outras dimensões.

Como vai seu carma?

"Casei três vezes e todos os maridos eram alcoólatras. É meu carma?"

Descubra o que é carma:

A vida é um treinamento constante para o desenvolvimento de nossa consciência e, nesse objetivo, decodifica nossas atitudes e tece as oportunidades, os fatos.

Quando você age, está mandando mensagens para o universo, que responde de forma a facilitar seu amadurecimento interior. As pessoas, o meio, os problemas, as dificuldades com as quais convivemos neste mundo são determinadas por nossas crenças. Quando as mudamos, tudo muda em nossas vidas. A resistência, pretendendo manter as mesmas idéias, cria o carma.

O carma não é o castigo de quem pecou. O carma é o preço da resistência em mudar, é a repetição, às vezes por séculos, de idéias que você já teria condições de modificar mas que ainda teima em conservar, na ilusão de que o novo é perigoso.

Nossa segurança está em nos agarrar ao que nos parece sólido e pretender ficar ali indefinidamente. A vida é ação e movimento. Por isso nossa segurança está justamente na mudança que renova. Parar é atrair a dor e o sofrimento, que aparecem sempre para quebrar o muro de nossa resistência. Depois de uma grande dor, de uma tragédia, as mudanças ocorrem naturalmente.

É fácil você sair de seu carma de infelicidade. Basta renovar as idéias, experienciar o novo, perceber o que funciona mesmo e o que era apenas uma ilusão. O pensamento positivo é muito importante para isso.

Você atrai alcoólatras em sua vida porque pretende ser piedosa e salvar as pessoas. Tem a pretensão de acreditar que pode mudá-las. Esta ilusão favorece que pessoas carentes emocionalmente sintam-se protegidas a seu lado. Sugam suas energias porque você se predispõe a isso. Se continuar cultivando essa crença, vai continuar atraindo não só os alcoólatras, mas também os infelizes, os incapazes, os parentes sofredores, etc., etc.

Se quer acabar com esse carma, basta perceber que você só tem o poder de mudar a si mesma. Não pode "entrar" nos sentimentos dos outros e fazê-los pensar e agir de forma diferente. Eles têm seus próprios caminhos e quanto mais você os julgar incapazes e tentar salvá-los mais estará retardando que assumam a própria responsabilidade sobre suas vidas.

Ninguém é vítima mas sim criador de seu próprio destino. Não abdique desse poder. Cuide de seu próprio progresso interior e perceba que todas as pessoas são tão capazes quanto você e, embora por diferentes caminhos, um dia chegarão a um destino melhor. Não é essa uma determinação de Deus?

Confie e fique em paz.

Nossa segurança está justamente na mudança que renova.

Qual a causa da obsessão?

"Minha mãe é muito boa, mas quando fica tomada pelos espíritos faz coisas terríveis. No Centro Espírita disseram que é obsessão. Ela toma os passes, melhora, mas de repente tudo recomeça. Ela reza, quer resistir, não consegue. Por quê?"

Obsessão é o domínio persistente que uma pessoa exerce sobre outra, impondo sua vontade, durante certo tempo. Há dois tipos de obsessão: a simpática, em que se procura seduzir o outro, usando-o em favor de seus interesses, e a do ódio, da vingança.

Embora os encarnados também possam obsidiar, vamos falar aqui dos desencarnados, que é o caso de sua mãe.

Muitos temem a hipnose, pensando que ela pode violentar nossa vontade, contudo ninguém conseguirá nos hipnotizar se não permitirmos. E no caso de consentirmos, não obedeceremos a nenhuma sugestão hipnótica que estiver contrária a nossos valores.

Isso prova que não existe vítima. Para que haja uma ligação, mesmo a de dominador e dominado, como na obsessão, ambos precisam consentir.

— Quem consentirá em uma ligação dessas? — você vai objetar.

Lembre-se: o amor une, mas o ódio, também. Quem odeia pensa o tempo todo no objeto de seu ódio, tanto quanto quem ama. Esses laços, quando encontram reciprocidade, isto é, quando o outro tem o mesmo sentimento, acabam por unir aquelas pessoas. Elas se atraem mutuamente.

Embora o encarnado esteja momentaneamente esquecido do passado, a ligação permanece às vezes durante séculos, através das várias encarnações, até que se perdoem e compreendam.

Quando estão no astral, ficam se agredindo mutuamente. Em casos graves, podem reencarnar como xifópagos, crianças que nascem uma colada à outra.

Nós tivemos no Brasil um caso desses, de duas meninas com dois troncos e apenas duas pernas que se odiavam tanto que não queriam ficar juntas. Uma pedia para matar a outra, tirando-a de si.

Quando um encarna mas o outro não, o que ficou no plano astral ataca o encarnado, que pode chegar a sofrer de ataques epiléticos ou ter crises dolorosas.

O tratamento de desobsessão em um Centro Espírita procura esclarecer a ambos, mas há casos em que as energias estão tão comprometidas que, se o desencarnado for retirado, o encarnado pode morrer. Só o tempo, com a mudança interior dos envolvidos e o perdão recíproco, pode solucionar.

Acreditar em vingança, querer revidar ofensas, pode desencadear um processo desses. Perdoar é libertar-se. Esquecer é vencer o mal. Quem sofre de obsessão precisa antes de mais nada compreender isso.

Perdoar é libertar-se.
Esquecer é vencer o mal.

Você é infeliz no amor?

O amor traz infelicidade? Não. A maneira de as pessoas se relacionarem, sim. A sociedade define os papéis: a mulher tem que ser passiva, delicada, submissa; o homem precisa ser forte, dominador, o chefe da família.

As mulheres de minha geração eram educadas para servir o marido, que era colocado sempre em primeiro lugar. Tinha o melhor pedaço do frango, suas decisões eram acatadas sem reclamar, dava a última palavra, e o resto da família tinha que se conformar, mesmo discordando.

Isso foi tão forte que, embora as mulheres estejam se modificando e tenham virado a mesa, muitas ainda entram nesses papéis. Somos nós, as mulheres, que educamos os homens. Que pais não ficam orgulhosos quando o filho tem fama de dom-juan? Já com as meninas a situação é bem diferente. O que eles querem é que os filhos sejam como a sociedade aprova.

Generalizar comportamentos é obrigar as pessoas a fingirem ser aquilo que não são. A não encarar suas particularidades como naturais, acreditando-se erradas. Por causa disso, aprendem desde muito cedo a mentir e a manipular.

Com os pais, com os amigos, no trabalho, as pessoas estão sempre representando um papel. De tanto sufocar seus verdadeiros sentimentos, acabam por não saber o que gostam nem como encontrar a própria felicidade.

É por isso que há tantas surpresas no casamento. As pessoas partem para uma vida a dois, despreparadas, fora da realidade e com o modelo "ideal" do que faria sua felicidade. O sonho de amor tem sido causa de muita frustração.

Afinal, aquele marido é cheio de manias, não tem romantismo, e aquela mulher tornou-se diferente, enjoada, insatisfeita. Tanto um quanto o outro são muito diferentes do que eles idealizaram. É que o sonho de amor está lá, distorcendo a realidade, impedindo-os de perceber o lado positivo e verdadeiro.

Enquanto isso, a vida passa, aparece a depressão, a amargura e a tristeza.

Se você é infeliz no amor, preste atenção no que está fazendo em sua vida. Identifique os papéis que tem assumido e reconheça que você não é nada daquilo. Descobrir como você é, do que gosta é a chave para obter felicidade.

Conhecer-se é fundamental. Saiba avaliar o que lhe dá prazer. Respeite seus sentimentos. Não tenha medo de ser o que é.

Se fizer isso, sentirá um calor agradável no peito, uma alegria gostosa, que tornará sua vida mais bonita e colocará mais sedução em seu sorriso.

Essa beleza da alma que se reflete nos sentimentos verdadeiros atrai, conquista, seduz. É o carisma. E se você jogar fora seu "sonho de amor", deixar acontecer naturalmente, gostar das pessoas como elas são, descobrirá de quanta beleza, dignidade, dedicação e amor elas são capazes. É só tentar.

Não é o amor que traz infelicidade
mas sim a maneira como você ama.

Reencarnar, para quê?

Assim como as pessoas têm muito medo de morrer porque não sabem o que irão encontrar na outra dimensão, os espíritos que estão vivendo no astral têm medo de reencarnar.

Esquecer o passado e mergulhar no mar encapelado do mundo, enfrentar seus próprios limites e os desafios de seu crescimento é assustador. Controlar as emoções, ordenar a mente, experimentar as próprias idéias e enfrentar os resultados requer coragem, persistência. Ficar entregue ao próprio discernimento, tomar decisões, ser responsável pelo próprio destino atemoriza.

Para o espírito, reencarnar é como vestir um escafandro e mergulhar nas profundezas do oceano. O corpo de carne tem um metabolismo lento, muito diferente da vida astral, onde tudo é mais dinâmico e rápido. Lá, a força do pensamento materializa rapidamente os objetivos, de acordo com a capacidade de cada um, criando e movimentando os elementos.

Aqui, na Terra, nossos projetos levam muito mais tempo para se tornar realidade. Para construirmos um edifício, levamos muitos meses, enquanto lá eles o fazem em algumas horas.

— Como?! Há prédios no astral? — alguns vão perguntar.

Há prédios, ruas, cidades, tudo. O que chamamos de astral são os mundos das outras dimensões do universo.

Cada um deles gravita em determinada faixa de ondas, possui um magnetismo próprio e, para os que vivem lá, tudo é tão sólido quanto para nós é nosso mundo.

Nós não os podemos ver porque nossos olhos enxergam apenas em limitada faixa de percepção, o que não os impede de continuar existindo. A limitação é nossa. Os micróbios existem, mas só os podemos ver se tivermos um microscópio.

— Se eles têm medo, por que reencarnam?

Para reeducar o emocional. No astral as emoções são muito mais fortes e profundas. A tristeza, o remorso, o arrependimento, a frustração, a mágoa tornam-se insuportáveis e chega um momento em que, cansado de suportá-las, o espírito aceita nascer na Terra. Para ele o esquecimento será uma bênção. O magnetismo lento permitirá que ele medite mais, experimente, reflita, conheça-se melhor e amadureça.

Reencarnar na Terra é começar de novo. Todas as lembranças do passado são guardadas no inconsciente temporariamente, e, embora possam influenciar intuitivamente o espírito reencarnado, ele estará em sintonia com o cérebro do novo corpo, que como um filme virgem vai registrar as novas experiências. Não é genial?

A vida, mágica e divina, vai tecer os acontecimentos, juntar pessoas, de acordo com as necessidades daquele espírito, e criar estímulos a que ele se torne mais consciente, liberte-se dos antigos padrões de crença que o levaram ao sofrimento. Se ele aproveitar, voltará ao astral mais lúcido e feliz.

A vida é um eterno agora, e nós continuaremos sendo o que fizermos de nós, seja onde for que passemos a viver. Enfrentar nossas dificuldades desde já, fazer nosso melhor, é construir nossa paz.

O fato de não podermos enxergar os outros mundos não impede que eles continuem a existir. A limitação é nossa.

Você tem essa mediunidade?

A mediunidade é condição natural do ser humano e deveria ser objeto de estudos sérios não só dos interessados como de toda a sociedade. A captação de energias é um fato ao qual ninguém é imune, mesmo aqueles que não acreditam nela. A troca energética acontece não só com as pessoas, mas também com os objetos, com os lugares. Eles guardam em sua memória astral momentos vivenciados que podem ser registrados por quem tenha esse tipo de mediunidade, a que a ciência deu o nome de psicometria.

O médium de psicometria ao tocar um objeto pode sentir não só os elementos que o compõem, o processo por que ele passou através dos tempos, como certos acontecimentos que ocorreram com pessoas que tiveram contato com ele. Também ao entrar em um lugar, pode perceber fatos que se passaram ali. Apesar de específica, essa mediunidade é mais comum do que se supõe. A maioria das pessoas tem essa capacidade e nunca notou.

Essa é a chave para entender os trabalhos de magia, branca ou negra, de que tanto se tem falado.

Um objeto imantado, preparado com determinado magnetismo, emana suas energias dentro do ambiente no qual ele foi introduzido e produz seus efeitos. A conexão com eles, a captação, vai depender de cada um. Aí, não entra o merecimento, mas a forma de pensar e as crenças que a pessoa tem.

Um objeto imantado com energias negativas exala essas energias e qualquer pessoa que estiver nesse ambiente vai registrá-las de alguma forma. Se a pessoa for positiva e não aceitar as sugestões depressivas, não será afetada por elas. Porém, se se tratar de pessoa dramática, medrosa, que acredita no mal, elas se instalarão em seu corpo astral e, se somadas às outras que estão lá, podem provocar problemas muito dolorosos.

Com as imantações positivas acontece o mesmo. Os objetos nos quais as pessoas colocam vibrações positivas, imagens, talismãs, símbolos, exalam energias equivalentes, mas elas só vão ajudar se as pessoas no ambiente forem positivas, acreditarem no bem e agirem de acordo com essa crença.

Confiar desconfiando, como muitos fazem, não funciona. Pedir, suplicar, colocar-se na posição de vítima, também não.

É através da confiança no bem e no positivismo que os guias espirituais podem aproximar-se e ajudar as pessoas. O desespero, a revolta, a descrença criam ao redor delas um bloco tão pesado de energias que impede a penetração das vibrações superiores. Só a dor consegue quebrar essa muralha e permitir uma abertura para a ajuda.

Para saber se você tem essa mediunidade, faça o seguinte: pegue uma nota de qualquer valor, dobre-a e segure-a com a mão direita. Feche os olhos e não pense em nada, fique atenta ao que vai sentir, depois escreva o que percebeu. Eu garanto que será fascinante! Você pode repetir a experiência com outros objetos. É genial.

A captação de energias é um fato, mesmo para aqueles que não acreditam nelas.

Eu não fui suicida!

Ontem, quando em frente ao computador eu pretendia continuar psicografando um de meus livros, o espírito de Lucius pediu-me que apanhasse, ao acaso, uma das cartas que recebera da *Contigo!* porque havia um espírito interessado em respondê-la. Ele estava acompanhado de um senhor de meia-idade, forte, cabelos bem grisalhos, rosto simpático e emocionado. Concordei e o espírito desse senhor, aproximando-se de mim, escreveu o seguinte:

"Minha querida esposa,

"Como eu costumava dizer a você, as aparências enganam. Nem sempre o que parece é. Em minha vida profissional, aprendi a ver além do que parece, mas infelizmente no mundo isso não acontece.

"Eu não fui suicida. Hoje, vim para contar o que aconteceu: naquela tarde eu estava no escritório, ocupado com uma petição que pretendia terminar para incluir em um processo importante cujo prazo expiraria no dia seguinte.

"Estava sozinho, uma vez que o expediente tinha terminado, quando a campainha da porta soou.

"Tive vontade de não abrir. Pretendia chegar cedo em casa, principalmente naquele dia, e não podia sem acabar o que estava fazendo. Mas a campainha soava com tanta insistência que achei melhor atender para resolver logo e poder continuar meu trabalho.

"Ao abrir deparei com um homem, de meia-idade, que me pareceu um tanto familiar, mas que não me lembrava de onde. Sem dizer nada, foi entrando e eu disse com firmeza:

"— Desculpe-me, mas o expediente já acabou.

"Ele sacou um revólver, dizendo ameaçador:

"— Vamos, antes que eu atire!

"Assustado, obedeci e entramos na minha sala. Sentei-me em frente da mesa e ele permaneceu em pé me olhando com rancor.

"Fixei-o bem e me lembrei: ele tinha matado um capataz, cujo patrão, inconformado, me contratara, e eu provara sua culpa. Ele foi condenado a quinze anos.

"— Você! Já cumpriu a pena?

"— Ah! Agora se lembra! Eu não disse que você ia pagar pelo que me fez? Eu sofri muito, preso, todos esses anos. Meu filho morreu, minha família quase acabou. Enquanto isso, você tinha vida boa, seus filhos viviam bem, seus negócios prosperavam.

"— Você matou um homem! A lei não perdoa.

"— Se não fosse você, eu teria conseguido escapar. Por sua causa eu passei meus melhores anos na cadeia. Sabe o que isso significa? Agora, vou acabar com sua alegria, chegou sua hora!

"Prevendo o perigo, abri a gaveta e apanhei meu revólver. Mas ele foi mais rápido, saltou sobre a mesa, arrancou a arma de minha mão, encostou-a em meu peito e puxou o gatilho. Tive um momento de terror. Senti um calor no peito, fiquei tonto e perdi os sentidos.

"Acordei quinze dias depois e descobri que a morte não é o fim. Meu corpo morrera e eu continuava vivo. No entanto, meu assassino colocara a arma em minha mão e dispusera tudo fazendo acreditar que eu cometera suicídio.

"A princípio, sofri, me revoltei, por ter partido de repente, deixado vocês sem uma explicação, acreditando no suicídio. Eu amo vocês, amava a vida, nunca teria feito isso! Depois, entendi como atraí isso para mim.

"Nunca fui violento, mas, militando na Justiça, não usava as leis como preservação da sociedade, nem como contenção. Combatia a violência. Assim, atraí esse triste final.

"Agora, conformado, perdoei o infeliz que me tirou a vida. Peço-lhes que façam o mesmo. Um dia ele compreenderá como estava enganado. Não vale a pena cultivar o rancor. Só o perdão nos liberta definitivamente. Esqueçam o que aconteceu. A vida continua e é preciso seguir adiante. Afinal, eu continuo vivo e nosso amor, um dia, nos reunirá novamente. Sempre que posso estou com vocês. Um carinhoso abraço e muitos beijos do José."

Fiquei emocionada! A carta, que eu apanhara ao acaso, era a de uma viúva inconsolável com o suicídio do marido.

A morte, quando violenta, impressiona, angustia e deprime os que ficam. No entanto, a vida guarda a sabedoria do equilíbrio e nada acontece sem uma razão justa.

Apesar das aparências, tudo é para melhor e Deus está no leme. Envolvidos pelas emoções, temos dificuldades para entender isso. Confiar e esperar será sempre uma atitude sábia.

O tempo é santo remédio.

A vida guarda a sabedoria do equilíbrio e nada acontece sem uma razão justa.

Perda de entes queridos!

Nós não gostamos de pensar na morte. Levamos a vida sem nos lembrarmos dela até que, de repente, ela passa bem perto e somos forçados a encará-la de frente. É difícil para nós aceitar o irremediável. Nossa impotência diante dela nos torna fracos, aumenta a dor da perda e o "nunca mais" abre uma ferida que custa a cicatrizar. Quando a morte é violenta ou prematura, o sofrimento é maior.

Tenho recebido inúmeras cartas de pessoas inconformadas que questionam:

"Meu irmão matou-se durante uma festa sem que ninguém percebesse o que pretendia fazer. Por quê?" ou "Meu filho de 44 anos morreu de repente. Tomo conta de minha mãe, que está com 105 anos. Por que ele morreu e não ela, que vive com dificuldades?" ou ainda "Meu pai morreu em um acidente de carro. Não consigo esquecer. Pode me ajudar?"

Todas desejam uma mensagem. Gostaria de poder atendê-las, mas esse correio só funciona de lá para cá.

Eu nunca evoco os espíritos. A espontaneidade garante a veracidade do fato. Em meu caso, quando me disponho a psicografar, nunca sei o que eles vão escrever. Tenho um encontro com eles quatro dias por semana, sendo que em cada um eles escrevem um livro diferente. Não sei nada com antecedência. Quando escrevo os romances, tomo conhecimento do desenrolar da história à medida que acontece. Quando um livro acaba, se eu quiser adiantar outro em andamento e escrevê-lo duas vezes por semana, eles não vêm. E eu não escrevo nada. Com o tempo aprendi a colocar-me à disposição e esperar.

Esse fato concorre para que eu perceba como esse fenômeno é verdadeiro. Não sou eu quem escreve os livros. É claro que, como médium consciente, eu interfiro às vezes na forma ou na linguagem, mas nunca na história.

Estou contando isso para que saibam como é o processo da mediunidade. As religiões, a ignorância e principalmente as superstições têm criado tantas fantasias a respeito da morte e da comunicação com os espíritos que as pessoas temem estudar esses assuntos. Por causa disso, a morte, que é um fenômeno natural de transformação a que todos estamos sujeitos, tornou-se um tabu indecifrável.

A maioria foge de pensar nela, como se fazendo isso pudesse evitá-la. E quando é forçado a encará-la frente a frente, despreparado, sofre muito mais do que precisaria.

Claro que há casos em que a morte aparece cercada de violência, como nos acidentes, nos crimes, ou inesperadamente, como nas mortes prematuras, cuja causa não podemos entender, o que agrava nossa dor. Ainda assim, o conhecimento, o estudo nos ajudam a atravessar o momento difícil com mais coragem.

Esse é o melhor caminho. Todos vocês que me escreveram, que sofrem a perda de um ente querido, que não conseguem entender por que isso aconteceu, comecem a estudar os fenômenos paranormais que acontecem todos os dias sem que os observemos com atenção devida. Há livros de pesquisa escritos por cientistas famosos provando que a vida continua depois que o corpo de carne morre e que os que partem da Terra vão viver em outros mundos. A morte não é o fim!

Sei que vocês gostariam de uma mensagem de seu ente querido. De saber se está tudo bem. Mas a vida guarda seus próprios segredos e só os vai revelando à medida que estamos mais preparados para conhecê-los. Se ela decidiu estender uma cortina temporária sobre certos assuntos, foi porque é melhor assim. A vida só age para nosso melhor, mesmo que não possamos entender.

Ao invés de correrem atrás dos médiuns ou ir aos centros espíritas em busca de uma mensagem, seria melhor procurá-los com a intenção de conhecer a verdade. De ter certeza de que a vida continua, não porque eu estou dizendo, ou alguém escreveu um livro, mas porque você mesmo comprovou, sentiu, sabe que isso é verdade.

Não acha que esse é o melhor remédio? Essa certeza enche nossa alma de prazer porque transforma o "nunca mais" em até breve. Cicatriza nossas feridas, derrota nossos medos, harmoniza nosso mundo interior.

E ao invés de perturbarmos nossos queridos que partiram, angustiando-os com nosso inconformismo e inquietação, poderemos, dentro de nossa saudade e de nosso amor, enviar-lhes energias nutritivas de confiança no futuro, de erguimento e de paz, contribuindo efetivamente para que fiquem melhor. Experimente. Vai dar certo!

A certeza de que a vida continua após a morte é o melhor remédio para quem perdeu um ente querido.

Você está reencarnado?

Há pessoas com sensibilidade tão aguçada que vivem às voltas com captação de energias de toda sorte. Se estão em uma festa, de repente começam a sentir-se mal, com problemas de estômago, dores de cabeça, tristeza, depressão ou irritação. Se recebem uma visita de pessoa com problemas, logo passam a sentir os sintomas que ela apresenta. Parecem um radar, captando toda sorte de energias, e a situação pode agravar-se a ponto de elas ficarem inseguras, cheias de manias, com medo de estar no meio dos outros. Evitando o contato a fim de preservar-se, muitas vezes fecham-se dentro de casa, fugindo de tudo e de todos.

Para alguns pode parecer exagero, mimo, fraqueza, mas só quem vive essa experiência pode entender o que eu estou falando. Alguns dizem que é "encosto", outros que é mediunidade. Geralmente procuram os centros espíritas, buscando remédio para o problema. Há os que vão aos terreiros "fechar o corpo", pretendendo tornar-se imunes a essas influências. Às vezes conseguem durante certo tempo, porquanto no trato que fazem com as entidades uma delas se encarrega de "vigiar" para impedir que outras se aproximem, ou até colocam uma camada de energia em volta do corpo da pessoa, que não permite entrar nada. É claro que essa repressão não é natural e um dia acaba por explodir, em forma de crise, e o desequilíbrio emocional fica mais grave. Sem falar do compromisso assumido com essas entidades que certamente será cobrado de uma forma ou de outra.

A princípio eu também pensava que a mediunidade fosse responsável por tudo isso. Claro. A abertura da sensibilidade e a captação de energia são sintomas de mediunidade. Contudo, havia pessoas que, freqüentando os passes durante certo tempo, estudando os fenômenos paranormais, restabeleciam o equilíbrio e os sintomas desapareciam completamente, enquanto outras, fazendo as mesmas coisas, não conseguiam nada. Por quê?

Fiz essa pergunta a um amigo espiritual, que respondeu:

— A origem do problema está na personalidade. É preciso tomar posse do corpo, reencarnar de fato.

Diante disso, procurei estudar os casos e descobri que essas pessoas possuem as seguintes características:

- São sonhadoras, idealistas, nunca vivem no presente. Colocam a felicidade no passado ou no futuro.
- Acreditam que ser espiritual é fugir do mundo e de tudo que seja material.
- Pensam que são imperfeitos. Só Deus tem poder.
- Indecisos. Nunca sabem o que querem nem do que gostam.
- Julgam-se incapazes e fracos e por isso apegam-se aos outros, tornam-se dependentes.

Esperar tudo dos outros anula a própria força e é um apelo à ingerência deles em sua vida. Representa um pólo de atração a todas as energias circundantes.

É a própria pessoa quem está abrindo a porta e se ausentando. Uma casa sem dono, com a porta aberta, certamente será invadida.

Se você está vivendo esse problema, é porque não está reencarnado. Isto é, não tomou posse do próprio corpo. Como fazer isso? Aí vão algumas dicas:

- Viva no presente. Valorize seu dia em cada minuto, exerça com garra e de corpo inteiro suas funções familiares, profissionais, sociais, com tudo que tem direito, fazendo seu melhor. Não existe nada fora do espiritual. Tudo é Deus, e a matéria também.
- Você é perfeita em seu nível de evolução e foi feita à semelhança de Deus. Tem o poder de criar seu próprio destino. Deus age através de você.
- Valorize tudo que já tem, acredite que mais virá porque você merece e tem direito à felicidade.
- Conheça-se. Observe tudo e desenvolva idéias próprias, não tenha medo de experimentar. Descubra o quanto você é capaz.
- Ligue-se às forças universais que sustentam a vida e confie fazendo sua parte.

Se tiver dificuldades em fazer tudo isso, comece com o seguinte exercício: vá para um lugar sossegado, coloque música suave, feche os olhos e imagine que está entrando dentro de você, sinta-se dentro de sua pele. Coloque sua atenção no meio do peito e peça a seu "Eu Superior" que lhe mostre como encontrar o que procura. Com calma, espere. Observe os pensamentos decorrentes. Depois faça afirmações positivas e não dê atenção aos discordantes. Repita o exercício sempre que puder.

Reencarnar, assumir o corpo, é estar sempre presente, consciente, comandando a própria vida. Essa atitude dá segurança, força, desenvolve a lucidez, estabelece o respeito e a dignidade e impede a interferência alheia em sua vida. Errar, claro que você vai, mas o importante é recomeçar sem medo e seguir adiante. Se deseja libertar-se, experimente. Você pode.

Reencarnar, assumir o corpo,
é estar sempre presente, consciente,
comandando a própria vida.

Você acredita que já viveu outras vidas?

Você já ouviu falar em terapia de vidas passadas? O paciente em estado hipnótico revive fatos e problemas não resolvidos em outras encarnações, que causam fobias, relacionamentos dolorosos, situações inexplicáveis na vida presente. A identificação da causa, observada agora sob novos ângulos e mais bem compreendida, favorece a liberação das energias equivalentes, provoca mudanças de comportamento e pode promover a cura.

A vida estendeu um véu sobre nosso passado. Ela é sábia e age sempre em função de nosso melhor. Por essa razão, eu nunca pergunto aos espíritos nada sobre o passado. O recurso das terapias de vidas passadas, quando administrado por terapeutas capacitados, tem ajudado muito as pessoas, mas só deve ser utilizado por quem realmente necessite dele, não apenas por simples curiosidade. Remexer o passado, reabrir feridas ocultas pelo véu do esquecimento, sem saber como medicá-las, pode aumentar a dificuldade.

A idéia de reencarnação, a curiosidade de descobrir o próprio passado tem fascinado muitas pessoas que se deixam iludir com facilidade, agravando seus problemas em vez de solucioná-los. Procuram os médiuns sem conhecer os processos da mediunidade, rejeitam os que são autênticos e não se prestam a determinadas atividades e preferem os que se deixam levar pela ilusão, alimentando suas fantasias. Você já notou a preferência por personalidades importantes? Em vidas passadas ninguém foi pessoa simples ou teve uma vida comum. Há muitos príncipes, rainhas, nomes célebres, políticos, artistas, etc.

Sem falar do "carma", tantas vezes citado para justificar uma atitude evasiva, suportando situações constrangedoras, com as quais não desejam romper porque, se são desagradáveis de um lado, compensam do outro.

Nós somos plenamente responsáveis por tudo que nos acontece. São nossos pensamentos, nossas crenças que criam nosso destino. Quando os modificamos para melhor, tudo se transforma. Nossa educação, a sugestão do meio, da família, da religião nos influenciam bastante e modificam muitos hábitos que tínhamos em outras vidas. Apesar disso, carregamos em nosso inconsciente as impressões do passado e a memória de outras encarnações. Claro que influenciam nossas reações. Aqueles acontecimentos que dramatizamos, que nos impressionaram, ainda refletem em nosso comportamento.

Entretanto, já temos elementos para identificar essas impressões partindo do conflito presente sem necessidade de revivermos experiências passadas. A gestalt-terapia faz isso com facilidade. Conhecer-se e descobrir quais as crenças que provocam a dificuldade e substituí-las adequadamente resolve o problema.

Se você tem curiosidade sobre vidas passadas, procure estudar o assunto com seriedade. Temos aqui uma sumidade científica, o presidente do Instituto Brasileiro de Pesquisas Psicobiofísicas, Hernani Guimarães de Andrade, que escreveu o livro *A Reencarnação no Brasil*. Há também o cientista canadense Ivan Estevenson, que pesquisou cerca de 3 mil casos e escolheu os mais concludentes, registrando-os em seu livro *20 Casos Sugestivos de Reencarnação*.

Você verificará que há pessoas que se recordam de fatos de suas vidas passadas, descritos e comprovados com absoluta fidelidade. Essas lembranças, que ocorrem geralmente na primeira infância, desaparecem quando elas chegam à adolescência. Nessa época, a reencarnação se fortalece e o espírito reencarnado reassume plenamente sua personalidade e o passado se transforma apenas em vagas sensações.

Embora alguns médiuns possam perceber alguma coisa sobre suas vidas passadas, essas afirmações deixam sempre muitas dúvidas. Só você pode registrar com veracidade os fatos que já vivenciou e que estão guardados em seu inconsciente. No entanto, não os provoque. Se um dia for surpreendida por alguma dessas lembranças, terá a certeza de sua veracidade.

Essa descoberta certamente lhe trará a certeza de que o espírito é eterno, que ele sobrevive à morte do corpo físico. Você se sentirá segura, em um mundo onde tudo se transforma e as mudanças são obrigatórias. Perceberá que, além de tudo que possamos sentir ou fazer, existem outros mundos, outras civilizações, outras possibilidades, e que tudo, absolutamente tudo, está certo em seu perfeito equilíbrio. Não acha que vale a pena?

Se a sabedoria da vida estendeu um véu sobre nosso passado, é melhor respeitar. Ela nos mostra espontaneamente tudo que é bom saber.

Você pode prever o futuro?

Você já sonhou com algo que dias mais tarde veio a acontecer? Já teve um forte pressentimento que depois veio a tornar-se realidade? Já visualizou um fato que mais tarde se concretizou? A isso se dá o nome de precognição, isto é, quando um sonho, uma visão ou uma intuição antecipa o futuro para uma pessoa.

A história registra vários casos. Um dos mais famosos é o do presidente Lincoln, nos Estados Unidos, que, dias antes de ser assassinado em um teatro, sonhou com a própria morte. Ele narrou o fato a um amigo, que o registrou em seu diário com as próprias palavras dele: "Fui deitar-me tarde e sonhei que saía da cama e vagava pelos quartos não vendo pessoa alguma, mas ouvindo gente chorando... Para tentar descobrir o que estava acontecendo, fui para o East Room da Casa Branca, onde com grande surpresa vi um cadáver coberto sobre uma plataforma. Perguntei a um dos guardas presentes quem tinha morrido e ele me respondeu que o presidente fora assassinado". Infelizmente, isso aconteceu dias depois.

Geralmente, quem tem esse tipo de mediunidade não gosta porque, embora haja previsões de coisas boas e agradáveis, há as que não o são e provocam mal-estar. Principalmente por não poder fazer nada a fim de as evitar.

Como aquela médium nos Estados Unidos que previu a morte do presidente Kennedy e tentou por todas as formas impedi-lo de ir a Dallas mas não conseguiu. Ninguém lhe deu ouvidos. Ela sofreu muito diante da própria impotência.

É natural que isso tenha ocorrido. Há muitas premonições que nunca se realizam. Todo ano nós vemos vários médiuns fazendo predições, e, se formos conferir, apenas uma parcela delas se cumpre. Por que isso acontece? Será que a precognição é uma fantasia que às vezes coincide com os fatos?

Claro que não. Há visões, sonhos, intuições tão reais, profecias que se cumpriram com tantos detalhes que não há como negar sua veracidade. É que você só tem condições de descobrir isso depois que o fato aconteceu.

Você que já sonhou ou previu algo que realmente ocorreu, sabe como é que isso acontece? Como é que você pode perceber fatos que ainda não se concretizaram?

Cada pensamento nosso, no qual colocamos crédito, provoca uma atitude. Nossas atitudes são frutos de nossas crenças. Agimos de acordo com elas. Cada atitude nossa movimenta as energias a nosso redor e promove uma reação. É como quando estamos dentro de uma piscina. Qualquer gesto movimenta a água em ondas que vão e vêm, reagindo a nosso contato.

Estamos todos mergulhados na mente universal, como quando estamos dentro da água, cercados de energias. Elas são neutras. São nossas atitudes que lhes dão padrão e as projetam para o futuro, provocando reações dentro do sistema, que reage e responde, devolvendo o resultado.

Toda atitude nossa tem portanto uma resposta da vida. Mas como ela age sempre pelo melhor, essa situação não é definitiva. Quantas vezes vimos predições ruins que nunca se realizaram? É que as leis universais não agem para nos castigar ou punir. Em sua sabedoria, sabem que a punição ou o castigo nunca educaram ninguém. Ao contrário, quando modificamos nossas atitudes, elas apagam e substituem aquelas energias negativas que emitimos anteriormente pelas novas e melhores de agora. Com esse critério, aquelas reações dolorosas que estavam programadas em nossa vida são modificadas.

Você pode perguntar:

— Que utilidade pode ter perceber alguma desgraça sem que se possa fazer nada para evitá-la?

No entanto, a percepção é uma capacidade sua. Você não poderá fazer nada para evitá-la. Faz parte da natureza e é um progresso que gradativamente todos conquistaremos. A mediunidade é um dos atributos do homem.

Quando você pressentir algo desagradável, não deve correr atrás das pessoas, assustando-as inutilmente. Você nunca sabe se aconterão mesmo. Lembre-se de que ninguém poderá impedir a força das coisas. O que tiver que acontecer, vai acontecer, independente de sua participação.

Procure manter-se calma e conservar o bom senso. O melhor que poderá fazer é mandar energias positivas aos envolvidos. Isso os ajudará, seja o que for que vier a ocorrer. A vida levantou a ponta do véu do futuro para que você possa trabalhar em favor dela, cooperando com energias positivas, tornando-se um instrumento útil de paz. É isso que ela espera de você. Aceite e usufrua o dom que Deus lhe deu.

A vida levantou a ponta do véu do futuro para que você mande energias positivas a favor dela.

Você é descrente?

"Não acredito em reencarnação e em nada dessas coisas. Apesar disso, todos os sintomas que você descreveu em seu artigo 'Você tem mediunidade?' eu sinto. Como pode ser isso?"

Vocês já repararam com que facilidade nós acreditamos ou não nas coisas? Com que desenvoltura emitimos opiniões, cedendo aos impulsos do momento? Fazemos isso todos os dias, dando palpites na economia, na política, no mercado, na ciência, na vida das pessoas famosas, dos amigos, conhecidos e parentes.

Quando alguém diz alguma coisa, seja sobre o que for, não resistimos a um palpite. Mesmo quando ignoramos completamente o assunto, costumamos dizer: "Não acredito que..." ou "Eu tenho certeza que..." ou ainda "Eu acho que..." E tecemos considerações, recordando comentários ouvidos ou lidos aqui ou ali, como se fossem a pura verdade.

Você nunca se flagrou fazendo isso? Reparou como são frágeis nossos conceitos? Raramente ouvimos alguém dizer que não pode falar de determinado assunto porque não o conhece o suficiente. Mostrar conhecimento e erudição é agradável, dizer coisas interessantes ou diferentes pode manter o interesse dos outros em uma boa conversação. Parecer eclético, inteligente, é fascinante.

Mas como tudo sempre tem dois lados, você pode, numa dessas, ter como interlocutor alguém muito versado no assunto, que logo perceberá sua falta de conhecimento.

Isso não seria nada porque ninguém tem condições de saber tudo. O que pega mal é a leviandade de falar só por falar. De dar palpites sem conhecimento de causa.

Em pouco tempo, ficará tão desacreditada que sua opinião não valerá nada. Isso está acontecendo com você? As pessoas ouvem sem interesse quando você fala?

A tentação de dar um palpite é muito grande. Hoje eu tento me conter. Só dou opinião quando tenho alguma coisa a dizer. Principalmente nos assuntos espirituais, procuro ser o mais verdadeira possível.

Geralmente eu só falo e escrevo a respeito de minhas experiências e dos estudos que fiz ao longo de meus muitos anos de atividades mediúnicas.

Certa vez eu fiz uma palestra em que, empolgada, comentava a sabedoria de Jesus, citando suas frases e sua luz. Quando terminei, depois dos abraços comovidos de algumas pessoas da platéia, o espírito de Silveira Sampaio aproximou-se de mim sorrindo e dizendo:

— Que beleza! Adorei sua palestra. Você tem toda razão. Jesus tem verdadeiramente muita luz. — Fez ligeira pausa e concluiu:— Mas é dele!!

Fiquei chocada. Foi como se um véu tivesse sido arrancado de meus olhos. Compreendi. Na verdade, eu havia me esquecido deste detalhe: *a luz era dele!* Por mais que eu falasse nela, por mais que me deslumbrasse com sua grandeza, isso não acrescentaria nada a meu próprio progresso. Quando fazemos uma pregação, nos envolvemos com a luz da espiritualidade e nos iludimos achando que já a possuímos. Todavia, nos momentos de dificuldade, quando precisamos usar o que julgamos possuir, descobrimos o quanto ainda nos limitamos, não tendo ido além do conhecimento intelectual, nada tendo feito em favor de nosso desenvolvimento interior, que é nossa maior tarefa.

São os fatos vivenciados, os sentimentos experimentados, que fazem minha fé, minha forma de ver a vida. Eles formam meu patrimônio espiritual. Ele é único, pessoal e intransferível. Você tem o seu nas mesmas condições. Sua vida é o que você fez dela.

Eu não pretendo provar nada para ninguém. Cada um é livre para procurar seus caminhos. Se você não consegue acreditar em reencarnação, em vida após a morte, em comunicação com os espíritos desencarnados, esse é um limite seu. Em seu caso talvez seja interessante estudar esses assuntos de maneira séria e adequada, uma vez que você tem mediunidade. Se não conseguir crer, pelo menos pode fundamentar melhor suas opiniões.

Enfrentar a vida sem fé é como ir para a guerra sem armas. Eu creio na espiritualidade e isso me harmoniza e dá muita paz. Gostaria de poder dividir minha certeza não só com você mas com todos os descrentes. É impossível. Só você pode fazer brilhar sua luz. Só você pode desenvolver sua própria consciência. Se é isso o que deseja, vá à luta! Não desista. Estude, discuta, questione, busque. Um dia você chega lá.

Não pretendo provar nada para ninguém.
Cada um é livre para procurar seus caminhos.

Você tem muitos problemas?

Sou uma pessoa calma, educada e faço tudo para estar em paz. Não gosto de brigar nem de perturbar os outros e muito menos de ser perturbada. A vida inteira, tentei conviver bem com todo mundo, mas por incrível que pareça, quanto mais eu pretendia preservar meu sossego, mais eu arranjava problemas.

Se alguém estava revoltado e agressivo, eu, que não queria confusão, tentava logo concordar, desviar o assunto. Mas ao contrário do que você pode pensar, ao invés de se acalmar, a pessoa descarregava toda sua bateria de rancor contra mim, que arrasada e aflita passava algumas horas inconformada e deprimida.

Os outros desconhecem nossos limites. Por isso vão avançando e somos nós que precisamos definir até onde podem ir. Eu não sabia disso. Em meu entender, dizer um *não* os voltaria contra mim e como eu não queria criar um problema, acabava dizendo *sim*, mesmo quando sabia não poder ou não desejar cumprir.

Querendo contemporizar, agindo assim, você pode imaginar em quantas confusões eu me meti?

Com os parentes, então, tudo fica ainda pior. Como não emprestar aquele dinheiro que um irmão pediu, apesar de saber que ele nunca poderá pagar e que gasta sempre mais do que deveria? Como negar tomar conta das crianças para uma irmã ter suas férias, apesar de serem mal-educadas e bagunçarem toda a casa e nunca atenderem ao que lhes é pedido? Como recusar abrigo para aquela prima que brigou com o marido e saiu de casa?

Uma amiga minha tinha um irmão alcoólatra, que vivia lhe pedindo dinheiro para pagar suas dívidas. E como ele distribuía muitos cheques sem fundos e ela sempre o salvava, ele nunca se preocupava. Levava a vida com prazer enquanto ela se privava de tudo para "salvá-lo". Como dizer *não* a ele?

Aconteceu isso a você? Enquanto sua irmã saía de casa, feliz e livre para suas férias, você, tendo ficado com as crianças a contragosto, tentava agüentar a confusão em que sua casa se transformara, vendo os objetos de uso espalhados, a destruição de suas revistas favoritas, de suas plantas, abdicando até de seus programas favoritos de TV, porque elas tinham outras preferências? Como ninguém é de ferro, um dia você não agüentou a pressão, reagiu até com certa violência, tentando educá-las a seu modo. Claro que elas não aceitaram, revoltaram-se. E quando a mãe voltou, descansada, bem-disposta, elas se queixaram. E você, que não queria confusão, arranjou uma briga familiar sabe Deus até quando.

Já com a prima que saiu de casa chorosa porque surpreendeu o marido com outra, apesar de não ter acomodação suficiente e de saber que ela era muito dependente dele, como dizer *não?* Contrariada, você levou as crianças para seu quarto e a acomodou. Seu marido não gostou e você ficou no meio, querendo "ajeitar" a situação. Estava na hora de sua prima se libertar daquele marido dominador e infiel. Só que, como sempre, ela não agüentou a separação e voltou para casa. Seu cunhado, irritado, entendeu que você pretendia separá-los e, no fim, como sua prima só via pelos olhos dele, ambos acabaram rompendo relações com você.

Um amigo espiritual costuma dizer:

— Se você tem um problema, foi você quem se meteu nele.

Isso é profundamente verdadeiro. Dizer *sim* quando quero dizer *não* é dar mais valor aos outros do que a mim, é não colocar meus limites, e isso é não me respeitar. É o mesmo que dizer que o que eu sinto não vale nada, que os outros podem passar por cima de mim à vontade. E eles passam, sem dó nem piedade.

Hoje estou aprendendo a dizer *não*. Quando não quero alguma coisa, simplesmente digo *não*. Sem raiva nem emoção. Um *não* é só uma negativa. É nosso limite. Um direito que temos de decidir o que desejamos ou não fazer. A isso se dá o nome de dignidade. Quando nos colocamos com sinceridade, dizendo o que sentimos, somos respeitados.

Se você está sempre cheio de problemas, pense como foi que se meteu neles. Se tiver um irmão irresponsável, uma irmã dominadora ou uma prima dependente do marido, não se envolva mais com eles.

Se for procurada, se lhe pedirem ajuda, devolva-lhes a responsabilidade de tomarem conta de suas vidas. Você não tem que resolver os problemas nos quais eles se meteram por livre vontade. Não há nenhuma lei, humana ou espiritual, que determine isso.

Lembre-se de que a verdadeira ajuda não é fazer por eles, mas dar-lhes oportunidade a que eles façam, descubram sua própria força. Todas as pessoas são capazes, quando querem. E só conseguem quando se assumem. Não é isso que a vida faz com todos nós?

Os outros desconhecem nossos limites
Somos nós que precisamos
definir até onde eles podem ir.

De onde vem a violência?

A novela A *Viagem*, um sucesso da antiga TV Tupi, volta à telinha da TV Globo e eu li no jornal que a autora Ivani Ribeiro vai reescrever alguns capítulos para atualizar principalmente o papel do "bandido", porque no original seus crimes eram muito singelos diante dos criminosos de agora. Eles hoje realmente conseguiram se aperfeiçoar na crueldade e na violência. As armas são mais possantes e sofisticadas, os crimes mais bárbaros.

Meus amigos espirituais dizem que estamos aprendendo a cada dia, evoluindo sempre e que nesse caminho não existe retrocesso. Ninguém regride. Então, como explicar que, estando melhores, tenhamos aumentado o índice de violência?

Os guias espirituais afirmam que a Terra está no final de um ciclo de sua evolução e que no terceiro milênio os espíritos mais atrasados, tanto na crosta terrestre como no plano astral, serão afastados, para que, livre desses elementos, os que ficarem aqui possam desfrutar uma vida melhor.

Quem acredita na violência como solução dos problemas não poderá mais reencarnar aqui. Terá que renascer em um planeta primitivo, sem as facilidades da era moderna.

Podem imaginar como será viver em um mundo sem eletricidade, rádio, computador, automóvel, televisão, cinema, telefone, raio-X, anestesia, etc.?

Uma pessoa maldosa, em uma sociedade mais primitiva, com costumes bárbaros, ao invés de abusar dos bons, como faz aqui, terá que enfrentar seus iguais e encarar a própria crueldade.

Havia no astral inferior muitos espíritos nessas condições. Foi-lhes oferecida uma última oportunidade: reencarnar aqui, tentar melhorar para poderem continuar ligados ao planeta. Como o ciclo está terminando e não havia tempo, foi feita uma verdadeira "varredura" no astral e reencarnaram muitos de uma vez. Eles estão no mundo, contribuindo para o considerável aumento da violência.

Será que vão aproveitar e aprender? Para isso seria preciso que encontrassem aqui pessoas que os fizessem repensar, perceber o quanto estão iludidos. Vocês acham que um marginal não tem recuperação? Teria, se nós pudéssemos mostrar-lhe *como*. Quem não gostaria de viver melhor, de ser feliz?

Todavia, ao invés de nos firmarmos em nossas conquistas superiores, nós nos impressionamos com eles e invertemos o processo, acabando por nos envolver, entrando na revolta, na descrença, nos acovardando e acreditando que eles são mais fortes do que nós.

Isso não é verdade. O bem é a única força e vence tudo. Mas como ele pode vencer se nós estamos programando o mal o tempo todo? Você acha que não? Que é bondosa, honesta, nunca pensa mal de ninguém e que não está programando nada de ruim? Quanta ilusão! Nossa sociedade está toda montada no mal. Nossos órgãos de comunicações dão ênfase aos dramas, às tragédias, às guerras, às doenças. Ninguém menciona as coisas maravilhosas que acontecem e são em maior número. Os formadores de opinião, comentaristas políticos, jornalistas, repórteres, fazem previsões sempre catastróficas, e raros conseguem prever algo de bom.

E o cinema, então? Quanto mais sangue, melhor. Eles vão ao requinte do corpo estraçalhado, das facadas, da destruição, do vandalismo e do terror. Tudo isso é programação interior. Estamos dizendo a nosso subconsciente que o crime bárbaro, a violência, a crueldade são atos comuns. E nos admiramos quando isso se materializa no mundo. Quanta energia estamos fornecendo para que essa violência se mantenha? Qual nossa responsabilidade nisso? O mundo é o que fizemos dele e nossa atuação, omissa ou ativa, conta sempre. Não adianta criticarmos os outros, responsabilizando-os pelo que acontece.

Esses espíritos que reencarnaram para aprender conosco a serem melhores não estão tendo nossa cooperação, o que lhes facilitaria a recuperação. Só têm encontrado a dor, o sofrimento, e poderiam obter um resultado melhor.

Mas e nós? Ao nos deixarmos envolver por eles, teremos regredido em nossa evolução? Não. Isso seria impossível. Mas o fato é que a presença deles nos faz descobrir que não somos tão adiantados quanto imaginamos. Claro está que se sentimos prazer em assistir a esses filmes, em comentar as tragédias, os crimes, em salientar o mal, é porque o bem para nós é apenas uma convenção intelectual, que ainda não está dentro de nosso coração.

Vamos pensar nisso. Sem culpa nem crítica. Sempre é tempo para mudar. Para isso, basta apenas querer, controlar os pensamentos e só acreditar no bem. Eu desejo isso de coração, você não?

O mundo é o que fizemos dele.
Nossa atuação, omissa ou ativa, conta sempre.

A imunidade

A palavra imunidade está na moda. Hoje se questionam não só "as imunidades" parlamentares como o as do corporativismo (outra palavra muito em uso e que muita gente não sabe o que é), mas que soa bem e não pode faltar em um bom discurso. Falar é fácil, e as palavras impressionam tanto os que gostam de discursar que eles acabam acreditando que já são o que "parecem" ser.

Quem tem imunidade se acredita protegido, isto é, pode desrespeitar as leis, tanto sociais como espirituais, sem ter que responder por aquilo que faz. Torna-se um todo-poderoso, um ser à parte que quando pressionado grita logo:

— Você sabe com quem está falando?

E não é que continua dando resultado? É que todos nós somos impressionáveis. A grandeza, o poder, a aparência, ainda contam em nossa sociedade e é disso que muitos se aproveitam.

Onde existe um "dominador" há um "dominado", eles são inseparáveis. E se os que se dizem todo-poderosos nos dominam, é porque nos deixamos dominar. E se nos deixamos dominar, é porque nos impressionamos com o que eles falam. Às vezes, tomamos partido e até discutimos por causa deles. O carisma é coisa muito séria! Melhor falar sobre imunidade.

Para tornar-se imune a certas doenças, é preciso ter passado por ela. Quem já teve sarampo uma vez está protegido contra essa doença pelo resto da vida. Ser vacinado também protege, o princípio é o mesmo. As vacinas, os soros de proteção são feitos utilizando o germe da própria doença. É um princípio natural. A vida muitas vezes trabalha pela saturação. De tanto experimentar uma situação, a pessoa acaba por aprender tudo sobre ela, fica saturada, não se impressiona, e torna-se imune. Será por isso que os políticos se agarram durante tantos anos ao poder? É para vacinar-se contra essa ilusão?

O contágio é algo que ninguém consegue explicar. Por que em determinada situação algumas pessoas se contaminam e outras não? Eu já tratei de pessoa com doença contagiosa e nunca peguei nada.

Meus amigos espirituais dizem que o contágio é feito através do corpo astral. Toda doença começa nele e se desenvolve quando há um "campo favorável".

Você sabia que há poluição astral? Germes que nossa ciência ainda não consegue localizar por estarem em outra dimensão e que podem invadir nosso corpo astral, se houver um campo favorável? As pessoas podem sentir os sintomas e o corpo físico ainda não ter materializado a enfermidade, o que vai acontecer mais tarde. É por causa disso que há tantas doenças que os médicos não podem localizar ou curar. Já os espíritos desencarnados podem diagnosticá-las. Eles afirmam que toda doença é curável e que eles, atuando direto no perispírito, poderiam fazer isso sempre, mas que precisam obter permissão. Eles não podem interromper o processo. Através dele é que a pessoa está conquistando a imunidade. Está se vacinando contra uma série de ilusões que são a causa principal de seu desequilíbrio. Está conquistando a própria cura, a verdadeira defesa e proteção.

Eles tentam nos ajudar fazendo a profilaxia. Tentando prevenir o mal antes que apareça. Ensinando-nos a evitar criar um "campo favorável" que possa alojar os germes astrais e desenvolvê-los.

Eles sabem que são nossas crenças, os pensamentos aos quais damos importância, que nos "impressionam", isto é, pressionam para dentro, estampam em nosso corpo astral aquelas emoções e estabelecem o campo equivalente. Quando somos atingidos pelos germes astrais, é esse campo que vai determinar se eles vão proliferar ou desaparecer. Essa é a causa do contágio.

A vida é feita com tal perfeição que tudo sempre é para o bem. Assim, quem dramatiza, quem adora cultivar uma tragediazinha por certo está programando uma bem caprichada, com direito a UTI e tudo o mais. Quem gosta de manipular e dominar os outros pode acabar preso a uma situação de impotência e desenvolver uma doençazinha bem comum, dessas em que a pessoa fica dependente até para ir ao banheiro. Quem se deixa dominar, por comodismo ou por medo, e não reage, talvez comece a perder tudo que ainda tem, fique só e tenha a companhia apenas da asma ou da bronquite. Tudo isso, porém, só tem uma finalidade: tornar-nos imunes, fortalecer-nos.

Seja o que for que nos incomode, é bom saber desde já que fomos nós que criamos, que, assim como "impressionamos" nosso corpo astral e atraímos coisas de que não gostamos, podemos fazer o oposto. Podemos nos impressionar com coisas positivas, que programem coisas boas. Não é uma maravilha? Nós temos esse poder. É só aprender, usar, tornar-se forte e imune ao mal.

De tanto experimentar uma situação, a pessoa acaba aprendendo a tornar-se imune.

É preciso dizer adeus!

A morte de uma pessoa querida é sempre um momento de mudança e de reflexão. Para os que têm fé, que sabem que a morte não é o fim mas apenas uma separação temporária, fica mais fácil superar, inclusive as mortes prematuras, as tragédias inesperadas. Acreditar que tudo está certo e que Deus não erra, acalma, conforta, permite a aceitação do fato, mesmo quando não se consegue saber por que aconteceu.

Aceitar um fato irremediável e doloroso é superar a dor, enquanto a falta de fé em um poder maior, o medo do desconhecido só faz aumentá-la, criando vários instrumentos mentais de autotortura. A pessoa fica visualizando os momentos dolorosos, imaginando os sofrimentos daquele que partiu. E revivendo-os constantemente, alimenta a ferida agravando-a.

Essa atitude de revolta e rebeldia para com os fatos que não pode mudar, além de ser inútil, angustia muito o espírito do que se foi e causa à pessoa uma profunda depressão difícil de curar. Ela perde o prazer de viver. Se isso acontecer durante longo período, estabelece-se um campo magnético favorável à proliferação de germes, e a doença fatalmente acontecerá. Quanto mais dramática ela for, mais lenta e dolorosa será sua enfermidade. Quando vamos compreender que são nossas atitudes que formatam e alimentam as energias que materializam os fatos em nossa vida?

A reencarnação e a morte são mudanças naturais. Quantas vezes já passamos por elas? Nossa cultura materialista tem dramatizado a morte excessivamente. Nos fixamos na decomposição física, na transformação da matéria, esquecidos de que ela, sem o espírito, é nada. É ele quem vitaliza temporariamente os elementos físicos de nosso mundo, que se desagregam quando ele se afasta.

Se você crê em Deus, tem que admitir que ele é perfeito e sendo perfeito é bom e nunca faria nada ruim. Logo, aquele desastre horrível, aquela morte trágica, aquele quadro doloroso, pode ter sido suavizado e a pessoa não ter experimentado nenhuma dor. Quem nos garante que aquele espírito não tenha sido retirado do corpo alguns segundos antes de ser atingido? Que aquela pessoa na UTI, em coma, nem tenha percebido os aparelhos perfurando seu corpo e tenha se ausentado antes? A atriz Daniela Peres, no momento do crime, desmaiou por ter recebido um soco, ou seu espírito teria sido afastado do corpo para que ela não sentisse a brutalidade da agressão? Deus é amor, quem tem fé sabe disso.

Nos relatos dos espíritos desencarnados de maneira violenta, a não ser em alguns casos de suicídio, no qual precisam ir fundo na experiência que escolheram, eles mencionam que acordaram no astral, sem terem passado por grandes sofrimentos físicos. Lamentam, isso sim, o inconformismo dos parentes que ficaram no mundo, que os chamam e atraem constantemente, justamente para o local e o momento difícil que preferem esquecer.

Quando uma mãe inconformada, uma viúva revoltada, um pai deprimido visualizam constantemente a doença, o acidente, o quadro doloroso que presenciaram, estão alimentando aquele instante difícil, alongando-o, tentando materializar uma situação que a vida faz tudo para dissolver. Estão criando verdadeiros tentáculos energéticos, viscosos e pesados, que alcançam o espírito desencarnante, fazendo-o reviver a dificuldade que já acabou. Envolvidos por essas energias, alguns chegam a sentir os sintomas da doença que os vitimou, os piores momentos do desenlace, somados à angústia dos que ficaram.

Chega de vitalizar a morte! Ela não passa de um momento de transformação, porque só existe vida. Só vida, sempre vida, por toda parte. O corpo é um uniforme que vestimos para freqüentar a escola do mundo, onde vamos renovar valores, alargar a consciência, desenvolver potenciais, adquirir lucidez.

Quem morreu não precisava mais do uniforme. Seu tempo acabou e ele voltou para o plano de origem, onde vai repensar, guardando ainda as impressões do estágio que fez na Terra

Nessa reciclagem, tudo conta. Os pequeninos fatos do dia-a-dia, as frustrações e as vitórias, os acertos e os enganos. É um processo natural onde aos poucos ele irá amadurecendo. Quando for oportuno, poderá voltar a reencarnar aqui. Modificado. Mais experiente, em novas oportunidades.

Se você perdeu um ente querido, liberte-o agora! Ele continua vivo, livre, leve e anseia pela felicidade. Não o detenha no sofrimento, nem dificulte mais seu caminho. Deixe-o ir. A vida é perfeita e tudo está certo como está.

A morte é uma ilusão. Não se deixe enganar. Mande embora a tristeza. Vamos todos celebrar a vida! Reverenciar a beleza e a perfeição do universo. Coragem! Você pode e vai conseguir. Seu parente desencarnado agradece, feliz.

Se você perdeu uma pessoa querida, liberte-a agora! Ela continua viva, livre, leve e anseia pela felicidade.

Uma experiência pessoal

Eu tinha apenas 22 anos, dois filhos pequenos, quando uma madrugada acordei sentindo um formigamento no corpo inteiro. Inesperadamente, sem que eu pudesse controlar, me levantei e comecei a andar pela casa falando em alemão. Meu marido ficou muito assustado e imediatamente chamou uma vizinha, que me socorreu. Ela percebeu que eu estava "tomada", fez uma oração e voltei ao normal.

Naquele tempo, havia muito preconceito religioso e o espiritismo era discriminado. As pessoas não falavam abertamente sobre a mediunidade, poucos assumiam. Eu sempre fora equilibrada e nunca fora dada a chiliques, além do que não conhecia o idioma alemão A família de meu marido era muito católica, e ele, que fora educado pelos padres salesianos, temia o espiritismo. Mas era um homem prático, inteligente e decidiu:

— Se aconteceu com minha mulher, vou descobrir o que é.

Foi a uma boa livraria e comprou todos os livros que encontrou sobre o assunto. Dedicou-se ao estudo, encantou-se com a filosofia e com as pesquisas que tantos cientistas famosos tinham feito, comprovando a veracidade do fenômeno.

Desenvolveu uma certeza tão grande na espiritualidade que tornou-se um homem de fé pelo resto da vida.

Aceitei a mediunidade, aprendi que o mundo dos espíritos é coexistente e que estamos sempre trocando energias, nos influenciando mutuamente. Minha vida ganhou uma nova dimensão. A morte era transformação, não fim. O que eu mais demorei para aceitar foi que agentes externos, encarnados ou não, pudessem invadir meu interior e provocar a somatização. Que as energias de outras pessoas pudessem transmitir uma dor de cabeça, de estômago, uma cólica de rim.

O mundo da energia era para mim algo sutil, imaterial, que nunca poderia atingir fisicamente meu corpo. Para aceitar isso, amarguei uma obsessão durante dois anos. Sofria crise de falta de ar, dor no peito, taquicardia, mal-estar, fraqueza. Acontecia de repente e de madrugada. A sensação era de morte iminente. Eu corria para o médico, apavorada. Eles nunca encontravam nada. Fiz todos os exames possíveis e imagináveis, e no fim eu cheguei até a desejar que eles achassem alguma coisa. Eu tinha uma saúde perfeita. Um calmante, algumas palmadinhas nas costas, sugestão de um tratamento psiquiátrico. Eu voltava para casa mais calma. Quando estava pegando no sono, a falta de ar voltava e tudo recomeçava. Fiquei com medo de dormir.

— Por que não vai tomar um passe no Centro? Seu mal é espiritual — dizia meu marido.

— Você está fanático — eu retrucava. — Tudo agora para você é espírito. Eu estou doente!

Quando me convenci de que os médicos não podiam fazer nada por mim, cheguei à exaustão. Quase uma semana sem dormir direito, abatida, mal me podia ter em pé. Descuidara até dos filhos pequenos, sem ânimo para nada. Aldo viajava muito naquele tempo e eu estava sozinha, me sentindo muito mal, então resolvi. Deixei as crianças com a empregada, tomei um ônibus e procurei a Federação Espírita.

Apesar de atordoada, consegui chegar. Fui atendida por um voluntário que imediatamente me levou à Câmara de Passes. Era uma pequena sala preparada energeticamente, onde os espíritos atendiam com o concurso de um médium. Havia algumas cadeiras, um quadro de Jesus, uma jarra de água, copos, vaso com flores. Sentei ali, tive uma crise de choro, sem saber por quê. Quando calei, o voluntário que me acompanhara pediu-me que fizesse uma prece. Obedeci. Uma brisa suave e deliciosa me envolveu e foi um alívio total.

— Você é médium e captou energias de pessoas doentes — esclareceu meu acompanhante. — Precisa estudar como é esse processo.

Dormi muito bem naquela noite. Claro que comecei a estudar. Descobri que 90% do que sentimos vem de fora. Captamos as energias e sentimos como se fossem nossas. Tendo percebido que não o são, elas nos deixam. Se nos impressionamos, elas se fixam. Só nos libertamos se aprendemos a controlá-las

Quanto mais assumimos responsabilidade por nossa vida, menos somos influenciados pelos problemas dos outros. Se você é hipersensível e pretende "fechar seu corpo" às influências negativas, essa é a grande chave. Mediunidade é progresso e você não poderá evitá-la. Estudá-la adequadamente é o caminho da saúde e do equilíbrio. Desejo de coração que você não precise de uma obsessão para aprender isso.

Captamos energias e sentimos como se fossem nossas. Só nos libertamos se aprendermos a controlá-las.

Passado, presente, futuro!

As pessoas são fascinadas pelo desejo de conhecer o futuro. Você não? Diante de um médium vidente, de um jogador de búzios ou de tarô, de um numerologista ou astrólogo, ou até de uma cartomante, não se sente atraída pelo menos a arriscar uma perguntinha? O que espera quando os procura? Você é dos que vão diretamente para uma consulta, tão crédulos que tremem nas bases com medo de uma predição ruim? Dos que duvidam, fazem ar de descrentes, mas vão até lá para "desmascará-los", num desejo inconsciente de que eles "acertem" para ter em que acreditar? Dos que "precisam" de uma previsão otimista para ter coragem de realizar alguma coisa?

Você se decepciona quando não dá certo porque por trás há sempre uma questão de fé.

Um amigo espiritual disse que a fé é a claridade da certeza. Certeza só tem quem sabe, quem viveu. A experiência afasta a ilusão e conduz ao que é. Experimentar é conhecer. A vontade de obter essa certeza, de poder compreender a vida descobrindo como ela se manifesta e nos conduz talvez esteja por trás do desafio dos descrentes, sempre exigindo provas da espiritualidade.

O materialismo oferece a inquietante idéia de acabar, de deixar de existir, e alimenta a depressão, principalmente nos mais velhos. A certeza da eternidade conforta e harmoniza.

A reencarnação tem despertado interesse e a regressão de vidas passadas é utilizada por médicos e terapeutas. A pessoa em transe hipnótico revive fatos não resolvidos e que a impressionaram em outras vidas, procurando neles a origem de seus problemas atuais. A terapia de vidas passadas, que processa esses fatos, buscando eliminar o conflito, tem conseguido bons resultados, todavia remexer as feridas escondidas no passado sem saber como curá-las pode vir a agravá-las. Só um especialista sabe como evitar isso.

Nunca tive curiosidade de conhecer o passado. Às vezes alguns médiuns me dizem que fui isto ou aquilo, mas não os levo a sério. Pode até ser que estejam dizendo a verdade, mas, hoje, que diferença isso faz? O que me importa mesmo é o que estou fazendo agora. Como melhorar minha vida e encontrar a felicidade desde já. Você não acredita que seja possível? Espera uma vida futura onde receberá o prêmio ou o castigo pelo que fez neste mundo?

Se você pensa assim, certamente colocou um "modelo" ideal em sua frente, com todos os "deverias" que considera "perfeitos", e vem tentando a vida inteira entrar nele. Nunca faz o que gosta, enterra a espontaneidade, a alegria, tenta ser "responsável". Faz de sua vida atual uma tortura, representando um papel o tempo todo. Depois da morte vai descobrir que em vez do cobiçado "prêmio" terá que voltar e começar de novo, porque não desenvolveu nem utilizou seus potenciais. Não é pura perda de tempo?

Já conhecer o futuro me tenta um pouco. É emocionante sentar-se frente a alguém que tem esse poder e esperar. Dá um friozinho no estômago, uma sensação de aventura, como se estivéssemos invadindo lugares proibidos. Ficamos entre o bem e o mal. Esperamos uma notícia boa e tememos uma notícia má. Diante de várias previsões boas, se ouvirmos uma ruim, nos fixaremos nela. Por que será que sempre pensamos no pior?

Uma precognição, mesmo verdadeira, pode não se cumprir. Tentarei explicar: Se você prejudicou alguém, programou para seu futuro um fato de igual teor, que vai ensiná-la a respeitar os outros. Essa seria a pena de Talião, "olho por olho, dente por dente". A vida só a aplica em último caso. Antes disso, ela concede um certo tempo, durante o qual provoca vários acontecimentos para que você aprenda a mesma coisa de forma mais suave.

Uma vidente poderá ver em seu futuro aquele fato já programado. Contudo, quando chegar o momento de ele acontecer, se você tiver aproveitado as oportunidades oferecidas e já tiver aprendido o que deveria, ele não mais se realizará. Deu para entender? É assim que funciona.

Por isso, se você está impressionada com alguma predição desagradável que lhe fizeram, não a aceite como inevitável porque isso vai só atraí-la. Jogue fora essa idéia fatalista, mesmo sabendo que quem fez a predição é pessoa digna de confiança e tem acertado muitas coisas.

O melhor é pensar positivamente e tratar de anulá-la. Preste atenção e tente descobrir o que a vida deseja ensiná-la com isso e procure todas as oportunidades para aprender.

Jogue fora as idéias que não servem mais. Renove-se. Fazendo isso, com certeza poderá não só anular todas as previsões catastróficas que lhe fizerem como também programar muitas coisas boas em sua vida. E isso é o mais importante, não acha?

O que importa é o que você está fazendo agora e como você está programando as coisas boas de sua vida, já que tudo é você quem faz.

As curas espirituais!

Zé Arigó foi considerado o maior médium de cura brasileiro. Vivia na pequena cidade de Congonhas do Campo, em Minas Gerais, e, incorporado pelo espírito de um médico alemão chamado dr. Fritz, utilizando pequena faca de cozinha, sem qualquer assepsia, realizava operações incríveis. Logo uma multidão de doentes, principalmente os desenganados pela medicina oficial, invadiu aquela cidade em busca do alívio para suas dores.

Isso durou até sua morte em um desastre de automóvel em janeiro de 1971. Os pacientes operados por ele não sentiam dor, não tinham hemorragias ou infecções e os remédios receitados eram muitas vezes desconhecidos no Brasil, podendo ser encontrados na Europa.

Tendo conseguido muitas curas, cada vez mais famoso, Zé Arigó atraiu a atenção de médicos e cientistas, principalmente norte-americanos, que o pesquisaram de várias formas, documentando operações que ainda servem de estudos nos institutos de parapsicologia.

Foi processado pelas autoridades médicas por exercício ilegal da medicina. Materialistas, não compreendiam seu processo diferente de atuar, nem aceitavam que um homem do campo pudesse entender de cirurgia. Condenado à prisão, foi perdoado pelo então presidente da República, Juscelino Kubitschek, cuja filha ele curara algum tempo antes. Três anos depois, foi condenado novamente a dezesseis meses de prisão, desta vez pela prática de "feitiçaria". Como Juscelino já tinha deixado a presidência, ele foi preso. Após ter cumprido sete meses da pena, foi reconhecido inocente e libertado, tendo continuado sua tarefa.

Eu conheci Arigó da seguinte maneira: Aos cinqüenta anos de idade, minha mãe se casou novamente. Bonito, bondoso, amável, educado, meu padrasto logo conquistou toda a família. Dez anos mais tarde, ao ser operado da próstata, o médico constatou que ele estava com um câncer, em estado bem adiantado. Quase morreu na cirurgia, ficou um mês hospitalizado, conseguiu ter alta e ir para casa, mas o médico foi taxativo:

— A doença está avançada e ele terá no máximo três meses de vida.

Vovô Juca, como meus filhos carinhosamente o chamavam, não sabia da gravidade de seu estado, mas apesar de ser católico, ouviu falar do Arigó e nos pediu que o levasse até lá. Concordamos. Ele estava enfraquecido, não se levantava ainda. Foi preciso arranjar uma perua em que ele pudesse viajar deitado.

Ao chegarmos na singela casa onde Arigó atendia, já havia grande número de pessoas. Em pequena sala, onde havia um cheiro forte de éter, entramos, Juca apoiado em minha mãe, mal se sustendo nas pernas. Logo o encaminharam até a sala onde o médium estava trabalhando, e o acompanhamos. As pessoas faziam fila, encostando o ombro na parede. Olhos abertos, sem piscar, parecendo hipnotizado, Arigó atendia um após outro, rapidamente.

Vi quando ele apanhou a pequena faca e enfiou-a dentro do olho de uma mulher em nossa frente, revirando-a várias vezes. Ela pareceu não sentir nada, e ao retirar a faca, ele limpou-a na manga da camisa de um homem que estava do lado.

Em seguida, fez outro homem tirar a camisa e cortou um tumor em suas costas, dizendo com sotaque alemão:

— Jesus não quer sangue!

Não saiu uma gota sequer e ele colocou o tumor na mão de outra pessoa presente. Eu estava assombrada. Quando chegou a vez do Juca, ele disse:

— Não se preocupe. Você vai ficar bom.

Colocou a mão sobre sua testa, depois receitou medicamentos. Quando saímos, Juca emocionado, nos disse que tinha visto o rosto do Cristo enquanto Arigó estava com a mão em sua cabeça. Tinha certeza de que ia ficar bom.

Na viagem de volta, ele veio sentado, e conversando animadamente. Daí para a frente foi melhorando a cada dia. Tomou os medicamentos e voltou lá mais duas vezes, conforme lhe fora pedido. O curioso é que o câncer não sarou. Mas ele não sentia nada, tinha vida normal. Nenhuma dor. Seu médico, intrigado, me disse que um outro paciente seu, no mesmo estágio da moléstia, sentia muitas dores e que, para aliviá-lo, ele receitara tantas doses de morfina que fora chamado pela fiscalização a dar explicações. O Juca morreu de repente, oito anos depois, de um espasmo cerebral.

Não temos recursos para explicar o que aconteceu. Contudo, poder desfrutar de mais oito anos de convivência familiar, sentindo-se bem, sem dor, ter morrido sem sofrimento, não foi uma bênção? Arigó já não está aqui, mas há outros médiuns e outras formas de cura. As energias divinas continuam fluindo para quem se abre à espiritualidade, aliviando a dor e celebrando a vida. Não é maravilhoso?

As energias divinas fluem e beneficiam mais a quem se abre à espiritualidade.

Pensamento tem forma?

Você consegue parar de pensar pelo menos por alguns segundos? Isso é tão difícil que os hindus, para conseguir meditar sem que os pensamentos atrapalhem, inventaram os mantras. Repetindo-os durante a meditação, conseguem entrar em um estado especial de relaxamento e de paz.

Pensar é tão natural como respirar. Mas se na respiração seguramos o ar purificado e jogamos fora o que não serve, com o pensamento ainda não aprendemos a fazê-lo. E isso faz a diferença. Alimentamos e damos força a muitos pensamentos tóxicos que envenenam nossa vida, causam problemas, chegando a materializar situações dolorosas, tragédias e doenças.

Meus amigos espirituais dizem que 80% de nossos problemas vêm deles. É uma porcentagem alta e vale a pena estudarmos melhor esse assunto.

Você acha exagero? É mais cômodo acreditar que sua doença foi causada por um vírus, que sua amiga foi "vítima" daquele acidente de carro, que aquele alcoólatra na família seja um carma, que a obsessão de seu filho é causada pela perseguição de um espírito desencarnado. Há quem diga até que "desenvolver" a mediunidade cura todas essas coisas, como se "receber" espíritos possa por si só equilibrar emocionalmente uma pessoa.

Reconhecer que 80% dos problemas que a afligem vêm de suas atitudes, de sua invigilância, de sua insegurança ou falta de controle, significa assumir completa responsabilidade por sua vida.

Não esperar nada dos outros e usar a própria força para melhorar será um grande passo. Examinar seus verdadeiros sentimentos, rever suas crenças, avaliar e trabalhar para restaurar sua saúde interior é um esforço que só você pode realizar e que terá como resultado o bem-estar que você tanto deseja.

O pensamento tem origem na imaginação. Quando ele nos impressiona e lhe damos força, torna-se uma crença cuja energia se instala em nossa aura como uma verdade. Nosso subconsciente, cuja função é materializar nossas crenças, vai trabalhar para criar o que acreditamos. A essa altura, aquele pensamento ao qual demos força tomou a forma e o teor do que idealizamos. Os cientistas dão-lhe o nome de formas-pensamentos e nós costumamos chamar de "amebas" energéticas.

Se alguém lhe disse que é perigoso dirigir na estrada, ou se você leu sobre um acidente de carro no jornal e sentiu medo de que lhe aconteça o mesmo e não deu ouvidos, tudo bem, logo esquecerá o incidente. Porém, se se impressionou, alimentou o medo e acovardou-se, dependendo da intensidade como fez isso, criou uma "ameba" em sua aura que a partir daí vai pressioná-la todas as vezes que precisar dirigir na estrada, fazendo-a sentir medo e desistir. Se você não reagir, acabará prisioneira dela, não dirigindo mais, até que a enfrente fazendo exatamente o oposto. Já pensou como será sua vida se você criou muitas delas?

Muitos pesadelos, loucuras, visões, doenças psicossomáticas e até a síndrome do medo têm origem nessas "amebas". Um bom terapeuta, familiarizado com elas, poderá ser de grande ajuda para identificá-las. Entretanto, só a própria pessoa terá o poder de eliminá-las, quando resolver enfrentá-las.

Os médiuns nos Centros Espíritas captam essas formas-pensamentos das auras das pessoas e julgam tratar-se de um espírito desencarnado. Só os mais experientes conseguem perceber a diferença, porque os sintomas são iguais. A ameba transmite toda a carga da emoção de quem a carrega. Quando o médium faz essa captação, o possuidor da ameba registra uma melhoria temporária, porque a carga de energia diminui, mas como ele continua a alimentá-la mantendo as mesmas idéias, logo voltará ao estado anterior. Eis por que certas pessoas têm com o passe um alívio apenas temporário.

Se você vem sofrendo há muitos anos sem solução, se sua vida vai mal e tudo parece estar conspirando contra sua felicidade, preste atenção às conversas que costuma manter consigo mesmo. Ela é a chave de todos os seus problemas. Suas amebas estão lá, impressionando você, bloqueando seu desenvolvimento. Se não acredita, experimente. Perceba quantas vezes se critica, se agride, se coloca contra você, destruindo seu entusiasmo, sua alegria de viver. Quantas crenças captou dos parentes ou professores na infância, sem nunca ter questionado se eram verdadeiras? Coisas como: "Tomar banho depois do almoço faz mal!" ou "Não pode lavar a cabeça quando menstruada". Hoje, quem acreditaria nisso? Se essas já foram eliminadas, quantas outras ainda a estarão controlando?

Fazer afirmações positivas, criar "amebas" otimistas que nos encorajem e tragam alegria é trabalho de cada um. Eu, que já venho fazendo isso há algum tempo, garanto que funciona. Sinto-me saudável, alegre e feliz. Você não gostaria de fazer o mesmo?

Impressionar-se com um pensamento é dar-lhe força, forma, vida. Ele passará a atrair os fatos e as pessoas em sua vida.

Crime e castigo!

Neste clima de desconfiança que se formou em nosso país, as pessoas indignadas clamam pela punição dos culpados. Quem erra precisa ser punido. Todos nos arvoramos a proclamar isso em nome da moral e da dignidade. Porém, julgar não é fácil e, fazendo isso, muitas vezes tomamos partido, mergulhamos na condenação, nos enredamos em complicados processos de obsessão. É que para podermos avaliar bem uma situação precisaríamos estar de posse de todos os fatos em todos os detalhes, o que é impossível, mesmo quando se trata de problemas pessoais e de família.

Por que será que há sempre tanta pressa em condenar? Parece até que as pessoas sentem prazer em punir, como se isso pudesse resolver todos os problemas. Será o desejo inconfessável de mostrar aos outros que elas são melhores e nunca cometeriam esses erros?

A sede de justiça pode no fundo ser um senso de defesa, uma vontade de que tudo melhore e que nossa sociedade se humanize. Mas como cada pessoa possui critérios diferenciados do que seja o bem, quando "baixa" nela a justiceira, que quer pôr ordem no mundo a seu modo, a confusão aumenta. Isso acontece com você? Tem sua receitinha para "consertar" a sociedade e fica nervosa quando as pessoas fazem justamente o oposto? Cuidado ao condenar os outros. Um amigo espiritual costuma dizer: a condenação leva à obsessão.

Como, se você está "defendendo" o bem? Eu pergunto: de que forma está fazendo isso? As religiões criaram regras e modelos, pretendendo que os homens os seguissem, ameaçando-os com terríveis castigos quando não lhes obedecem. Com isso, seus líderes têm manipulado as pessoas, atemorizando-as e colocando-se como intermediários da divindade, como se Deus precisasse deles para dirigir o mundo. Hoje estão desmoralizados porque também não conseguem fazer o que pregam. Mas suas idéias ainda permanecem. É preciso castigar, punir o que errou para que ele "pague" por seu crime. Nos filmes, nas novelas da TV, todos sentem prazer quando o "bandido" é punido.

Quando a polícia mata o marginal, as pessoas aplaudem, como se isso fosse natural, sem perceber que a vingança alimenta a violência. O castigo não é vingança?

Eu não nego o direito de defesa que todos temos. Os criminosos, os marginais, precisam ser contidos. Mas se Deus os deixa viver para desenvolver a própria consciência, quem somos nós para ir além? Já imaginou como será a cabeça deles? Que pensamentos, medos ou ilusões desenvolveram? Que sofrimentos terão que vivenciar para que se libertem de seus enganos? Difícil dizer. Se não sabemos, como julgar?

Certa vez um Centro Espírita devolveu um de meus livros, *O Fio do Destino*, dizendo que eu estava fazendo apologia do adultério, só porque um personagem teve um amor extraconjugal e não foi devidamente castigado. Essa hipocrisia tem alimentado a violência. A sociedade está cheia de regras convencionais a que ninguém obedece porque não correspondem a nossa realidade. Até quando suportaremos isso? Por que é tão difícil cada um ser apenas o que é?

Deus não castiga ninguém, mas dispõe os fatos de forma a que cada um colha aquilo que plantou. Não se vinga nem se compraz com o sofrimento humano. Ao contrário, sua compaixão se estende sempre, dosando a colheita de cada um, de acordo com o que ele precisa aprender. Quando uma consciência se abre e muda para melhor, a vida apaga todos seus erros passados naquele setor e permite que ele siga adiante. Não existe punição, só aprendizagem. Compete a cada um encontrar o caminho para evoluir sem dor. Enquanto insistir no erro, o resultado será doloroso. Para viver melhor, é preciso fazer melhor.

Nossa missão sempre será a da educação espiritual. Estudar, aprender, experimentar os valores, sentir quais funcionam e são verdadeiros, é trabalho de cada um.

A fé só se transforma em certeza através da experiência, e quando isso acontece, muda nosso comportamento, nossa visão das coisas, afeta todas as nossas decisões. Percebemos os valores espirituais. Quando chegamos a esse ponto, temos condições de ensinar.

Uma criança que aprende os valores espirituais nunca se transformará em marginal. Na infância o espírito está mais sensível e influenciável. A verdade toca a alma e a transforma gradativamente para melhor. Bom seria que todos os pais e educadores soubessem disso. Contudo, se você não pode passar esses valores para toda a sociedade, por que não começa por si mesmo, pelas crianças de sua família? Menos castigos, mais atenção, mais sinceridade, mais amor, mais compaixão, mais valores espirituais. É só isso o que você pode fazer por eles e pela sociedade. Quanto ao resto, entregue confiante nas mãos de Deus.

As pessoas se apressam
em punir, como se isso consertasse todos
os problemas da sociedade.

A força do pecado!

Outro dia fui assistir à peça *Laços Eternos*, no teatro Paiol, em São Paulo, e na saída um casal simpático me cumprimentou e depois o marido considerou admirado:

— No final, depois da morte, Gustavo finalmente encontra Geneviève e beijam-se. Como pode ser isso? Eles estavam no astral. O beijo não é coisa carnal?

Eles ignoravam que os que vivem no astral só são imateriais para nós. A vida em outras dimensões é tão sólida para eles quanto a nossa. E se somos nós mesmos que passamos a viver lá depois da morte, por que teríamos de mudar nossa maneira de expressar os sentimentos? A evolução é gradativa e as mudanças ocorrem lentamente.

Hoje se fala com naturalidade sobre as outras dimensões, mas ainda assim a idéia do paraíso, do inferno e do pecado permanecem, dificultando a compreensão da realidade. No paraíso, as manifestações de amor deverão prescindir do beijo e do sexo, considerados como um pecado da carne. Como ficam os abraços de amizade, os beijos nas crianças? A carícia entre os que se amam? Não foi Deus quem nos fez homens e mulheres, criou o orgasmo para incentivar a reprodução e abrir as portas da reencarnação? A sensualidade não é parte integrante de nossa natureza?

O prazer, a alegria de viver e de amar são as bênçãos da vida a que todos fazemos jus por direito divino. A noção de pecado que carregamos como um fardo há séculos tem desenvolvido a hipocrisia, a maldade, criado dentro de nossas cabeças um juiz implacável, que nos vigia e condena o tempo todo, distorcendo a realidade, infelicitando nossas vidas.

Como é seu juiz? Toda vez que você se empolga e deseja expressar um sentimento de amor ou de alegria, ele aparece e lhe diz que está sendo "ridícula"? Que vão pensar mal de você? Que não fica bem em sua idade? Que vai parecer uma "leviana"? Claro que aí você se controla e procura entrar no papel da "certinha".

A noção de "pecado" é tão forte que há pessoas, mesmo casadas, que não conseguem fazer amor quando há no quarto um quadro religioso. Uma senhora espírita tinha na cômoda um retrato do dr. Bezerra de Menezes que ela guardava na gaveta toda vez que o marido a procurava. Uma amiga minha só conseguia fazer amor quando as filhas estavam ausentes de casa, o que era um problemão, uma vez que à noite elas estavam sempre lá, enquanto de dia o marido ia trabalhar.

As pessoas se dizem modernas, abertas, e podem até terem modificado seu comportamento em muitas coisas. Mas o "pecado" ainda resiste, firme, impávido, acionando o juiz de cada um e dificultando a realização de um relacionamento afetivo verdadeiro. Há quem sinta vergonha até de demonstrar o afeto aos familiares.

Como é seu comportamento? Em casa com os pais e irmãos, critica-os e pretende que eles sejam como você acha que deveriam? Como esposa, sente medo de "parecer" fútil e sempre se faz de "difícil"? Com os filhos, acredita que uma boa mãe tem que chamar a atenção sobre o que está errado, para que eles aprendam o certo?

Se disser sim a uma destas questões, o "pecado" ainda está dentro de sua cabeça. No fundo há o receio de que, se der vazão a seus sentimentos, acabará por resvalar pelo caminho da perdição. Não confia nem um pouco na natureza, acredita-se imperfeita e cheia de defeitos.

A idéia do "pecado" cria a malícia, e a malícia estabelece a maldade. Um sentimento verdadeiro é puro mesmo quando o manifestamos de maneira precária, por não sabermos ainda fazer melhor. As pessoas sentem nossa sinceridade, respeitam, correspondem. Essa é a base de um bom relacionamento.

Acenando com o pecado, as religiões têm conseguido dominar seus adeptos. Entraram na cabeça das pessoas nessa figura dominadora e absoluta do juiz e permanecem lá, manipulando todo mundo. Se você deseja expulsá-lo, quando ele surgir não lhe dê ouvidos. Diga *não* à maldade e sinta como você só deseja o bem. Não se critique. Aprenda a gostar de você.

Todos podemos viver bem com as pessoas que amamos, nos sentir amados e respeitados. Se isso não acontece com você, está na hora de libertar-se dos velhos papéis, abrir sua alma sem medo, deixá-la expressar seus verdadeiros sentimentos. Sentirá uma alegria imensa e projetará tanta luz a sua volta que atrairá para sua vida todas as boas coisas que sempre desejou e nunca conseguiu. Experimente e verá.

O prazer e a alegria de amar
são as bênçãos a que todos fazemos
jus por direito divino.

Você confia na vida?

Uma tarde atendi o telefone em meu escritório e tive uma agradável surpresa:

— Aqui quem fala é o Cazarré. Li o livro do Silveira Sampaio que você escreveu e gostaria de produzir uma peça com algumas de suas histórias. Posso contar com sua permissão?

Claro que concordei e ele ficou de procurar-me dentro de duas semanas, quando pretendia vir a São Paulo. Infelizmente, isso nunca aconteceu porque ele morreu alguns dias depois, dormindo em sua própria cama, vitimado por uma bala perdida. É difícil entender como uma bala pode entrar dentro de um apartamento e ir direto na cabeça de uma pessoa. Isso me intrigou muito.

A vida tem seus próprios meios de desenvolver a consciência de cada um, às vezes usa métodos que ainda não podemos alcançar, que nos parecem demasiadamente trágicos e cruéis. A morte por acidente, as doenças graves em crianças, os desastres onde os corpos são mutilados nos chocam e entristecem.

Observando o equilíbrio universal, a grandiosidade da natureza, que é perfeita mesmo onde nossos olhos ainda não conseguem perceber sem auxílio de instrumentos especiais, chegamos à conclusão de que a perfeição existe em toda obra da criação. Tudo acontece da maneira certa. Se algo nos parece errado é porque nos faltam os elementos essenciais para entender as causas que geraram esses acontecimentos.

Algum tempo depois, atendi outro telefonema:

— Aqui é Lucília, viúva do Cazarré.

— Lamento muito o que aconteceu.

Começamos a conversar e a certa altura ela disse:

— Sou espírita há muitos anos, mas o Cazarré nunca quis saber de nada com o espiritismo. O primeiro livro espírita que ele leu foi o seu, do Silveira Sampaio. Ficou tão entusiasmado que só falava nisso.

Veja o que é o destino, nós não sabíamos que ele ia morrer dentro de alguns dias.

Fiquei comovida. Uma mão amiga, sob influência de algum agente espiritual, colocara em suas mãos informações importantes sobre a continuidade da vida após a morte, fazendo-o meditar sobre o assunto, preparando-o para compreender melhor o que lhe aconteceria.

Embora não pareça, estava tudo programado e se aconteceu foi porque deve ter sido melhor assim. Uma coisa é certa: seja o que for que nos esteja reservado no futuro, somos amparados, aliviados, protegidos por devotados amigos espirituais. Quantas vezes escapamos de perigos e acidentes? A proteção existe e funciona sempre, embora haja fatos, dolorosos para nós, que eles não têm permissão de intervir. A vida quer bons resultados. Quando uma pessoa está madura, ela provoca experiências que a ajudarão a libertar-se dos velhos padrões mentais que a impedem de viver melhor. Tudo acontece para o melhor!

Semanas atrás, em um domingo, eu me dirigia à cidade de Moji das Cruzes para almoçar com meus filhos. Estava só. Na avenida Cruzeiro do Sul, em um farol, quando pus o pé no breque, ele não funcionou. Acionando o freio de mão, consegui parar no meio fio, já pensando como ia fazer, quando olhei a placa: eu estava em frente a uma oficina mecânica, dessas que ficam abertas 24 horas. Desci, o mecânico examinou e constatou que precisava trocar uma peça dentro do breque. Em frente da oficina havia uma loja aberta, ele comprou a peça e a trocou. O serviço foi trabalhoso e demorou mais de uma hora e meia. Eu já estava pensando quanto teria que pagar: mulher... num domingo... sozinha... Tive uma grata surpresa: além de ser muito gentil, o mecânico cobrou pouco e ainda experimentou o carro comigo a fim de que eu tivesse certeza de que estava bom.

Eu me atrasei para o almoço, mas saí dali radiante, me sentindo muito protegida pela vida. Percebendo que o breque ia falhar, uma mão amiga preparou tudo para que eu parasse justamente onde pudesse ser socorrida. Já pensaram o que poderia ter me acontecido se o breque tivesse falhado na serra da Moji Dutra? Certamente a estas horas eu não estaria aqui escrevendo este artigo.

A vida é confiável e tudo está certo. O melhor é aceitar o que não podemos mudar. A propósito: o Brasil já chorou demais a morte de seu campeão. Chega de mandar a Ayrton Senna vibrações de tristeza e dor que só podem entristecê-lo. Está na hora de devolvermos um pouco da alegria que ele, com sua ousadia e coragem, deu ao Brasil e aos esportistas do mundo inteiro. É o mínimo que neste momento podemos fazer por ele. Agora, pensamentos de amor, de luz, votos de felicidade e de paz, podem ser enviados à vontade, quanto mais melhor. Eu já estou fazendo isso, você não quer me acompanhar?

Seja o que for que nos esteja reservado para o futuro, todos somos protegidos pela vida e por amigos espirituais.

A sensibilidade das crianças

As crianças são muito sensíveis às energias circundantes. Quando elas apresentam problemas, na maioria das vezes estão refletindo as dificuldades dos pais. Talvez isso aconteça porque nessa fase elas ainda não assumiram totalmente a responsabilidade por sua reencarnação, o que acontece após os catorze anos.

Mesmo quando trazem problemas de outras vidas, serão mais ou menos afetadas por eles de acordo com o ambiente do lar. Certa vez, fui procurada por uma mãe angustiada. Seu filho, excepcional, era alheio a tudo e até à família. Além de não ter nenhuma lucidez desde o nascimento, mostrava-se agressivo consigo mesmo e com todos. A família era numerosa, e revezavam-se dia e noite, tendo muitas vezes que amarrá-lo para evitar que se ferisse.

Aos quinze anos, seu caso piorava a cada dia. Não vendo nenhuma possibilidade de cura, os médicos sugeriram uma cirurgia cerebral que o deixaria inativo para o resto da vida. A mãe precisava assinar uma autorização e relutava, temerosa.

Pedi-lhe que esperasse um pouco mais. Consultando nossos amigos espirituais, eles nos contaram que embora o menino por causa de suas necessidades de reajuste houvesse nascido incapacitado, sua violência estava sendo provocada por um grupo de espíritos inimigos daquela família que se aproveitavam de seu estado de inconsciência para usá-lo como instrumento de perturbação. Meus amigos espirituais comprometeram-se a ajudá-lo e uma vez por semana ele era trazido ao Centro para tratamento: os médiuns faziam a captação e os espíritos eram esclarecidos, a família orientada. As primeiras vezes, ao aproximar-se do Centro, o menino começava a gritar assustando as pessoas, mas, depois, aos poucos foi se acalmando, deixando-se conduzir tranqüilamente. Depois de alguns meses de tratamento, ele se tornara calmo, alimentava-se, tomava banho sozinho, o que nunca fizera antes. Um dia sua mãe, olhos brilhantes de emoção, nos contou que quando ela chamava as pessoas da família pelo nome, ele as identificava com o olhar. Foi com a cooperação da família que o ambiente no lar melhorou, e os espíritos superiores puderam ajudar.

As crianças precisam de harmonia e paz. Um ambiente conturbado, de queixas e insatisfação, pode provocar inúmeros problemas, principalmente em bebês que dormem mal, choram muito, têm alergias, vômitos, assaduras, resfriados constantes, bronquites e até crises de asma. É que como eles são dependentes, dois pais somatizam com muita facilidade seus desajustes.

O ambiente do lar é composto das energias de todos os seus habitantes. Para assegurar uma atmosfera agradável há necessidade não só de manter a higiene física mas também a mental. Os pensamentos negativos, a intolerância, a mesquinhez, a inveja, o ciúme, a revolta, a descrença, a desconfiança, a competição e a arrogância criam pesadas formas-pensamentos, que agridem os que residem ali, atraem os espíritos desencarnados perturbadores.

Você acha que não contribui para piorar o ambiente de seu lar? Reclama que a culpa é dos outros membros da família e que você "tem que" procurar ajuda espiritual sozinha porque eles não acreditam nisso? Se você pensa assim, saiba que qualquer reclamação é negatividade e só ajuda a ficar pior o que já está ruim.

Se em sua casa as pessoas não se entendem, a coisa vai de mal a pior, comece por ignorar essa situação. Um ambiente conturbado oferece um bom treinamento para desenvolver seu controle interior. Experimente esquecer as queixas, as críticas e tudo o mais. Recolha-se onde puder, converse com você, procurando sentir as coisas boas que possui. Sinta sua bondade. Seja gentil consigo. Conscientize-se de que merece desfrutar de paz. Perceba que o lar é seu abrigo no mundo e por isso precisa ser mantido com o que você tiver de melhor.

Muitos fazem o oposto. Controlam-se socialmente e "despejam" todo seu fel dentro de casa. Não sabem o alto preço que pagarão por esse descontrole.

Não se importe com os outros, seja você o ponto de luz por onde a ajuda espiritual se manifestará. Ligue-se com Deus e agradeça tudo que possui. Visualize as pessoas de sua casa saudáveis, serenas, prósperas. Faça sua parte, evitando conturbar o ambiente. Respeite o espaço de cada um. Seja gentil com eles, como faz com as visitas.

Mesmo nos problemas mais difíceis, Deus sempre pode mais. Confie e entregue em suas mãos o que não depender de você. Se fizer isso, as coisas começarão a modificar-se em sua vida. Tudo ficará mais fácil, aos poucos as pessoas da família irão se transformando também.

E aqueles que não quiserem cooperar e pretenderem continuar alimentando a revolta serão afastados de seu convívio, de maneira sutil e abençoada. Nesse dia, suas crianças dormirão em paz e gozarão de excelente saúde.

Um ambiente de queixas e insatisfação agita e inquieta as crianças, que podem adoecer. Elas precisam de harmonia e paz.

O sabor da volta!

Hoje não resisti. Pedi a Zibia que me cedesse este espaço. Poder encontrar as pessoas da Terra que eu tanto amo desperta em mim o mesmo entusiasmo que eu sentia quando entrava no palco, mergulhava nos rostos ávidos das pessoas da platéia, me divertia em beber gostosamente em cada mudança de expressão, em cada riso, o sabor insuperável do poder de transformação que faz de um simples mortal um artista.

As platéias não são iguais. Elas têm vida própria e o artista, cada vez que as contempla, sente logo sua vibração. Há as que são fáceis, entusiastas, e as que são pesadas e frias. As duas primeiras são boas, mas as duas últimas nos fazem sentir o gosto do desafio. Colocamos todo nosso potencial em ação, damos tudo até conseguirmos "esquentá-las", e quando conseguimos, bebemos na taça inebriante da realização. Ah! As emoções que guardo no coração! Como poderia esquecer?

Sinto-me emocionado. Poder voltar ao meio artístico através de uma revista especializada como a *Contigo!*, em meio a tantos astros famosos da atualidade, tem o sabor inebriante da vitória. Vocês acham que sou vaidoso e que esse sentimento não fica bem a um fantasma bem comportado? Acreditam que perseverar durante trinta anos não tem seu mérito? Eu me dou esse prazer, porquanto bater um papo com vocês, mesmo do além, me faz muito feliz.

Quando comecei a escrever para a Terra, fantasma era muito discriminado. As pessoas tinham receio de falar a respeito. Por aqui, houve até quem tentasse me desanimar garantindo que eu estava perdendo tempo. Apesar disso, ou talvez até por isso mesmo, eu persisti. Gosto de desafios. Hoje, estou colhendo os resultados. Acham que sou corajoso? Eu sou, mas o fato é que a verdade tem muita força. Um dia ela aparece, por mais que as pessoas queiram ignorá-la. Pensam que eu ia perder esse momento? Logo agora que até a TV Globo aderiu e leva ao ar a novela *A Viagem*?

Ainda assim, a passagem de volta para cá não é muito prestigiada. Ninguém quer fazer essa viagem. Você é desses? Deu ouvidos aos materialistas e receia se "apagar" para sempre? Aos "líderes" religiosos e não deseja acordar queimando no fogo do inferno ou nos tormentos do purgatório? Considera-se um "errado" e receia ter que "pagar" por isso? Pois eu afirmo que você está enganado. Não é nada disso. Julga-me pretensioso? Estou apenas dizendo o que sei. Essa viagem é apenas um encontro consigo mesmo. As pessoas acordam aqui e fazem uma avaliação. Quase sempre reconhecem como "perderam" tempo com coisas inúteis e se dispõem a melhorar. Devo dizer que a vida não é um "juiz" tão implacável como nós próprios. A culpa, a revolta, o apego, a resistência é que podem tumultuar a trajetória do viajante que retorna da Terra, dificultando o percurso.

Posso garantir a vocês que essa viagem é genial. Já imaginaram poder sentir-se leve, ter a alegria de deixar um corpo cansado e envelhecido? A vida por aqui é encantadora, nossa sociedade é muito bem organizada. Nossos líderes o são por hierarquia espiritual, os que dirigem sabem mais do que os que são dirigidos. Não é espetacular?

O lazer aqui é considerado indispensável ao equilíbrio interior. Não falta nada. Esportes (vocês pensavam que fantasma não precisaria de exercícios? Nosso corpo é para nós tão sólido quanto o seu), cursos, danças. O cinema e a televisão são diferentes daí, as imagens são tridimensionais, as pessoas parecem que estão dentro de nossa sala. Há o VT, onde estão guardados todos os acontecimentos, não só da Terra como até das várias cidades astrais, iguais a essa onde eu moro e que estão ligadas à vida do planeta. Já pensaram que maravilha? Quanta coisa boa para fazer?

Repararam que não falei em teatro? Deixei para o fim, de propósito. Sabiam que aqui os grandes autores e atores que viveram no mundo continuam trabalhando? Além dos famosos que pude conhecer, encontrei os que eram meus amigos e me precederam. Quando um astro querido parte, vocês choram; ao chegarem aqui, nós festejamos. Na vida tudo é relativo, não é mesmo?

Vi aqui grandes espetáculos. Aprendi muito. Fiquei tão entusiasmado que voltei a fazer teatro. Acham que fiz bem? Escrevi uma peça que estamos ensaiando para o próximo mês. É uma comédia. Rir faz bem em qualquer lugar e quando eu estava na carne, já sabia disso. A gargalhada chega a ser visceral, joga fora as energias negativas acumuladas, liquida o estresse, renova a disposição. Seria muito bom se nos teatros do mundo eles pensassem a respeito. As pessoas aí estão carentes de alegria. Será por isso que os teatros andam vazios?

Afinal, viver é uma grande aventura e nós todos estamos vivos. Pode haver alegria maior?

Abraços do amigo

Silveira Sampaio.

Nota: A *Contigo!* publicou e ofereceu de presente a seus leitores 180.000 exemplares de uma edição especial do livro *Bate Papo com o Além*, de autoria do espírito de Silveira Sampaio, que, muito feliz com o acontecimento, escreveu este artigo, que saiu na revista que distribuiu o livro.

Como vencer as influências negativas

Você é impressionável? Se visita um doente, costuma "sentir" seus sintomas? Se assiste a um filme de terror, tem pesadelos à noite? Se lê sobre um assalto, fica sem dormir com receio de que o ladrão entre em sua casa? Quando as pessoas de sua família se atrasam, pensa logo que aconteceu um acidente, visualiza cenas de tragédia e só melhora quando elas voltam para casa? Seus sintomas variam de acordo com as campanhas na televisão? Já sentiu os sintomas da Aids, do cólera, e agora, como a novela A *Viagem* está abordando o tema da perseguição de um espírito desencarnado, você jura que tem um e vive apavorada? Se um móvel estala, se um vaso se quebra ou algo desagradável ocorre, você diz logo que foi um espírito obsessor?

Cuidado, porque agindo assim você está atraindo todos esses problemas. Não adianta querer jogar a culpa nos espíritos desencarnados ou não, porque eles só podem atingi-la quando você permite. Mesmo um espírito obsessor que deseje vingar-se por você tê-lo prejudicado no passado, só o conseguirá se você lhe der chance. Não existe nenhum fatalismo, apenas afinidade.

Você é boa, não tem nenhum vício perigoso, não faz mal a ninguém e pensa que não tem nenhuma afinidade com um malfeitor? Saiba que para ter afinidade não precisa ser igual a eles, basta estar na mesma faixa vibratória. Para manter-se fora de seu alcance, teria que viver em uma faixa acima, onde eles não têm acesso.

Você sabia que a vida coloca limites e que cada um está condicionado a viver em determinada faixa vibratória? Assim como na Terra só percebemos e podemos atuar em espaço limitado, no astral acontece o mesmo. Cada faixa vibratória tem um limite máximo e mínimo, dentro do qual nos situamos conforme nosso grau de consciência. Dentro dela podemos circular à vontade. Quando melhoramos nosso padrão mental, podemos ir para níveis melhores. Se você deseja libertar-se das influências ruins, é só viver no limite máximo de sua faixa vibratória, onde elas não poderão alcançá-la. Como fazer isso? Deixando de lado o negativismo, acreditando em si mesma, vivendo de bem com a vida.

Os espíritos desencarnados sabem disso. Se desejarem envolver você, sugar suas energias ou vingar-se de alguma forma, tentarão envolvê-la com pensamentos que exploram suas fraquezas, na tentativa de fazê-la baixar o teor de seu padrão mental, uma vez que sem isso não conseguirão nada. À mulher ciumenta, projetam cenas de traição amorosa; ao vaidoso, idéias de inferioridade; ao inseguro, possibilidades de perda; ao perfeccionista, lembrança de erros passados; ao temeroso, cenas de desastres, doenças, crimes.

Buscam o ponto vulnerável de cada um. Trabalham para levá-lo à depressão porque assim seu padrão energético cairá. Se você reage e não lhes dá ouvidos, tentam envolver as pessoas a seu redor, para que a irritem, tornando-a vulnerável. Há dias em que parece que todos estão contra você. Nunca lhe aconteceu?

Agora, se você se impressiona, assusta-se e dá importância aos pensamentos negativos que eles lhe sugerem, então é um prato cheio. Assumem imediatamente seu controle. A partir daí, o que a princípio poderia ser fato ocasional poderá transformar-se em uma presença constante. E eles ficarão lá até que você reaja e os expulse. O Centro Espírita, os passes, o estudo desses fenômenos, um bom terapeuta que conheça o processo poderão ajudá-la muito. Contudo, se deseja libertar-se desse estado de infelicidade, terá que fazer sua parte.

Lembre-se de que foi você quem, mantendo um estado mental depressivo, iludida, acreditando-se vítima indefesa das forças ocultas, tornou-se vulnerável, atraiu a companhia deles. Sabia que as pessoas de sua família, os amigos, também foram atraídos para fazerem parte de sua vida por sua maneira de ser? E se não está satisfeita com o que tem, de nada adianta reclamar, porque se você não mudar, não sair dessa faixa, vai continuar na mesma infelicidade.

Por que você só se impressiona negativamente? De onde vêm as crenças que possui? Quais as que funcionam na vida prática? Com certeza vai constatar que as aprendeu dos outros sem nunca as ter questionado. Saia desse estado de ilusão, não tenha medo da verdade. Ela é muito mais bonita do que você imagina.

Uma coisa é certa: a vida permite tudo isso porque sabe o quanto você é forte. Enfrentar o que teme é a maneira correta de desenvolver sua força interior. Se fizer isso, vai descobrir o quanto é capaz. Saborear qualquer vitória, por menor que seja, lhe dará a consciência e a coragem de ousar muito mais. Seja uma vencedora, não se deixe usar por ninguém, porquanto só você sabe avaliar o que sente e trabalhar em favor de sua felicidade. Reaja e boa sorte!

Quando você se julga fraca e ignora seu poder interior, torna-se presa fácil do domínio das pessoas e dos espíritos perturbadores.

Vida após a morte

"Você descreve a vida após a morte, fala de outras dimensões com detalhes. Como você sabe de tudo isso? Não será pura imaginação?"

Não. Se você jogar fora o preconceito, o medo que algumas religiões colocaram em sua cabeça com relação aos espíritos, fizer suas próprias experiências, chegará ao mesmo resultado que eu.

Você poderá ler os livros de pesquisas de famosos cientistas da Inglaterra, França, Itália, Estados Unidos que contataram com médiuns de todas as partes do mundo, endereçando-lhes questionários sobre a vida após a morte, para que consultassem seus guias espirituais. A porcentagem de respostas iguais para os mesmos temas foi impressionante. Essa concordância levou-os a admitir que eram verdadeiras.

Mas se você acha que isso não é suficiente, por que não faz suas próprias experiências? Freqüentar sessões espíritas organizadas por pessoas sérias e que conhecem o assunto não oferece perigo algum, pelo contrário, até poderão ajudá-la. A mediunidade prática oferece todas as provas de que precisa para conhecer o mundo espiritual. A comunicação com os espíritos é um fato comprovado pela experimentação.

Em um nível mais específico, há os fenômenos de captação, utilizados para o tratamento da desobsessão. O processo é o seguinte: em uma sala em penumbra, dispondo em círculo um grupo de médiuns com mediunidade educada, concentrados, introduzimos um paciente com problemas fazendo-o sentar-se em um banquinho no centro do grupo. Nenhum dos médiuns conhece aquela pessoa ou tem acesso a seus sintomas, apenas farão a captação e expressarão o que sentirem. Envolvidos pelas energias do paciente, logo as manifestações começam a acontecer. Quem captou suas formas-pensamentos começará a falar como se fosse a própria pessoa, repetindo seus íntimos pensamentos, suas queixas, suas dores. Se houver um espírito desencarnado assediando, ele se manifestará, dizendo coisas que se passam com o paciente ou que ele desconhece e poderão ser comprovadas mais tarde. O afastamento do espírito sofredor que envolvia a pessoa em tratamento poderá provocar alívio imediato com desaparecimento de todos os sintomas desagradáveis.

A melhoria é imediata, mas para que ela se mantenha é preciso também melhorar o emocional através da mudança de comportamento. Contudo, quem passar por uma experiência como essa nunca mais esquecerá. Embora seja um fenômeno natural, a impressão de ver pessoas desconhecidas descrever perfeitamente o que ela sente ou pensa, o alívio imediato, a revelação de certos fatos mais tarde comprovados, são elementos fortes que só podem ser avaliados por quem já experimentou.

Pessoas que não conhecem nada de mediunidade ou de espiritismo, quando sua sensibilidade começa a se abrir, revelam os mesmos sinais e sintomas de outras que já passaram por isso. O espírito desencarnado que se manifeste através dela dirá as mesmas coisas que ouvimos através de médiuns educados, contará o que lhe aconteceu depois da morte, como é sua vida no astral, como se sente, etc. Esses relatos, repetidos inclusive em outros países, através de tantas pessoas diferentes, assemelham-se tanto que não tenho mais nenhuma dúvida de que sejam verdadeiros.

Certa vez, quando meu filho Luiz Antonio dava aulas no Esalen Institute, em Big Sur, na Califórnia, fui visitá-lo. Nesse instituto, fizemos uma sessão espírita a pedido de alguns estudiosos americanos que nunca tinham estado em uma. Os espíritos dos pintores compareceram e Luiz Antonio pintou algumas telas, e duas pessoas presentes foram tomadas por espíritos que se diziam índios americanos. O curioso é que apesar de falarem em inglês, seus trejeitos e maneira de expressar assemelhavam-se muito às comunicações de índios que presenciamos no Brasil, mostrando que o fenômeno é o mesmo em qualquer lugar.

Se você perdeu um ente querido e sofre inconformada, se vive deprimida com o quadro do mundo atual, se está gravemente enferma, sem esperança, se tem problema de solidão, tristeza, se vive atormentada pela dúvida, pelo medo, com certeza está iludida pelo materialismo. Não cultive a descrença. Busque a fé. Um fenômeno verdadeiro repete-se até hoje. Experimente os fatos, pesquise. Não tenha medo da verdade!

Se tiver a coragem de fazer isso, descobrirá que a morte é ilusão, a vida continua. Há outros mundos onde vamos rever os que amamos e que nos precederam. Embora possamos cooperar dentro do possível, salvar o mundo não é tarefa nossa! A justiça universal é perfeita e cada um recebe de acordo com o que dá. Liberte-se das cadeias, viva plenamente. Torne-se alegre, livre e feliz!

Busque a fé. Os fenômenos do passado repetem-se até hoje. Experimente os fatos. Pesquise. Não tenha medo da verdade!

Conquiste a felicidade!

Há muita angústia, dor e infelicidade na vida das pessoas que me escrevem. Sentem-se perdidas diante dos problemas e das dificuldades do dia-a-dia. Eu acredito que essa incapacidade de lidar com as próprias emoções vem de uma educação equivocada, alicerçada em nossa sociedade, que é de aparência, onde os valores estão completamente invertidos. Estudemos o assunto.

A vida é abundante, rica, generosa e trabalha em favor de todos nós. Mas você não se sente feliz. Por quê? Eu sei que tem se esforçado, que deseja o melhor, que se sacrifica e só quer o bem. Contudo, a conquista de sua paz e de sua harmonia interior vai além disso. É preciso perceber como as coisas funcionam para poder agir adequadamente.

A fantasia ilude e frustra. Sensibilidade em excesso faz mal. Por mais doloroso que seja um fato, quem o dramatiza, além de sofrer mais, exagera, e quem exagera foge à verdade. Ser "sensível" em excesso não é ser solidária, é ser vulnerável, enfraquecendo a própria força. É criar formas-pensamentos tão poderosas que vão torná-la escrava do medo. Se diante de qualquer acontecimento sua primeira impressão é negativa, pode crer que já criou e mantém em sua aura blocos de energias paralisantes que a estão infelicitando. É como se colocasse lentes especiais em seus olhos que só a fizessem perceber o que é ruim.

Tanto a sociedade como as religiões dominantes nos classificam como errados e pecadores, colocam o Cristo como modelo e exigem que nos tornemos iguais a ele. Como não temos o mesmo grau de sua evolução, essa distância entre nós e ele nos deprime, enfraquece e alimenta a hipocrisia. Todo mundo deseja esconder o que sente com receio de parecer ruim. Exagera, dramatiza, demonstra piedade, não porque a esteja sentindo mas para "provar" que é bom. Como está fingindo, corrompendo sua dignidade, não se respeita, julga-se incapaz, vigia-se o tempo todo para não "errar", carrega o peso de uma culpa imaginária.

Se você se sente assim, preste atenção e perceba quais as crenças que valoriza. Em sua maioria vieram da infância, foram aprendidas dos pais, professores, que também foram educados dentro desses valores e se sentiram tão infelizes como você está agora. Isso significa que elas não são verdadeiras e não servem para você. Se deseja fazer alguma coisa em favor de sua felicidade, é preciso libertar-se delas. Como? Primeiro identificando-as, depois questionando-as. Não tenha medo do "sagrado". Nada é intocável a ponto de dispensar a experiência. Quando um conceito verdadeiro é testado, fica mais forte.

Revolta, queixas, lamentações agravam a infelicidade. Além de fazerem de você uma companhia desagradável (ninguém gosta de estar com alguém que só se queixa), criam blocos energéticos limitantes em sua aura, atraem espíritos desencarnados inconformados e sofredores, cujas energias serão adicionadas às suas, duplicando sua insatisfação.

A causa fundamental desse estado de infelicidade reside no teor de seus pensamentos. É preciso modificá-los positivamente. Tente sair de seu padrão mental, procure idéias otimistas. Experimente coisas novas. Quando fizer isso, logo perceberá a força da reação contrária. Algo dentro de você vai protestar. A cada pensamento positivo, você vai perceber outro negativo afirmando que isso não vai funcionar, que você não vai conseguir, que tudo é ilusão porque a realidade é o sofrimento. Não dê atenção e continue tentando pensar só no bem. É assim que funciona.

Seu subconsciente está programado negativamente e precisa de algum tempo para registrar algo diferente. Se você não ligar para os velhos pensamentos e continuar a buscar o que é bom, se além disso visualizar a luz divina dentro de você e cultivar a fé, grandes mudanças poderão ocorrer em sua vida. A começar pelas seguintes:

1 – Sua saúde vai melhorar. As gripes, alergias, bronquites, dispepsias, gastrites, colites, etc. vão desaparecer. A irritação e insônia irão embora.

2 – Vai melhorar seu relacionamento familiar, fará novos amigos e as pessoas que a perturbam desaparecerão de sua vida.

3 – Se fizer o que sente e não o que seu lado racional mandar, sua intuição vai se desenvolver. Descobrirá o que gosta de fazer e o que lhe dá prazer.

4 – Aparecerão novas oportunidades de realização profissional e afetiva. Sentirá o gosto do sucesso e a alegria da vitória.

5 – Terá prazer nas pequenas coisas, desfrutará momentos de enternecimento, encherá sua vida de beleza, harmonia, alegria de viver.

Entretanto, tudo isso só acontecerá se você quiser. Se deseja conquistar a felicidade, só há esse caminho. A escolha é sua; a vida, também. Experimente. Fique atenta e cuidado com a recaída. É preciso perseverar nos bons pensamentos. Não se esqueça de fazer afirmações positivas sempre. Vai dar certo!

Quando você aprende como a vida funciona,
fica fácil conquistar a própria felicidade.
Não tenha medo de errar para aprender.

Defenda-se da obsessão

Na novela A *Viagem*, o espírito de Alexandre, cheio de ódio, envolve as pessoas pretendendo vingar-se. Embora se trate de ficção, pode acontecer na vida real. O fato em si é verdadeiro. Há os que, como ele, incapazes de assumirem responsabilidade por sua vida, culpam os outros pelo que lhes acontece de ruim. Aí você vai perguntar:

— É justo isso? Os inocentes não têm defesa? Ficam à mercê do arbítrio de alguém desequilibrado e infeliz?

O caso de Guiomar na novela ilustra bem isso. À primeira vista pode parecer que ela seja apenas uma vítima da maldade de Alexandre, que a usa para atingir seus fins. Contudo, essa mudança no comportamento dela revela que sua bondade era apenas aparente. Bastaram algumas sugestões maldosas para que ela se transformasse. Ela poderia ter resistido.

Valorizar o pior nos torna vulneráveis ao assédio não só dos espíritos desencarnados como de todos que estão a nosso redor. Ninguém está livre de ter um pensamento maldoso. Mas é preciso discernir, não se deixar levar pela emoção, tentar perceber o que a pessoa tem de bom. Dar importância à maldade é abrir as portas ao maldoso. Se ao sentir raiva, ou ter pensamentos ruins sobre o genro, Guiomar tivesse questionado, comparado o que sentia com a conduta correta dele, teria controlado seus impulsos, sentindo-os injustos. Não obtendo êxito com ela, Alexandre a teria deixado em paz, indo à procura de outra pessoa.

É esse discernimento que revela nossa lucidez e preserva nosso equilíbrio espiritual. Se você prestar atenção, vai perceber o volume de pensamentos que capta de fora e nada têm a ver com sua maneira de ser. Eles podem mexer com seu emocional. Quantas emoções você sente sem justificativa plausível? Elas podem ser intensas, acontecem de repente e você as sente como suas. No entanto, não o são. Você as captou de alguma pessoa, que pode estar a seu lado, ser encarnada ou não. Se lhes der importância, ficarão com você.

Um exemplo que aconteceu comigo: eu não gosto de vinho tinto e, um dia, comecei a sentir vontade de tomá-lo. Nesse processo cheguei a sentir o gosto dele na boca como se o estivesse ingerindo e o apreciasse. Percebi logo que havia captado energia de alguém. Sorri e pensei: "Eu não gosto desse vinho. Isso não é meu". Imediatamente o desejo desapareceu. Se eu tivesse cedido, teria arranjado um espírito viciado por companhia do qual seria difícil me livrar. Deu para entender?

Há casos em que não há a intenção de nos perturbar. Apenas é nossa sensibilidade que registra as energias desequilibradas das pessoas. Contudo há aqueles que se julgam prejudicados e para nos atingir tentam explorar nossas fraquezas. Nossos desafetos costumam fazer isso. Quando se trata de espíritos desencarnados, o assédio é pior porque eles vão mais fundo, percebem o que pensamos, servem-se de nossos pontos fracos para nos destruir.

Se você deseja libertar-se dessas influências negativas, conquistar o equilíbrio físico, emocional e espiritual, precisa:

1 – Desenvolver o bom senso. O sentimento do bem incondicional anula quaisquer influências e desenvolve o poder interior.

2 – Usando o bom senso você vai controlar as emoções, expressando-as de maneira adequada. Notará que quando conseguir sentirá alegria; quando não, um aperto no peito.

3 – Respeitar o espaço de cada um. Não ir pelas aparências. Aprender a ver o que está atrás das atitudes dos outros. Procurar ser impessoal.

4 – Não criticar ninguém. Aquele parente de hábitos muito diferentes pode vir a ser a pessoa que lhe dará mais apoio quando precisar.

5 – Perceber que cada um tem o direito de ser como é. Você se irrita com sua amiga, julga-a fraca porque ela só elogia o marido, que além de infiel ainda a maltrata, sem perceber que elogiá-lo foi a forma que ela encontrou para suportar uma relação que ainda não se sente com vontade de romper.

6 – Não se sentir humilhada quando a vizinha se exibe, dizendo que tudo dela é melhor, mais caro, etc. Ela não quer ser mais do que você, apenas receia ser vista como menos, porque é assim que ela se vê. Em todas as nossas escolhas, mesmo as ruins, embora os outros possam não entender, há sempre uma vantagem. Uma acomodação. Uma forma de tornar mais leve uma situação que não estamos prontos para mudar.

7 – Não julgar ninguém, por mais errada que a pessoa pareça. Essa atitude neutraliza o mal e protege de seu assédio. Você não tem condições de saber o que os outros sentem e como resolveram enfrentar suas dificuldades.

Em resumo: não alimente o mal. Defenda-se. Seja sensata, pense só no bem. Assim derrotará todos os inimigos, por mais determinados e cruéis que sejam, e viverá em paz sob a proteção dos espíritos bons. Experimente e verá.

Dar ouvido à maldade é propagar o mal.
Pensar só no bem é derrotar todos os inimigos.

Manipulando o destino

Certa vez uma senhora me procurou:

— Preciso de sua ajuda. Estou sofrendo muito. Não agüento mais!

— Qual é o problema?

— Tudo começou quando me apaixonei. Conheci um homem e fiquei louca por ele. Fiz tudo para conquistá-lo, mas não consegui. Ele não me dava bola. Não me conformei. Ele tinha que ser meu. Então, consegui um retrato dele e fui procurar uma mulher que uma amiga me indicou. Ela fez um "trabalho" para ele gostar de mim.

— E conseguiu?

— Consegui. Nós nos casamos. Mas não deu certo. Ele não era o que eu pensava, vivemos brigando, minha vida é um inferno. Ele é inseguro, se agarra em mim para tudo, me sufoca, estou a ponto de explodir. São cinco anos de sofrimento. Tentei me separar, mas ele não quer de jeito nenhum. Acho que é por causa do trabalho que eu fiz. Eu não o quero mais. Vim aqui para a senhora desmanchar tudo.

Aconselhei-a a ter paciência com ele, a procurar equilibrar-se e tentar ajudá-lo. Depois de tê-lo atraído para sua vida, o mínimo que ela podia fazer era assumir o problema e buscar uma boa solução. O que mais eu poderia fazer? Aquela união não fora programada pelo destino. Aquelas que a vida programa, mesmo entre pessoas que não têm afinidade e não conseguem manter um bom relacionamento, trazem a compensação da aprendizagem. Um tem algo a ensinar ao outro e a vida os une. Algumas vezes, acabam se entrosando, mas quando se separam, quase sempre é porque aprenderam o que precisavam, e a partir daí seguem rumos diferentes.

Nossas crenças geram nossas atitudes, nossas atitudes mostram nossas necessidades espirituais, nossas necessidades espirituais criam nosso destino. Somos nós, com nosso arbítrio, quem o programamos. É confortante saber que podemos mudar e reprogramá-lo. Ele não é fatal. Só se mantém enquanto continuarmos pensando e agindo da mesma forma. Esse é o carma.

A vida, perfeita e sábia, colocou em nossas mãos o poder de criar, mas como ainda somos crianças espirituais, ela nos protege e ensina, orientando nosso crescimento. Seja qual for nossa atitude, mesmo a mais infeliz, ela tira proveito e acaba transformando-a em um bem. Nossos erros trazem sofrimentos, mas sempre aprendemos muito com eles.

Assim sendo, confiar na vida é seguro. Nossa visão da realidade é muito limitada. Nos enganamos com facilidade. A paixão, seja lá do que for, ilude.

Por essa razão é que uma boa dose de bom senso, de atenção e questionamento interior pode evitar muitos aborrecimentos.

Quando você deseja ardentemente alguma coisa, esforça-se para obtê-la. Contudo, é bom lembrar certos valores espirituais e nunca ir além do que é ético. Nunca fazer aos outros o que não quer para você. É importante estabelecer esses limites e fugir da complicação. A vida faz tudo simples. Complicou, está errado. Se não consegue o que pretende, o melhor que tem a fazer é não insistir. Você não sabe o futuro. Com certeza, ele lhe está reservando algo melhor. Espere e verá. Quantas vezes nos decepcionamos por não ver nosso desejo satisfeito e, mais tarde, os fatos nos mostram que foi melhor assim?

Manipular a vida é impossível. Ela é livre e incontrolável. Reconhecer isso é sábio. Forçar a barra, não respeitar o direito dos outros, fazer valer sua vontade custe o que custar, manipular o destino, só vai causar sofrimento.

Quando você força a barra e ela lhe concede o que deseja, é para que tome consciência de seu engano. A responsabilidade é sua. Além da decepção, você vai atrair para si as pessoas que manipulou e em cujas vidas se envolveu. Elas passarão a fazer parte de seu destino, com todos os seus problemas e necessidades. Dessa forma são criados muitos laços entre as pessoas que não têm afinidade e que poderiam passar sem conviver intimamente. Quantos filhos, pais, irmãos, maridos, esposas, unidos pelo destino, foram determinados por essa falta de aceitação dos limites que a vida impõe?

Se você está vivendo uma experiência dessas, se está sendo forçada a conviver com pessoas com as quais não se afina, verifique como está seu grau de aceitação. Você vive tentando manipular as coisas? Revolta-se quando não consegue o que quer? Se deseja viver melhor, libertar-se, deixe de lado a queixa e aceite o que não pode mudar. Quanto às pessoas que a incomodam, enquanto cultivar a inimizade, não se livrará delas. Tente perceber o que elas têm de bom. Todos têm esse lado, não seja implicante. Acabar com a inimizade é a chave para desligá-las de você. Não é isso o que quer? Experimente e verá.

Manipular a vida é impossível. Ela é livre e incontrolável. Reconhecer isso é sábio, poupa muito esforço, desilusão e sofrimento.

Você resiste à mediunidade?

Em quase todas as cartas que tenho recebido, há relatos de experiências com espíritos desencarnados. Pessoas que tiveram sonhos premonitórios que depois se confirmaram, que viram os espíritos, que no momento de perigo foram milagrosamente salvas por alguém que desapareceu em seguida, que saíram do corpo e encontraram-se com parentes mortos, etc. Sem entender o assunto e não ter uma explicação lógica, nunca contaram a ninguém com receio de passar por mentirosos. No final de cada carta, vem a pergunta:

— Você acha que eu tenho mediunidade?

Por que será que as pessoas têm tanta resistência em admitir a comunicação dos espíritos? Estão vendo, sentindo, percebendo, vivenciando, e apesar disso duvidam, custam a aceitar. Será por causa dos preconceitos intelectuais ou religiosos? Há quem viva sessenta ou setenta anos, indeciso dentro desse processo, perdendo precioso tempo.

Você que passou por tantas experiências com os espíritos, que sente que elas foram reais, por que duvida? Saiba que resistir a verdade é retardar sua felicidade, sua paz e atrair para sua vida provas mais drásticas. A vida trabalha visando seu melhor. O contato com o mundo espiritual é para ampliar seu senso de realidade. E nada vai impedi-la de realizar seu objetivo. Primeiro, há um chamamento suave, uma tentativa de mostrar-lhe os fatos, para que comece a olhar a vida de forma mais verdadeira. Se depois de certo tempo você resiste, duvida e se recusa a enxergar, ela vai apertando o cerco, colocando em seu caminho experiências mais duras e profundas. Quanto maior for sua resistência, maiores e mais difíceis serão sua provas. Há pessoas que só depois de perderem um ente querido, de sofrerem grandes tragédias é que conseguem vislumbrar a espiritualidade. Você não conhece alguém assim?

— Quer dizer que tenho mediunidade e minha vida só vai melhorar quando eu "desenvolver"?

Prefiro a palavra educar. Disciplinar. Quem tem sensibilidade sente muito mais as energias que capta e se não sabe o que fazer com elas, vai sofrer as conseqüências. Por isso, educar a sensibilidade é fundamental para seu equilíbrio. Tão importante quanto isso é trabalhar o emocional, uma vez que pela lei das afinidades você vai atrair com facilidade energias equivalentes a seu modo de pensar, de ver. Portanto, se melhorar sua personalidade, aprender a controlar o pensamento, esforçar-se para eliminar os padrões negativos, cultivar o otimismo, certamente obterá excelentes resultados.

Educar a sensibilidade não significa que precisa prestar serviços com ela. Nem todos têm essa tarefa. Muitos estudam o assunto, harmonizam sua vida, compreendem os problemas do dia-a-dia, vivem muito melhor e estão destinados a outras atividades.

Você acha que não há outras formas de contribuir pelo progresso da humanidade? Todos os que são honestos, trabalhadores, úteis à sociedade, cumprem esse papel. Um chefe de família, cumpridor de seus deveres, pode estar realizando muito mais em termos espirituais do que outro que reza o dia inteiro e se coloca como mediador entre os homens e Deus.

Há os médiuns que precisam dedicar-se ao trabalho em favor do próximo. Escolheram isso antes de nascer e se comprometeram com grupos de assistência, quase sempre por se sentirem culpados pelos erros do passado, pensando assim apagar o remorso da consciência. Quando estão reencarnados e tendo as experiências mediúnicas, sentem essa necessidade e passam espontaneamente a dedicar-se à ajuda espiritual, levando vida normal e equilibrada, sob a proteção de grupos de espíritos interessados em trabalhar em favor da humanidade. Porém, se esse médium resiste ao chamamento espiritual, sua vida poderá tornar-se um inferno. É que tendo sido programado para o trabalho de ajuda, ele tem algumas características especiais. Os espíritos aflitos e sofredores que circulam pela crosta da Terra percebem e o cercam procurando alívio, sugando suas energias e, o que é pior, derramando sobre ele seus fluidos doentios e desequilibrantes. Sem conhecimento, essa pessoa vai sentir-se mal, pensar que está doente e os médicos não vão encontrar nada. Sua vida afetiva e profissional também pode piorar. A situação só vai melhorar quando ele educar a mediunidade e dedicar-se ao auxílio do próximo. Essa crença generalizou-se mas só funciona para quem nasceu com essa tarefa.

Você que me escreveu dizendo ter todos os sintomas que descrevi sobre mediunidade, estar sofrendo e não encontrar remédio, precisa estudar o assunto com urgência. Por carta eu não poderia responder porque cada caso é um caso. Precisa experimentar, praticar, estudar o que você sente, descobrir se você tem realmente esse compromisso ou se está apenas sofrendo as conseqüências de seu desequilíbrio emocional. Isso só poderá ser feito junto com pessoas preparadas que possam orientá-la. Não seja resistente. Sua vivência é sua realidade. Confie e não perca mais tempo. Vá em frente e sua vida mudará para melhor. Tenho certeza disso!

Resistir à verdade é retardar
sua felicidade e atrair para sua vida
provas mais drásticas.

Você tem vidência?

Você já teve a sensação de que alguém estava passando a seu lado e quando colocou atenção para ver quem era, não havia ninguém? Já vislumbrou vultos que somem rapidamente, rostos de desconhecidos, alegres ou tristes, que ao abrir os olhos para ver melhor desaparecem? Já entrou em casa tranqüila e viu alguém ali como que esperando, fechou os olhos para não ver e a visão apareceu com mais nitidez, o que a fez tremer de medo? À noite, deitada para dormir, já sonolenta, vislumbrou luzes coloridas pelo quarto, rostos, lugares, pessoas, que você conhece mas não se lembra de onde?

Se está passando por essas experiências, sua mediunidade de vidência está se abrindo.

Há pessoas que, embora não estejam vendo, têm a percepção clara de algumas faixas energéticas do astral que são coexistentes com nosso mundo e podem descrever com minúcias a presença dos espíritos desencarnados.

Porém há aqueles que os vêem com tal nitidez que algumas vezes chegam a confundi-los com pessoas encarnadas. Esse é o fenômeno da clarividência.

Minha amiga Laís, que tinha essa faculdade, costumava dizer que às vezes só descobria que uma pessoa era desencarnada quando ela desaparecia diante de seus olhos. Afirmava também que entre nós há muitos espíritos que se materializam, misturam-se à multidão, realizam várias atividades aqui, e ninguém percebe que eles são desencarnados.

Você duvida, acha que ela estava exagerando? Penso que não. É que durante os anos em que convivi com Laís, ela foi tão verdadeira, deu tantas provas de que estava mesmo vendo o que se passava nas outras dimensões, que não há como duvidar. Ela via e contava. Como eu não via, é lógico que o limite era meu. Muitas de suas previsões para minha família, anos depois de sua morte, continuam se realizando.

Certa vez, acompanhando meu filho Luiz Antonio, que foi convidado para participar de um congresso sobre espiritismo em Londres, assisti em um grande auditório a uma demonstração de clarividência.

Colocaram quatro médiuns, três inglesas e uma americana, no palco. Elas se concentravam e, depois, cada uma por sua vez dirigia-se a determinada pessoa do auditório, descrevendo o espírito que lhe estava mandando uma mensagem. No fim, perguntava: "Você conhece essa pessoa?" As respostas eram todas afirmativas, algumas até com mais detalhes.

Eu me recordo que uma senhora da platéia, quando uma das médiuns descreveu o espírito de um homem e deu-lhe um recado, fazendo a pergunta final, respondeu que não conhecia ninguém assim. A médium ficou silenciosa por alguns segundos, depois tornou:

— Ele está me mostrando um anel de prata com uma pedra verde e um brasão antigo com as letras SW em relevo.

Ao que a senhora imediatamente esclareceu:

— É Stanley, o tio de minha mãe. Ele morreu quando eu era pequena, mas esse anel aparece bem no quadro com o retrato dele!

A mediunidade na Inglaterra é testada e respeitada. Quando fica provado que alguém é médium, pode obter licença para abrir consultório, cobrar as consultas. Contudo, eles são modestos no cobrar, contentando-se com o suficiente para levar vida confortável. Vão regularmente aos hospitais para dar passes e há alguns padres da igreja anglicana que os convidam para trabalhar em suas paróquias.

A clarividência é uma faculdade natural de nosso espírito que pode vir a despontar e melhorar com exercícios adequados. Pode manifestar-se em alguns estados alterados de consciência, como doenças, ingestão de drogas, emoções fortes, etc., mas desaparece quando a pessoa volta ao normal.

Até os sete anos é comum a criança ver os espíritos, falar com eles, até brincar. Depois pode desaparecer. Quando reaparece na puberdade, é porque ela já a desenvolveu em outras vidas. Nesse caso, consegue ver mais claramente, dificilmente se engana.

O vidente às vezes vê coisas desagradáveis e se amedronta. Se é esse seu caso, é bom procurar um grupo que entenda do assunto para aprender como agir. Não tenha receio de testar e desenvolver sua percepção. Quem vê mais tem maiores possibilidades de se defender das influências negativas e dos seres sofredores que perambulam por nosso mundo, sejam desencarnados ou não. Agora, é importante ser discreta. Seja lá o que for que você vir, não faça alarde nem conte às pessoas. Numa dessas você pode provocar a ira dos espíritos envolvidos, que podem reagir contra você.

Só fale com quem entende. Mande energia positiva para todos e se ligue com Deus. Lembre-se de que, em qualquer circunstância, ele é quem tem o poder de ajudar adequadamente. Poder ver o que os outros não podem é só vantagem, você não acha?

Quem vê mais tem maiores possibilidades de se defender das influências negativas.

Corrupção tem cura?

A onda de corrupção que anda por nosso país é muito antiga. Até Rui Barbosa já dizia que ela tinha se tornado tão natural que muitos tinham vergonha de ser honestos. Claro que todos alardeiam as vantagens da honestidade, mas na hora de agir há sempre aquele jeitinho para torcer um pouco as coisas em benefício próprio. Por causa disso tem havido leis que pegam e que não pegam. A imprensa grita, os juristas exibem seus conhecimentos citando códigos e parágrafos, faz-se muito barulho, todos reclamam, mas tudo continua igual.

Dando uma passada de olhos pelos jornais, fiquei pensando: por que será que não conseguimos pôr um fim à corrupção? Um pouco chocada, fui forçada a admitir que não conseguimos eliminá-la porque todos somos corruptos.

Sei que você vai protestar:

— Só se for você! Eu não. Sou honesta e responsável. Trabalho para viver, pago minhas contas em dia e nunca tirei nada de ninguém.

Eu também faço assim, mas será que a corrupção é só isso? Por exemplo: você começou aquela dieta para perder os quilinhos a mais com disposição e firmeza. Após o jantar em casa de sua amiga, ela lhe oferece aquele pedaço de torta de morango que você adora:

— Não, obrigada. Estou de dieta. Fica para outra vez.

— O que é isso?! Um pedacinho não vai fazer mal algum. É só hoje.

Você hesita, mas, frente à insistência, acaba concordando:

— É. Só hoje. Um pedacinho a mais não vai fazer mal.

Depois de comer, sente aquela desagradável sensação de culpa. Percebeu como você se corrompe?

Naquela tarde você tinha programado ir a seu shopping favorito fazer compras, assistir a um filme de sucesso. Cumpriu todas suas obrigações com antecedência para ter um tempo livre. Quando estava se aprontando, aquela tia que você não via há tempos ligou:

— Estou pensando em ir até sua casa agora, mas não quero atrapalhar. Você tem algum compromisso?

Você engole a decepção, a raiva e tentando adoçar a voz responde:

— Não... É um prazer recebê-la. Venha. Estarei esperando.

Você poderia ter respondido:

— Tenho sim. Estou de saída. Por que não deixa para amanhã? Assim teremos tempo de conversar bastante. — Resolveria o assunto e faria o que pretendia. Por que não teve coragem?

Um comerciante erra no troco e lhe dá vinte reais a mais. A princípio você quer devolver, mas depois pensa: "Ele deve cobrar tanto a mais nos preços que é bem feito para ele perder esse dinheiro. Depois, é tão pouco que não lhe fará falta". E resolve guardar a diferença.

Essas concessões parecem sem importância, no entanto deixam clara sua falta de firmeza, preferindo escorregar para o que parece mais fácil e lhe traz alguma vantagem imediata. Meu filho Luiz Antonio costuma dizer que quando um guarda multa você por excessos no trânsito e você lhe oferece uma propina, coloca em risco a própria vida, porque corrompendo o guarda, vai favorecer que ele se acostume e acabe por deixar passar o alcoólatra que mais adiante pode provocar um acidente no qual você mesma poderá vir a ser uma vítima.

Uma aparente "vantagem" é uma ilusão perversa que corrompe. A corrupção destrói o respeito, amolece os costumes, deturpa os valores espirituais. É uma faca de dois gumes que sempre se volta contra você. Descobrimos isso a duras penas e todos desejamos acabar com ela. A única forma de fazer isso é começar de dentro para fora. É cada pessoa questionar e estabelecer os próprios valores e a partir daí ser verdadeiro e firme. Não transigir nas pequenas coisas. Não se corromper com um pedaço de doce, com a vaidade de parecer melhor ou tentando fugir da própria responsabilidade. Só os verdadeiros são fortes e dignos de respeito.

Você concorda comigo e quer cooperar? A honestidade é uma questão interior. Ninguém conseguirá penetrar dentro de outra pessoa para saber até que ponto ela se corrompeu. As aparências enganam e as testemunhas não são confiáveis. Não julgue nem critique o corrupto. Entregue o caso nas mãos de Deus, que por certo lhe dará a lição a que fez jus.

Com você o caso é outro. Você sabe o que sente. Aquele desejo de viver em um mundo melhor ainda está dentro de seu coração. Essa é sua verdade. Agarre-se a ela e não se deixe corromper pelos atos dos outros, nem pelas facilidades aparentes da desonestidade. Seja você, em sua mais verdadeira essência, valorize seus sentimentos, seja firme, confie na vida. Se todos fizermos isso, tenho certeza de que venceremos a corrupção. Não é o que desejamos?

A corrupção destrói o respeito e deturpa os valores espirituais. Não se deixe corromper pelas facilidades da desonestidade.

Sexo ainda é pecado?

Apesar de todo o progresso e dos avanços tecnológicos, das mudanças sociais e da abertura dos costumes, o sexo continua sendo tabu. Os sexólogos esforçam-se para trazer uma visão natural e esclarecida. Embora eles sejam ouvidos e aceitos intelectualmente, na prática isso não acontece.

As mulheres são as mais prejudicadas pelo preconceito. Fecham-se ao amor. Quando sentem desejo sexual, têm vergonha de confessar. Temem parecer levianas e venais. É que no conceito social o amor puro não inclui o sexo, cujo prazer é considerado materialista e grosseiro. Essa crença vem de tempos remotos quando a sociedade procurava defender os próprios interesses, por causa dos reis e das heranças. A virgindade foi supervalorizada porque, tendo que partir para a guerra ou grandes viagens, os homens precisavam garantir a legitimidade de seus herdeiros. Vocês não ouviram falar do cinto de castidade? Foi aí que tudo começou.

Depois veio a Igreja, claro. Ela precisava manter o poder, e o dinheiro era fundamental. Por isso, além de inventar a história da Criação, copiada de outros povos antigos, o sexo virou pecado, foi proibido por Deus e considerado causa da perda do paraíso. Por isso todos os santos da Igreja eram assexuados ou penitentes, tendo a abstenção sexual como principal condição de santidade. Nem a procriação, justificativa que hoje já o próprio papa considera válida, pôde isentar a crianças do pecado. Elas nascem em "pecado original" e só pelo batismo da Igreja elas se tornarão purificadas. Se morrerem sem terem sido batizadas, estarão condenadas para sempre ao limbo, um lugar que até agora ninguém sabe onde é.

Não é uma loucura? Mas é verdade. Embora haja gente esclarecida que aparentemente não acredita mais nisso, o medo de se deixar levar pelo pecado e acabar se tornando uma pessoa perdida ainda continua. Nossa educação sexual deixa muito a desejar. Aliás, raros são os pais que conversam com os filhos esclarecendo-os com naturalidade, orientando-os. Quase sempre, quando o fazem, tratam de colocar mais temor, exagerando os perigos de uma vida sexual ativa, na tentativa de garantir o próprio sossego ao invés de cuidar da felicidade deles. Ao mesmo tempo em que "empurram" os meninos para o relacionamento precoce, vigiam e atemorizam as meninas, que precisam ser mantidas intocadas.

O sexo é uma manifestação natural que vai aparecer no adolescente no momento em que ele estiver pronto para isso. Se não é adequado forçar um menino a ter experiências só porque ele tem catorze anos e já "deveria" ter tido relações, também não é bom que as meninas, ao sentirem desejo sexual, se sintam envergonhadas, acreditando-se indignas por causa disso.

Claro que todos os pais desejam o melhor para seus filhos e gostariam de vê-los felizes, com um relacionamento afetivo equilibrado. Mas como conseguir isso se eles continuam escravos dos preconceitos, agindo de maneira inadequada, sem terem ainda resolvido os próprios problemas? Embora quando adolescentes hajam lamentado a atitude dos próprios pais, quando têm filhos entram no papel que conhecem e fazem exatamente a mesma coisa.

Na base desse círculo vicioso estão os conceitos sociais repetidos e aprendidos: sexo é pecado.

Em se tratando de espiritualidade, de vida após a morte, então, a polêmica fica acirrada! Como?!! Os espíritos fazem sexo? Você também acha que espírito desencarnado não tem corpo e que o sexo não é espiritual?

Eu respondo: o mundo dos espíritos é tão sólido para eles quanto o nosso. Nada impede que se amem. Tudo que existe foi criado por Deus do jeito que é. Homem, mulher, sexo. O orgasmo é uma maneira agradável de povoar a Terra. Todos os seres no mundo praticam o jogo do amor. Até as plantas. Tudo é natural e nada tem pecado. Punir alguém por cumprir a determinação divina para a qual foi criado seria uma tremenda injustiça, não lhe parece? Não creio que isso ocorra.

Nada é mau em si mesmo, mas o uso que cada um faz de seus recursos naturais é que pode causar dor. Todos temos muito que aprender em termos de amor, como expressar nossos sentimentos, nos relacionarmos com os outros, controlar emoções, avaliar o que nos dá felicidade. O sexo faz parte dessa aprendizagem e, além disso, opera a maravilha da reprodução dos corpos, permitindo-nos reencarnar, experimentar e desenvolver nossos potenciais.

Vamos respeitar a fonte da vida! Apesar de todas as ilusões e preconceitos humanos, sexo também é espiritual. O ectoplasma, energia de cura que tantos benefícios tem trazido nas cirurgias espirituais, é uma mistura de elementos do astral com energias do médium curador emanadas de seu chakra básico e dos órgãos sexuais. Vamos olhar para o sexo com naturalidade sem supervalorizar nem depreciar. Ele deve ser usado com alegria, respeito e amor.

Tudo que existe foi criado por Deus do jeito que é. Tudo que é natural não tem pecado.

Como livrar-se da obsessão

A novela A *Viagem*, trazendo à tona o problema da obsessão, tem interessado as pessoas fazendo-as pensar.

Embora haja quem ainda esteja discutindo se a vida continua após a morte, saber que nossos inimigos não são eliminados ao morrer e que podem voltar para vingar-se é uma probabilidade assustadora, principalmente para aqueles que durante a vida alimentaram inimizades. O fato de não podermos ver os espíritos claramente, a possibilidade de eles poderem atravessar nossas paredes, invadir nossa privacidade, aterroriza ainda mais.

Até os que se dizem descrentes sentem um friozinho na espinha ao pensarem nessa possibilidade. E se eles ainda acham que não têm provas de sua veracidade, também não têm certeza absoluta de que as coisas não sejam assim.

Como é que você encara essa realidade? Fica apavorada ao pensar que aquele parente com o qual você se desentendeu e morreu com raiva de você possa estar dificultando sua vida? Você que teve um amante durante anos e seu marido nunca suspeitou, agora que ele morreu, teme que ele descubra e volte para pedir-lhe contas? Você que era o único advogado da família e que se aproveitou da herança, ficando com a maior parte, imagina que o espírito do morto, tendo descoberto tudo, possa voltar e vingar-se? Você que fez aquela fofoca entre seu filho e sua nora, perturbando a vida familiar do casal, agora que ela morreu receia que ela possa obsidiá-la? Embora você duvide, tudo isso poderá acontecer.

Muitas pessoas, quando estão no mundo, agem de forma sub-reptícia, mentem, enganam, interferem na vida alheia, prejudicam os outros em favor dos próprios interesses, certas de que estão em segurança, quando ninguém fica sabendo de nada. Ocultam-se na ilusão de escapar à responsabilidade de seus atos. Mas isso não existe. Nada do que se passa fica oculto. Mesmo quando você não está vendo, há testemunhas assistindo o que você faz e ninguém fica impune.

Um inimigo desencarnado que deseje vingar-se é uma sentinela atenta a seu comportamento e pode se tornar um cobrador inveterado de suas fraquezas. É só através delas que ele poderá atingi-la. Por outro lado, se você resistir às sugestões do mal, reagir positivamente, ele não poderá fazer nada.

Todos nós temos um guia espiritual que nos ajuda, aconselha e acompanha nosso desempenho no dia-a-dia. Ele nos conhece mais do que nós mesmos porque, para exercer essa atividade, ele precisa ter permissão superior e ser mais evoluído do que a pessoa que ele protege. Pois é. Aquele pensamento bom que você teve, aquela vontade de perdoar, de esquecer as ofensas, de compreender as dificuldades dos outros, com certeza foi ele quem lhe deu. Por outro lado, a vontade de brigar, de não levar desaforo para casa, de se irritar com a atitude dos outros, pode bem ter sido sugerida por um espírito perturbador, inimigo ou não, mas que gosta de ver você em confusão.

Aí você vai dizer: então meu guia espiritual não protege? Como ele permite que esses espíritos me envolvam?

Ele aconselha mas não interfere em suas decisões. No astral não existe superproteção. Você tem livre-arbítrio. É sua maneira de pensar e agir que atrai para você as companhias espirituais. Se ouvir os conselhos de seu mentor espiritual e acreditar no bem, ele terá condições de ajudá-la, mas se preferir dar ouvidos aos espíritos perturbadores, eles não fazem nada, esperam apenas que você enfrente as conseqüências e aprenda a discernir.

— Não faço mal a ninguém, por que sofro perturbações espirituais?

Nesse caso é importante perceber como você está se tratando. Quando recebe alguma crítica, de que lado você fica? Deprime-se pensando que os outros têm razão, julga-se errada, cobrando-se o tempo todo? Saiba que, quando você fica contra você, nem seu guia espiritual pode ajudá-la. Seu pior inimigo sempre será você mesma. Toda vez que você se cobra, se pune, fica contra você, está dando abertura a que espíritos perturbadores se aproveitem de suas fraquezas.

No universo não existem "vítimas". Por isso, se você teve algum desafeto que morreu e teme que ele volte para perturbá-la, defenda-se.

Volte-se para dentro de você e perdoe de coração toda e qualquer ofensa que julgue ter recebido. Limpe seu coração do mal. Visualize essa pessoa em sua frente e converse com ela com sinceridade sobre sua nova posição. Faça o propósito de buscar o bem e entregue tudo nas mãos de Deus.

Os espíritos que não aceitarem sua nova postura vão reagir envolvendo as pessoas ao redor na tentativa de fazê-la irritar-se para que possam dominá-la de novo. Mas se não ligar e ficar de seu lado, firme nos propósitos do bem que escolheu, estará livre para sempre da presença deles. Não acha que vale a pena tentar?

Acreditar-se em segurança só porque ninguém sabe o mal que você faz é uma ilusão. A vida registra e ninguém fica impune.

Teimosia ou perseverança?

Conversando com um casal amigo, a certa altura ela disse:

— Eu sou perseverante, firme. Quando decido algo, vou até o fim. Já o Osvaldo, não. É volúvel, está sempre mudando de idéia, não sabe o que quer.

Irritado, ele retrucou:

— Eu sou é pra frente. Gosto de coisas novas! Não sou teimoso como você!

Começaram uma discussão que pelo jeito era comum entre eles, sem chegarem a nenhuma conclusão. Enquanto ela dizia-se firme, ele a classificava de teimosa. Claro que resisti à tentação e não arrisquei nenhum palpite. Estou tentando aprender a controlar a língua e me dando muito bem. Mas quando eles foram embora fiquei me perguntando: Qual dos dois estava certo? Qual é a diferença entre teimosia e persistência? Quando é que estamos sendo firmes e coerentes ou sendo teimosos?

A perseverança é importante para o progresso. Precisamos ser perseverantes para alcançar nossos objetivos. É indispensável haver continuidade no que fazemos, seja para conquistar um diploma, uma qualificação profissional, aprender um idioma, realizar um projeto, etc. Os grandes músicos, inventores, cientistas, persistiram até o fim, mesmo não obtendo sucesso imediato, já que vários só foram reconhecidos depois de mortos.

Todos conhecemos pessoas inteligentes, com ótimas idéias, que pretendem criar grandes coisas e acabam não fazendo nada porque lhes falta persistência. Mas se ela é necessária e é um bem, quando é que deixamos de ser perseverantes e começamos a ser teimosos?

Ser teimosa significa querer alguma coisa impossível. É continuar com o que não funciona nem nunca funcionará. É resistir à verdade e preferir cultivar a ilusão. Há até quem diga que é preciso ter ilusões para ser feliz. Esses com certeza têm uma visão muito distorcida do que seja a vida. Preferem enxergá-la só pelo lado negativo, e quanto mais o fazem, mais mergulham no que é transitório e não percebem o que é verdadeiro. Alguns continuam teimando até depois de mortos, resistindo às mudanças, envolvidos pelos problemas que deixaram no mundo.

Aí você vai dizer:

— Se uma pessoa teima, é porque acredita que está sendo perseverante. Ela não vê a própria ilusão. Não se julga teimosa!

É verdade. A pessoa só desiste quando descobre o engano. Isso tem dado muito trabalho não só aos psiquiatras, terapeutas, psicólogos e conselheiros do mundo como até aos guias espirituais, já que todos se dedicam à ingrata tarefa de esclarecimento do espírito. A resistência às mudanças, o medo do novo, a falta de fé e confiança em Deus geram ansiedade. Ansiedade é o medo do futuro. Há pessoas com tanta certeza de que a vida é sofrimento que vivem apavoradas tentando precaver-se. Para isso criam regras, agarram-se a elas e resistem a tudo que não esteja dentro delas. Perdem todo contato com sua intuição, com o instinto natural de defesa do corpo, tornam-se robôs do intelectualismo materialista.

Como você se vê? Acaba as tarefas começadas, os cursos que iniciou, está levando adiante seus projetos? Quando nota que algo saiu errado, analisa as causas e tenta outras formas de chegar a um bom resultado? Nesse caso, está sendo persistente e certamente conseguirá o que deseja.

Você está sendo teimosa quando:

1 – Seu namorado é grosseiro e não gosta muito do trabalho. Várias pessoas já lhe disseram isso, mas você não quer ver, acha que ele vai mudar quando se casar e continua o namoro.

2 – Seu marido tem outra mulher, você já viu. Mudou com você, não a procura quase, passa noites fora, mas você não toma nenhuma atitude porque espera que ele mude, se arrependa e volte para você.

3 – Seu irmão é alcoólatra, inferniza a vida de toda a família, dá cheques sem fundos, mas você acha que é seu carma e o protege, pagando suas contas, superprotegendo-o, acabando-se com o drama dele, esperando que milagrosamente as coisas mudem.

4 – Você entrou na faculdade, mas descobriu que odeia aquele curso, mas "tem que" ir até o fim, porque, se desistir, o que vão pensar de você?

Se você está na teimosia, resiste, quer continuar assim, colherá a desilusão cedo ou tarde. Mas se quer enfrentar seus medos e sair, deixe de lado todas as regras, volte a atenção para sua intuição, ligue-se com o espiritual, abra-se à verdade sem medo nem idéias preconcebidas e a vida se encarregará de mostrar-lhe seus encantos, sua beleza, sua perfeição. E você será apenas perseverante. Teimosa, nunca mais!

Teimosia é continuar com o que não funciona nem nunca funcionará. É querer o impossível.

Você quer mensagem do além?

Ninguém gosta de pensar na morte. Talvez porque as religiões fizeram dela uma enorme tragédia e o materialismo tenha esvaziado a fé criando o temor.

Apesar de sabermos que nosso dia chegará, lá no fundo de nosso coração algo nos diz que somos eternos. Mesmo assim, o drama do "nunca mais" tem feito sofrer tanto os que partem como os que ficam.

A novela *A Viagem* trouxe o assunto a debate. Acompanhando os personagens, as pessoas começam a pensar na continuidade da vida após a morte e a colocar seus próprios problemas em foco na tentativa de compreender. Todos temos pessoas queridas que já partiram, e as perguntas surgem inevitáveis: Para onde elas foram? Como estão? Seria possível comunicar-me com elas? Quando eu morrer, iremos nos encontrar? Elas vão reencarnar?

É possível conseguir contato e encontrar essas respostas. Mas para isso há regras básicas que é preciso aprender e respeitar. A disciplina, a ordem são fundamentais. Embora você esteja ansiosa para ter uma mensagem de seu ente querido que partiu, não deve evocá-lo de forma alguma. Seu pensamento chamando-o poderá perturbá-lo caso ainda esteja em recuperação ou não obtenha permissão para comunicar-se. Fazendo isso, você poderá transmitir-lhe energias de angústia e de tristeza, prejudicando-o.

Só os espíritos rebeldes e perturbados permanecem junto aos encarnados sem a permissão superior e, se você evocar seu parente e ele não puder comparecer, nada impede que esses outros se aproveitem de sua boa-fé e respondam a seu chamado como se fossem a pessoa evocada. Por que fazem isso? Para aproveitar-se de suas energias, já que ainda não conseguem ficar sem elas. Por que seu guia espiritual permite? Porque você também está se rebelando não aceitando o que a vida determinou.

A vida os separou temporariamente, mas é natural desejar notícias e elas virão espontaneamente quando for oportuno. A saudade, o afeto devem estar juntos com a fé. Por isso, rezar e pedir a Deus que permita a você um contato é razoável e pode ser feito. Mas evocar a pessoa, não. Você não sabe como está o processo de desligamento dela, que problemas ela estará enfrentando. Se deseja ajudar, é suficiente visualizá-la bem, com saúde e alegria. Esse pensamento fará mais por ela do que qualquer outra coisa.

— Meu filho morreu há três anos e recebi uma mensagem dizendo que ele já tinha reencarnado. É possível?

Possível, é. O tempo que cada um fica no astral entre uma encarnação e outra varia conforme o caso, a necessidade e o nível espiritual de cada um. Os espíritos mais primitivos são reencarnados compulsoriamente, sob determinação dos espíritos superiores. Eles não escolhem quando, como e através de quem devem renascer. Já os mais lúcidos e conscientes podem fazer isso, optando entre as variáveis que sua evolução lhes permite. Quanto mais maturidade, mais responsabilidade. Não fazemos assim também com nossos filhos? Enquanto são crianças, decidimos por eles; quando crescem, já podem optar.

Se você perdeu um ente querido e ainda chora, revolta-se, aflige-se rememorando o momento do desenlace, reaja, pare com isso. É hora de olhar um pouco para você mesma e tentar descobrir o que vai dentro de seu coração e se perguntar: O que a vida quer me ensinar com isso? Como atraí isso para mim? Como eu era antes e como estou agora? O que mudou dentro de mim?

Se deixar de lado o orgulho, a revolta, o desejo de querer que a vida faça o que você acha mais adequado, vai notar que se tornou muito mais humana. Que aprendeu muitas coisas nas quais nunca tinha pensado. Que se lembrou de Deus, deixou de lado muitas ilusões, modificou seus valores, pensou com seriedade nas coisas do espírito. Que se voltou mais para a fé e passou a valorizar mais a vida, a saúde, a família, o amor.

Se você aceitar o inevitável e confiar na vida, reencontrar a alegria de viver, construir a harmonia interior, com certeza vai ter a satisfação de obter um contato com a pessoa querida. Uma noite, quando dormir, seu espírito sairá do corpo e no astral terá um encontro maravilhoso com ela. Poderá abraçá-la, sentir seu perfume, como quando estavam juntos. Conversarão muito e poderão deslizar abraçados pelos maravilhosos lugares onde ela vive agora. Ou então receberá uma mensagem através de um médium, com detalhes reveladores de coisas que só você sabia. Quando ocorrer, será tão intenso e verdadeiro que não deixará nenhuma margem a dúvidas. Você sentirá crescer sua certeza na imortalidade. Modificará seus valores, alargará seus horizontes e seu modo de ver a vida.

Tem acontecido a muitas pessoas e por que não a você? Se deseja ter essa alegria, procure o caminho adequado e chegará lá.

É só querer.

A vida só permite um encontro entre um encarnado e um desencarnado quando esse encontro beneficia a ambos.

Uma mãe em parafuso!

"Dizem que minha filha é 'sapatão', e eu como mãe sofro demais com isso!"

Você diz que está em parafuso. E ela, como estará? Se ela for mesmo o que você teme, sentindo toda sua rejeição, como estará se sentindo? Já se perguntou isso? Ao perceber que o que ela sentia era diferente do que as outras meninas costumavam sentir, já imaginou as dúvidas e os medos que ela teve? A força que terá feito para não demonstrar o que sentia e tentar ser como as demais?

Os sentimentos brotam no íntimo do ser e são inexplicáveis. Cada um é como é e foi Deus quem fez. O que pode uma adolescente fazer se quando passa um "gatão" e as outras se eletrizam ela não sente nada? E quando passa outra menina bem apanhada ela sente vibrar as fibras mais íntimas de seu coração? Quem se atreveria a julgar os mecanismos íntimos de cada um?

Deus quando criou o mundo foi versátil e pródigo. Em todos os reinos da natureza há seres originais e diferenciados e ainda hoje os cientistas descobrem novas manifestações de vida.

Na raça humana, cada um é um e há pessoas de todos os gostos e preferências, em vários níveis espirituais. No entanto, a sociedade pretensiosamente convencionou os parâmetros da normalidade, e os que não se enquadram em seus critérios são considerados "anormais" e "errados".

A homossexualidade é tida como perversão. Há quem a considere um "vício", uma "doença" e tente explicá-la como fruto do meio ambiente, procurando reprimi-la ou condená-la. O homossexualismo não existe só entre os homens. Há plantas hermafroditas e animais que preferem parceiros do mesmo sexo. Como a natureza os fez assim, é justo aceitar que isso seja natural. Entretanto, o preconceito e a crueldade dos que se atrevem a julgar algo que desconhecem têm perseguido e ridicularizado a vida dessas pessoas, tentando arrastá-las para a depressão e a infelicidade.

Como os homossexuais são seres dotados de muita sensibilidade, quando amados e apoiados devidamente podem chegar a altos valores de espiritualidade. São ótimos profissionais, excelentes médiuns, dedicados e responsáveis, quando bem orientados. No casamento, embora com pessoas do mesmo sexo, são carinhosos e fiéis.

Contudo, quando são reprimidos e se consideram errados, podem entrar em depressão. Nesse caso, ou anulam as possibilidades de progresso ou se revoltam tentando agredir a sociedade que os hostiliza. Dessa forma, a obsessão e o sofrimento, a prostituição e a infelicidade serão inevitáveis.

A sociedade os condena só porque amam pessoas do mesmo sexo. Ser homem ou mulher é uma condição do mundo terreno que continua existindo no astral, próximo à Terra. O espírito não tem sexo. De acordo com suas necessidades de aprendizagem, reencarna no mundo várias vezes como homem e como mulher. Ele precisa dessas experiências, que são muito diferentes entre si. Como homem aprende a usar a força, a coragem, a ousadia. Como mulher, a sensibilidade, a compreensão, a fé. Como se tornará um espírito que já aprendeu tudo sobre masculino e feminino? Terá aparência feminina, masculina, ou um misto dos dois? Será assexuado ou terá um terceiro sexo? A vida tem múltiplas formas de evolução que continua em outros planetas. Um dia chegaremos lá!

Mas agora é preciso compreender. O amor que você sente por sua menina deve ser incondicional. Não se deixe iludir pelos preconceitos, nem acredite que ela pode mudar. Nunca vai conseguir. A natureza é sempre mais forte e acaba vencendo.

Eu sei que você deseja a felicidade dela e teme que ela venha a sofrer por ser como é. Mas é você quem já a está fazendo sofrer com sua rejeição e críticas constantes. Não contribua para que ela entre em depressão, fique revoltada, insegura ou se julgue errada. Não seja um instrumento de sua infelicidade. Ao contrário. Tente compreender seus sentimentos e respeite-os.

Faça-a perceber que, mesmo sendo diferente da maioria, sua vida será o que ela fizer dela. Que a dignidade e o respeito como ser humano não dependem de suas preferências sexuais, que representam apenas um detalhe de sua personalidade, mas da postura afetiva adequada, de seu desempenho no trabalho, de seu relacionamento sincero com as pessoas, de suas crenças no bem e de sua honestidade. Torne-se sua melhor amiga, dê-lhe sua compreensão. Se fizer isso, essa filha ainda se tornará seu maior orgulho. Tem todas as qualidades para isso.

Quanto às críticas, esqueça. Quem as faz são pessoas superficiais e julgamentosas.

Ninguém sabe qual o preço que um dia ainda terão que pagar para poder começar a enxergar e a compreender a vida como ela é.

Se ama sua filha, não contribua para sua infelicidade. Respeite sua natureza e seus sentimentos. Ela é como Deus a fez.

Vença a depressão!

A depressão é fruto da insatisfação. Se você vive infeliz, perdeu a alegria de viver e deseja encontrar uma saída, o primeiro passo é deixar a cômoda posição de vítima, seja lá do que for, e assumir a responsabilidade por sua vida

Você vai desfiar um rosário de queixas, alegar que a vida é "dura", que as pessoas não a compreendem, são cruéis e que tudo para você tem sido difícil. Que você tenta, não consegue e por isso perdeu a esperança de ser feliz.

Só lhe resta "agüentar" a convivência complicada com a família, as dificuldades financeiras, os problemas de saúde, porque é sua sina. Alguns têm sorte, outros não. Para você nada dá certo.

Pensando dessa forma você vai continuar sendo infeliz e a cada dia sua situação vai piorar.

— O quê? Estou pedindo ajuda e você garante que vai piorar?

Vai, se continuar pensando dessa forma. A vida vai prosseguir "apertando o cerco" até que você chegue a seu limite, não suporte mais viver tão infeliz, decida usar sua própria força e fazer alguma coisa por si. Nesse dia vai descobrir que sua felicidade só depende de você. Vai deixar de colocar expectativas nos outros. Passará da passividade, da espera, à ação.

Deus não criou ninguém menos. Embora existam diferentes níveis de evolução e alguns estejam mais conscientes do que outros, a essência divina está em todas as pessoas. As leis universais funcionam igualmente para todos. Você tem tanto poder quanto os que "têm sorte". A única diferença está em que eles o usam de maneira adequada, enquanto você, não.

Os resultados são diferentes, mas cada um colhe exatamente o que plantou. Se você está infeliz e as coisas dão errado, é hora de rever suas crenças e perceber como está atraindo isso. O fracasso não existe. A vida dá de acordo com o que recebe. Se só crê no negativo, se apenas enxerga o lado negro das coisas, é isso o que vai ter.

Nosso subconsciente é uma maravilhosa máquina que materializa o que acreditamos. Não o que a cabeça pensa, mas o que nos impressiona e colocamos fé. Pensar, sentir, acreditar, é criar. Acreditando no pior, vai materializar o pior. É preciso entender que todas as coisas, por mais duras que sejam, têm vários lados. Buscar a lição, o lado produtivo, aprender, é resolver as dificuldades com inteligência, abreviar e até dispensar a dor.

Seu destino está em suas mãos. Só você tem o poder de mudá-lo modificando seus padrões de pensamento. Comece se perguntando: "Como é que eu me deprimo?" Aí vão algumas dicas:

Se você não confia em si mesma, espera tudo da sociedade, dos outros, está paralisando sua criatividade, impedindo sua realização como pessoa. Isso provoca profunda insatisfação. Você se julga menos. Não confia em seu desempenho, não quer ousar, tem medo de experimentar. Só faz o que os outros aprovam. É perfeccionista. Sonha ser heroína. Não faz nada para aprender mais, porém quer ser maravilhosa, nunca errar. Adora elogios, não tolera a menor crítica. Vê a vida pelos olhos dos outros.

É assim que você se fecha, enfraquece a própria força e condena sua alma a viver infeliz. Ela deseja expressar-se, abrir-se para as grandezas para as quais foi criada, evoluir, crescer. A natureza tem seus próprios caminhos e você não vai impedi-la de realizar seus objetivos. Quem não vai pela inteligência, vai pela dor. Quanto mais você resiste à sua verdadeira natureza, mais dor.

A alegria, o prazer, a felicidade, vêm da alma. As pessoas, a sociedade podem lhe oferecer tudo e você continuar infeliz. Não conhece alguém assim? A depressão é um estado interior de insatisfação, provocado pela obstrução da expansão de seu eu interior. A natureza o impulsiona a evoluir, ele anseia desenvolver seus potenciais, crescer, realizar-se. Quando você o impede, ele se sente infeliz e não há nada que possa substituir isso.

Seu espírito quer tornar-se mais consciente, mais verdadeiro, crescer, reciclar seus valores, fazer coisas novas, contribuir para o progresso social, pela felicidade dos outros, sentir a própria nobreza, amar.

Não o impeça. Você é muito mais do que pensa, pode muito mais. Valorize-se. Os limites em sua vida é você quem põe. Abra seu coração sem medo. Olhe tudo com olhos do bem. Não se detenha no mal, ignore-o. Acostume-se a olhar só o lado bom. Garanto que ele sempre está lá. Um dia, perceberá que a depressão, a infelicidade, a tristeza foram substituídas pela alegria, pelo prazer de viver. Que para colher felicidade basta aprender a maneira adequada de plantar.

Você é muito mais do que pensa que é.
Quando usar a própria força a seu favor,
descobrirá do que é capaz!

Comunicação

Está em moda o telefone celular. Quem não gostaria de ter um? Poder falar com quem quiser a qualquer hora, de onde você estiver, é fascinante. Nos dá uma gostosa sensação de auto-suficiência, de poder. Até os que não vivem "pendurados" ao telefone desejam obtê-lo por sua utilidade, pelas facilidades que oferece. As histórias em que o cidadão foi salvo pelo telefone celular circulam no "boca-a-boca" do cotidiano e eu acho até que são verdadeiras, elegendo esse herói da era moderna como indispensável a nossa segurança.

Esses aparelhos são tão fantásticos que eu não me surpreenderia se um dia eles fossem além das fronteiras de nosso planeta e pudessem atingir outras dimensões. Já pensou o que aconteceria? Você poderia falar com aquela pessoa que você ama, que já não vive mais na Terra. Saber como ela está, conhecer detalhes do mundo onde ela vive. Seria fascinante! Mas o mais importante é que você teria certeza absoluta de que o espírito é eterno, a morte do corpo não é o fim e a vida continua.

Seria uma revolução incrível em nossa sociedade. O materialismo teria fim e os espíritos finalmente seriam reconhecidos no mundo como seres reais. Ninguém teria coragem de matar por saber que, além de não conseguir eliminar o desafeto, isso o tornaria um inimigo mais perigoso porque invisível. Compreenderia que a única forma de vencer um adversário seria fazer dele um amigo.

Os corruptos, os traidores, os mentirosos saberiam que estão cercados de espíritos que têm condições de saber tudo que eles fazem, teriam receio de continuar, percebendo que as pessoas que eles estão prejudicando têm espíritos amigos que as defendem. Dessa forma, mesmo aquelas mais humildes, mais pobres, se tornariam protegidas e eles acabariam por descobrir que o caminho mais fácil para alcançar seus objetivos seria o jogo limpo, aberto, da honestidade e do trabalho.

Os que se julgam fortes, os manipuladores, os dominadores, os que sempre abusam dos que lhe parecem fracos, conhecendo o que aconteceu depois da morte com os déspotas do passado, com os que tentaram dominar o mundo, descobririam que eles, tendo decidido pelos outros, assumiram vários problemas dessas pessoas os quais terão que resolver antes de cuidar de seus próprios interesses. Perceberiam que dominar os "fracos" os atrai para si; que os parasitas, os comodistas se "penduram" e acabam dando muito trabalho para se desvencilhar; que ninguém é fraco como parece e acabariam com a ilusão de querer manipular os outros, cuidando só de si.

Os revoltados, que desejam fugir da vida, saberiam que o suicida continuou vivo, tendo agravado seus problemas ao invés de resolvê-los. Prefeririam enfrentar seus desafios, aceitando-os até aprenderem a vencê-los.

A essa altura nosso mundo teria se transformado em um lugar agradável onde as pessoas conviveriam melhor e o sofrimento teria sido banido. Uma doença irreversível seria apenas uma preparação para a viagem a outra dimensão, os túmulos deixariam de ser tão visitados pelos inconformados com a separação, suas lágrimas seriam substituídas pelos votos de felicidade.

Quem não gostaria de fazer uma ligação como essa? Mas esse telefone só toca de lá para cá. E os espíritos estão tocando sem parar. Suas vozes estão até sendo captadas em gravadores e um cientista na Itália conseguiu comunicar-se com a filha morta, vendo-a através de um monitor de televisão.

Você sabia que mesmo sem celular os espíritos têm procurado comunicar-se com você através de seu corpo astral? Que nele há uma anteninha capaz de captar as mensagens das outras dimensões? Todas as pessoas têm. Através dela os espíritos tentam falar com você, mas como fazer isso se ela não estiver ligada? Ela é seu telefone interior, mas, como o celular, só vai funcionar quando você ligar.

Os espíritos desejam mostrar-lhe essa realidade, que, se aceita, lhe dará uma visão clara da vida e do universo, transformará sua vida para melhor. Saber como as coisas funcionam dá segurança e discernimento. Torna você forte e firme. Para isso você não precisa esperar por seu celular, basta ligar seu telefone interior, prestar atenção nos recados que chegam. Entre eles podem estar aqueles que você deseja tanto receber de seus entes queridos que partiram. Os espíritos estão tocando. Ouvi-los só depende de você. Quando é que vai se ligar?

Seu corpo astral tem uma
antena capaz de captar as mensagens
das outras dimensões. Se deseja
ouvir os espíritos, basta ligar e esperar.

Do fracasso, sucesso!

Ao iniciarmos um novo ano, viramos a página e com entusiasmo revigoramos nossas forças, aumentando nossa capacidade de fazer.

O que você pretende realizar neste ano? Que objetivos estabeleceu como metas? Comprar aquele apartamento de seus sonhos? Trocar o carro por um melhor? Reformar a casa? Entrar na faculdade? Encontrar um bom emprego? Resolver os problemas de relacionamento? Reconquistar a saúde?

Você pode conseguir tudo que deseja desde que descubra como. A vida é um jogo que precisamos aprender a jogar. Ela tem suas próprias regras e cada coisa um caminho adequado, onde o otimismo, a observação, a ousadia são fundamentais. Só precisa abrir a porta e tudo acontecerá.

Se você já começou o ano sem sentir entusiasmo, sem objetivos, acreditando que não tem "sorte", "que nada dá certo para mim", que as boas oportunidades nunca virão, não terá mesmo nenhuma chance. Menosprezou sua força, estabeleceu o objetivo do fracasso e é só o que vai conseguir com certeza. Sem vontade própria, será como uma folha arrastada pelo vento da vontade alheia, ignorada, pobre, insignificante e infeliz.

Para conseguir alguma coisa é preciso ter um objetivo claro. Como obter se não sabe o que quer? O primeiro passo é estabelecer suas prioridades. Fazer uma lista do que gostaria de ter e escolher o que é mais importante agora.

Depois que fizer isso, precisa analisar se o que deseja é viável. Como vai saber? É simples. Tudo que espera que os outros façam não é confiável. Como pode saber o que eles farão? Se tem problemas familiares e pretende que eles mudem para que esses problemas acabem, nunca conseguirá. Aquele marido alcoólatra, mulherengo, jogador, leviano e irresponsável, é como é e só vai mudar quando quiser. É você quem deve decidir se deseja continuar suportando essa situação e nesse caso terá que aceitar as coisas do jeito que são ou virar a mesa, livrar-se definitivamente, procurando uma vida melhor. Querer que os outros mudem, tornar a própria vida infeliz porque eles decidiram se auto-arruinar é uma loucura que vai fazer duas infelicidades ao invés de uma.

Claro que você gostaria que seu filho criasse juízo ou seu marido fosse diferente, mas se eles escolheram outro caminho, o melhor que tem a fazer é preservar seu próprio equilíbrio, até porque se estiver bem terá mais condições de ajudar quando eles precisarem. O que não pode é destruir sua alegria, sua vida, para arruinar-se junto com eles na ilusão de que assim poderá "salvá-los".

Esse é um objetivo inútil, que nunca alcançará. Portanto, tenha coragem e resolva o que deseja fazer. A partir daí, cuide de si mesma buscando outros pontos de interesse, fazendo um curso, aprendendo uma profissão, realizando algo que deixou de lado quando se casou, ocupando-se em melhorar seu nível de conhecimentos. Seu espírito precisa de alimento. Não importa se faz muito tempo que abandonou os estudos nem a idade que tem. Sua vida não acabou porque você tem cinqüenta ou sessenta anos. Fazer uma coisa nova é gratificante em qualquer idade.

Outra ilusão é pensar que sua prosperidade depende da decisão dos outros. Aí você vai perguntar: "Como comprar um apartamento, trocar de carro, etc., se não tenho dinheiro?" "Como arranjar um emprego, cursar faculdade, ter um namorado? Eu quero mas não vem!"

Eis uma boa dica: Você sabia que é filha de Deus e que ele é o dono de tudo? É rico, generoso e destina a cada pessoa por direito larga cota de felicidade e riqueza. Você quer comprar coisas e não tem dinheiro? Esse é mero detalhe que Deus vai resolver, já que você é rica por direito divino.

Tenha o objetivo claro. Visualize o apartamento, o carro, imagine que já alcançou o que deseja. Recorte de uma revista o objeto de seus sonhos e coloque-o onde possa vê-lo com freqüência. Sinta como se já estivesse usufruindo dele e dê graças a Deus todos os dias por tê-lo obtido. Se demorar um pouco não desista. Deus tem seus próprios meios, confie e verá!

Além do entusiasmo, da visualização do objetivo, da ligação com a essência divina, você precisará fazer espaço para que o novo aconteça. De que forma? Jogue fora ou distribua tudo que não usa ou não serve mais. Faça os bens circular. Agradeça, valorize e use tudo que tem. Experimente. Só você pode fazer deste um ano mais feliz!

Você pode conseguir tudo que deseja desde que descubra como. A vida é um jogo que precisamos aprender a jogar!

A dor da separação!

No primeiro dia deste ano recebi um telefonema de uma mulher angustiada:

— Meu marido morreu há três meses e estou sofrendo muito! Gostaria de receber uma mensagem dele! Você poderia fazer isso por mim?

— Gostaria de poder atendê-la, mas esse correio só funciona de lá para cá. Não evoco nenhum espírito desencarnado, são eles que comparecem espontaneamente escrevendo romances, contos. Raramente particularizam.

Notei o tom de decepção com que ela agradeceu e depois que desliguei o telefone pensei na dor dos que ainda não descobriram uma forma mais natural de lidar com a perda dos entes queridos.

A incerteza da sobrevivência após a morte bate duro nos sentimentos dos que ficaram. Quanto maior o apego, mais dor. Quanto menos fé, mais revolta. Quanto mais materialismo, mais depressão!

Entretanto a morte faz parte da vida e a vida é manifestação divina de perfeição e bondade. Deus sempre faz o melhor. Logo, a morte só pode ser um bem que em nossos acanhados limites de percepção ainda não conseguimos avaliar. Negar isso seria negar o amor divino e reduzir o Criador a um Deus vingador, cruel e injusto.

Estudar e compreender o processo da evolução pode nos ajudar a perceber como a vida funciona, seus objetivos fundamentais e os valores imprescindíveis para conseguir obter uma reencarnação longa e proveitosa neste mundo, usufruindo de saúde física e mental, dentro de nosso nível espiritual.

Você reencarnou na Terra com a finalidade de aprender a disciplinar a mente. Aqui a atmosfera mais densa torna a ação mais lenta, possibilita um melhor controle de seus pensamentos e de suas atitudes, o que favorece a aprendizagem. Entre uma ação e a reação correspondente há um espaço de tempo. Durante esse espaço de tempo a vida bombardeia você com estímulos para que perceba seus enganos, interfira no processo melhorando seu desempenho. Vai criar situações, atrair pessoas, exibir fatos que possam despertar sua atenção para aquilo que você precisa aprender.

Não reparou que quando está vivenciando um problema as pessoas que cruzam seu caminho têm situações semelhantes?

A vida pretende conscientizar, não justiçar. Por isso, se você alarga sua consciência, assume atitudes mais adequadas, ela ignora as anteriores e responde de acordo com sua nova postura. Tudo que lhe acontece é reflexo do que você acredita.

Dessa forma podemos concluir que não existem vítimas. Apenas pessoas que não respondem a estímulos suaves. Estão tão fechadas dentro do contexto social, da lógica materialista, do racionalismo, que se negam a perceber o que a vida tenta lhes mostrar. Para elas, só um estímulo forte, dramático, poderá romper suas "defesas" derrubando as barricadas de sua ilusão.

O progresso é inevitável. Esgotadas todas as tentativas, chega um momento em que só a dor vai funcionar. As tragédias só acontecem a quem precisa delas para aprender.

Você é responsável por sua vida. Se estiver mais madura espiritualmente, vai desfrutar de uma existência saudável, proveitosa, útil e próspera. A vida continua depois da morte do corpo! Essa descoberta exaustivamente comprovada pelos espíritos está a sua disposição e lhe dará conforto, paz. A certeza de que não existem injustiças, de que tudo está certo como está, alivia, acalma.

Saber que o sofrimento que seu ente querido passou, a forma como morreu, representaram a única maneira de oferecer tanto a ele quanto aos que ficaram uma lição de renovação e progresso, restabelece a fé e o equilíbrio interior.

Você que chora a dor da perda reflita o quanto mudou com ela. Isso também aconteceu com quem partiu. Se duvida da continuidade da vida após a morte, procure estudar o assunto seriamente. A morte fecha um ciclo, inicia outro melhor! Despeça-se de quem se foi e siga adiante. A vida tem boas razões para separar vocês. Chorar, revoltar-se não vai mudar nada, só infelicitá-la ainda mais. Aproveite todas as lições de agora para que não precise passar por algo pior. A separação é temporária. Quando for oportuno, estarão juntos novamente. Até lá, dedique-se à sua renovação interior, valorize as coisas boas que já tem, cultive o otimismo, busque a paz. Confie! Dias melhores virão! Você ainda pode ser feliz!

A morte fecha um ciclo e inicia outro melhor. Aceitar o que não pode mudar traz calma e renovação.

Problemas de família!

Não há nada mais desagradável do que os problemas de família. Um grupo de pessoas que não se afinam e que se obrigam a viver juntas representa terrível jogo de autotortura. Tenho recebido inúmeras cartas de criaturas desesperadas com seu relacionamento familiar. Reclamam de seus familiares, alegam viver em um inferno, sendo perseguidas, agredidas, humilhadas, sem encontrar saída. Angustiadas, deprimidas, algumas chegam a mencionar o suicídio como solução. Recorreram a mim na esperança de uma orientação ou da ajuda dos espíritos desencarnados.

Se esse é seu caso, gostaria de perguntar: Por que é que você se submete? Por que se desvaloriza tanto a ponto de permitir essa tremenda invasão em sua vida? Quais as "vantagens" que vê em manter essa situação? Do que é que tem medo?

"Menina, você precisa obedecer aos mais velhos!"

"Mulher deve obedecer ao marido."

"É preciso honrar pai e mãe."

"Você não sabe fazer nada."

"A família é tudo."

"Se não fosse a família, você morreria de fome."

"É preciso ajudar os outros."

"O mundo é cruel e perigoso!"

Essas são algumas frases que aprendemos na primeira infância como fórmulas sagradas que "têm que" ser rigorosamente cumpridas. Elas criam bloqueios psicológicos limitando nosso desempenho.

Claro que as experiências dos mais velhos podem nos ser úteis, que a tolerância mútua ajuda um casal a viver melhor, que a família quando bem constituída representa precioso apoio. Mas quando isso não acontece, e as pessoas se revelam cruéis, déspotas e egoístas, não há nenhuma lei moral ou espiritual que nos obrigue a suportar uma convivência que, ao invés de nos elevar e tornar melhores, acirra nosso lado pior, destrói nossa alegria de viver, inutiliza nossas chances de desenvolvimento e de progresso.

Muitos alegam o "carma", dizendo que é preciso suportar tudo agora para libertar-se no futuro. Isso não é verdade. Não nesse nível. Quando sofremos limites físicos, quando temos um filho doente, incapacitado, estamos colhendo o resultado de nossas atitudes. Não é castigo, mas sim a vida querendo nos ensinar a disciplinar nossos impulsos e alargar nossa consciência. Esses fatos, se aceitos com amor, acabam por trazer luz, amadurecimento e progresso. Relacionamento familiar não está nesse caso.

Nos problemas de família, suas queixas, seu inconformismo, sua revolta só aumentam sua dor. Você pode ir ao psicólogo, eu posso orientar, os espíritos ajudar, mas nada vai funcionar se você não fizer sua parte. Só você pode mudar a situação.

Por que a vida colocou você nessa família? O que ela deseja que você aprenda com esse relacionamento doloroso? Tenho certeza de que não é a submissão. Ao contrário. Ela está provocando você para que desenvolva a própria força. Quanto mais submissa, mais os outros vão abusar até o dia em que, chegando a seu limite, você dê um basta e resolva libertar-se. De que forma? Enfrentando seus medos. Quando entender isso, tudo mudará.

Contemporizar não tem dado certo. Fazer a "heroína" que tudo suporta esperando o reconhecimento deles não funciona mesmo! Até quando vai se iludir? A suprema "vingança" de se suicidar ou de arranjar uma doença incurável para fazê-los sentir-se culpados só vai criar para você sofrimentos inúteis e evitáveis. Brigar aumentará os desentendimentos. Não é esse o caminho.

A única fórmula é tornar-se independente, assumir responsabilidade por sua vida. É se mudar, fazer seu próprio lar, do jeito que você acha que deve ser. Para isso precisa ganhar seu próprio dinheiro. Brigar com a família mas ser sustentada por ela é continuar na dependência. Tenho visto mulheres corajosas, com filhos menores, que deram um basta ao inferno de suas vidas conjugais sem medo de enfrentar o trabalho. Colocando os filhos em creches, criando fontes de renda dentro do próprio lar, fazendo doces, pratos congelados, etc., muitas obtiveram êxito nos negócios tornando-se empresárias de sucesso, educando bem os filhos mantendo um lar harmonioso, vivendo melhor.

O que você não pode é dizer-se incapaz, ficar se lamentando sem fazer nada e querer que tudo mude. Isso não existe. Deus ajuda a quem se ajuda. Se uma situação a incomoda, você não é obrigada a suportá-la. Pode enfrentá-la dando um basta e fazendo nova opção de vida. A felicidade tem um preço que precisa pagar para obter. Pense nisso. Mudar está ao alcance de sua mão. Basta querer.

Quanto mais submissa, mais os outros vão abusar até que você dê um basta, decida usar a própria força, enfrente seus medos e se posicione.

Problemas e soluções!

Muitas pessoas têm me escrito dizendo que este ou aquele artigo foi escrito para elas. Identificam-se, colecionam as matérias, grifam frases, maravilham-se com o fato de eu descrever exatamente o que elas sentem e o tipo de problema que estão enfrentando, e pedem que as ajude a encontrar solução.

Se em meus estudos analiso comportamentos e problemas, nunca deixo de sugerir uma solução que, se adotada, poderia modificar suas vidas. Entretanto, as resistências às mudanças são muito grandes. Quem está envolvido pelos problemas "parece" ignorar todas as alternativas que tenho sugerido, preferindo me escrever seus rosários de queixas, na ilusão de que eu possa fazer alguma coisa em seu favor. Quantas vezes terei de repetir que só você pode mudar sua vida? Claro que uma análise dos fatos sob a ótica emocional e espiritual eu posso fazer e até arriscar algumas idéias que poderiam ajudar, mas se você as ignora, não toma nenhuma delas e continua esperando que eu faça sua parte, nada vai conseguir.

O que você precisa é parar para pensar. Se conseguiu identificar-se com os problemas que tenho abordado, por que não aceita as sugestões de melhoria que tenho oferecido? Por que tenta repetir velhas atitudes que nunca deram certo e a mergulharam na confusão, no sofrimento?

Aí você vai dizer que tem tentado mas que não consegue. Todas as vezes que você diz "Não consigo" significa "Eu não quero", porque, quando você quer realmente, todos os obstáculos desaparecem. Já não lhe aconteceu isso antes?

Embora você diga querer, no fundo de seu coração existe uma barreira que não deseja transpor. Como tudo tem dois lados, apesar das queixas, quais as "vantagens" que você "acha" que tem em manter as coisas como estão?

Atrás dessa aparente falta de coragem para tomar certas atitudes que viriam a mudar sua vida estão alguns desejos inconfessados para os quais você tem receio de olhar. O fazer-se de vítima, de coitada, atrai apoio e simpatia. Em nossa sociedade todo mundo gosta de "proteger os fracos contra os fortes". Facilita também a manipulação das pessoas, principalmente da família, que acabam fazendo tudo do jeitinho que você quer. Quando você demonstra fraqueza, as pessoas além de não temer nenhuma concorrência ainda desejam protegê-la, o que não acontece quando você está de posse de toda sua força. Nesse caso ao invés de simpatia você desperta cobiça e inveja. Os vencedores têm grande número de pessoas à espreita de qualquer falha para derrubá-los.

Mas o fazer-se de vítima tem um preço demasiado alto que não vale a pena pagar: atrai cada vez mais problemas. É que a vida a está pressionando para ver até quando você agüenta. Por isso, permanecer nessa postura é ficar pior a cada dia. O que ela quer é que você tome coragem e assuma responsabilidade por sua vida. Quando fizer isso, tudo ficará mais claro e fácil.

Assumir sua vida significa conhecer-se melhor intimamente e confiar em seus próprios sentimentos. O problema é que você não confia. Julga-se incapaz de realizar qualquer coisa, prefere apoiar-se nos outros, principalmente se eles aparentam equilíbrio e segurança. Esse é o caminho mais curto para a frustração. Acabará descobrindo que eles também erram.

Você se limita e constrange pensando que se liberar o que sente fará loucuras e poderá se perder. Essa é uma tremenda ilusão. Dentro de você há uma alma que quer o melhor e que naturalmente possui o bom senso. Ela sempre "sabe" o que quer e o que precisa no momento. Ouvi-la é desenvolver a intuição. A intuição é a mais perfeita forma de conhecer a verdade. Quando você a contraria, sempre acaba se machucando.

Você, que está tão insegura, talvez possa começar a reagir resolvendo não se queixar nunca mais, falando só do que já possui de bom. Ao mesmo tempo, em cada situação, por insignificante que seja, nunca responda sem antes se perguntar o que seu coração quer. Agir de acordo com ele vai lhe dar gostosa sensação de bem-estar e de segurança. Tenho certeza de que os fatos irão demonstrar-lhe que esse é o caminho melhor. Assim você irá confiando mais em suas escolhas, tornando-se mais segura, e o resto virá naturalmente. Sua percepção se tornará mais clara, suas atitudes mais verdadeiras. Mais uma vez estou sugerindo algumas soluções. Você vai experimentar?

Identificar problemas sem
boa vontade para tentar experimentar
algumas soluções não muda nada.

Terremoto é punição?

A tragédia do terremoto no Japão nos impressiona e comove. Milhares de pessoas desencarnaram compulsoriamente enquanto dormiam, sem que pudessem se defender. Enquanto a solidariedade de muitos faz o que pode para socorrer as vítimas, nos perguntamos por que estas coisas ocorrem.

Na tentativa de compreender, não podemos esquecer o fundamental: Deus não erra! Ele sempre faz o melhor! Duvidar de sua perfeição seria tirar-lhe as prerrogativas de infalibilidade, e nesse caso ele não seria mais Deus. Portanto, até um terremoto como esse deve ter uma utilidade espiritual, cujos valores, embora estejam acima de nossa compreensão, representam uma conquista mais importante para os envolvidos do que seria a simples continuidade normal de suas vidas no dia-a-dia.

O que aconteceu com as pessoas que passaram por um processo como esse?

O que mudou em sua forma de ver a vida?

Em sua escala de valores, quais se tornaram prioritários? Ninguém sai incólume de uma experiência dessas.

Os técnicos admitem os abalos sísmicos como naturais em nosso planeta, já os espíritos desencarnados alegam que é dessa forma que o universo restabelece o equilíbrio energético da Terra, e "queima" os excessos de energias negativas emitidas pela humanidade.

A Terra é um planeta vivo comandado e disciplinado por energias ainda pouco conhecidas pelo homem. A gravidade, a eletricidade, o átomo, os raios e tantos outros elementos que nós já utilizamos mas não conhecemos a origem são fatores importantes na manutenção da vida e das formas no planeta. Quando sua composição se altera, aparecem doenças, epidemias, pragas e dificuldades. Por isso, preservá-las é preservar a vida.

Ignorando a importância de utilizar os recursos naturais sem ferir a estrutura básica fundamental, o homem muitas vezes invade esses redutos comprometendo o equilíbrio do mundo. Além disso, o acúmulo de pensamentos negativos, de crenças de violência, de crueldade, de ódio, de desonestidade geram blocos energéticos tão pesados na atmosfera que as desgraças, as guerras, as epidemias, a miséria e a fome tornam-se constantes.

Para "limpar" essas energias, as tempestades, os raios, os maremotos e tufões são acionados. É fácil notar como o ar fica leve depois de uma tempestade ou de um tufão, embora eles possam em sua força destruir por onde passem. É que certas energias precisam ser direcionadas para a matéria para explodir e serem eliminadas. Entretanto, nem sempre isso é suficiente. Por vezes o acúmulo desses blocos é tanto e tão urgente que é preciso varrer a face do planeta para restabelecer o equilíbrio quebrado, queimar os miasmas e as formas-pensamentos materializadas pelas pessoas.

Há quem diga que os envolvidos em uma tragédia coletiva estariam "pagando" o que fizeram em outra encarnação. Eu não creio nisso. A vida não pune, educa.

Para isso, reúne nesses acontecimentos pessoas que precisam dessa experiência para dar um passo à frente em sua evolução. Tanto os que morrem como os que ficam quebram barreiras, reavaliam valores, destroem ilusões. Ninguém é o mesmo depois disso.

É uma experiência dolorosa? Não nego, mas quantas vezes uma pessoa se submete a uma cirurgia traumática na tentativa de libertar-se do mal que a infelicita? Além disso, embora o quadro da tragédia seja terrível a nossos olhos, será que essas pessoas surpreendidas durante o sono tiveram morte dolorosa? Não podemos nos esquecer de que a vida continua após a morte e elas podem ter passado para a outra dimensão sem dor. Seu sofrimento vai depender da aceitação que t verem do fato. Quando dramáticas, as pessoas sofrem mais.

Aliviar a dor, ajudar as vítimas é boa opção. Contudo, contribuir para a melhoria do planeta é ainda melhor. Respeitar a vida, cooperar com a natureza é fundamental. Lembre-se de que seus pensamentos geram energias e elas atuam no equilíbrio do universo. Que tipo de pensamentos você tem? Que energias tem derramado à sua volta? Nas formas-pensamentos queimadas no Japão haveria um pouco de sua energia ou da minha? Pensando nisso renovei meu propósito de ficar atenta e pensar só no bem. Não será uma forma de diminuirmos esses acontecimentos? Pense nisso e não deixe de cooperar.

O sofrimento de quem morre
depende de como ele reage a esse fato.
Quem dramatiza sofre mais.

Muleta espiritual!

Dias atrás liguei a televisão e casualmente assisti à entrevista de uma moça que afirmava ter freqüentado um Centro Espírita e feito treinamento de psicografia. Descrevia o processo e ao final confessava ter desistido, uma vez que fazendo isso continuara infeliz e cheia de problemas, até que freqüentando determinada igreja finalmente encontrara o remédio para todos os seus males.

Fiquei pensando como as pessoas se equivocam no trato com os fenômenos espirituais. A maioria pretende "negociar" com Deus, realizando uma troca vantajosa para ambas as partes. Eu "trabalho" para você mas você tem que tirar todas as pedras de meu caminho. Se não fizer isso, eu largo tudo!

Da mesma forma que uma criança mimada chantageia os pais, os amigos, dizendo "eu não brinco mais", as pessoas buscam vantagens onde possam usufruir dos benefícios pela lei do menor esforço. Afinal, para que serviria um Deus que não estivesse disposto a fazer tudo que elas necessitassem?

É dessa forma que a maioria procura ajuda nas igrejas, nos Centros Espíritas e nos terreiros de umbanda. E se a princípio, impressionados com o que sentem ou presenciam nesses lugares, acreditam que todos seus problemas emocionais e espirituais já estão resolvidos apenas por estarem ali, tempos depois acabarão descobrindo que isso não era verdade. Os problemas vão reaparecer mais vivos do que antes, levando-os à desilusão e à descrença.

— Como aconteceu isso comigo?!! Eu estou a serviço de Deus! Dedicando-me a ajudar os outros, trabalhando como voluntária, socorrendo quem sofre! Rezando todos os dias. Estou revoltada, isso não é justo! Vou desistir!

Frases assim são comuns e revelam o completo desconhecimento de como funcionam as leis universais. É preciso entender que rezar, freqüentar um lugar de oração, fazer o bem aos outros vai atrair boas energias, muitos amigos, oportunidades de progresso, mas só isso. Sua felicidade é conquista interior que só você pode alcançar. Ninguém, por mais que queira ajudá-la, vai poder fazer a parte que lhe cabe nesse processo.

É a experiência que amadurece. O ingênuo está sujeito a toda série de enganos. Os problemas são como quebra-cabeças pressionando a pessoa a encontrar soluções. Assim ela vai desenvolvendo seus potenciais. Nada substitui a vivência. Sem ela ninguém poderá evoluir. É o sentir que desenvolve o senso de realidade e alarga a consciência. E o desenvolvimento da consciência é o objetivo maior da vida.

Quanto mais depressa você enfrentar seus pontos fracos e perceber que tem poder bastante para vencê-los, menos desilusões terá. Acreditar que os outros podem fazer sua parte é um engano que além de retardar a conquista de sua harmonia interior só lhe trará sofrimentos. Felizmente muitas pessoas já descobriram isso e os livros de autoajuda estão sendo muito procurados.

Claro que a freqüência a um lugar de oração onde você possa expressar sua fé alimenta e ajuda. Se você é médium e pode sentir, manter um relacionamento com seres das outras dimensões, vai aprender preciosas lições espirituais, melhorar seu desempenho como pessoa, compreender melhor as dificuldades de cada um, relacionar-se com o mundo da energia, aprendendo a manipulá-las, o que certamente vai dar-lhe melhores oportunidades na vida.

Mas o aproveitamento de tudo isso só vai acontecer se você se posicionar de forma adequada, não fazendo de sua fé uma muleta para continuar pendurada no comodismo, pretendendo que os outros cuidem daquilo que é de sua exclusiva responsabilidade.

Por isso, você que por achar que tem fé se acredita imune aos problemas do dia-a-dia, não perca tempo. Faça um reconhecimento interior. Sente-se feliz e em paz? Se alguma coisa a infelicita, procure perceber como você está atraindo isso em sua vida. Acha que não foi você quem atraiu essa situação? Eu afirmo que está enganada. Tudo que lhe acontece é resultado de suas atitudes. Se algo a incomoda, precisa identificar sua atitude causadora e modificá-la. É a única maneira de resolver seus problemas. O resto é ilusão, perda de tempo. Nem Deus vai modificar isso, já que foi ele quem fez as coisas do jeito que são. Agora, se estiver disposta a fazer sua parte, então ele com certeza vai dar-lhe a maior força. Mas a decisão, a escolha, é sua. Não acha que vale a pena tentar?

A conquista de sua felicidade é um trabalho seu. Deus só ajuda nesse processo quando você faz sua parte.

Não perca mais tempo!

Várias vezes tenho falado aqui sobre a morte dos entes queridos. A dor da perda é para muitos difícil de superar. Embora a morte faça parte da vida como uma realidade da qual todos estamos sujeitos, a falta de conhecimento da espiritualidade, a incerteza da sobrevivência e a fantasia têm vestido esse acontecimento de tragédia, levando pessoas ao desespero.

À primeira vista pode nos parecer que os mais revoltados sejam aqueles que deparam com a morte inesperada de pessoas queridas em acidentes ou com pouca idade. Entretanto não é isso o que acontece.

Dias atrás fui procurada por uma pessoa aflita pedindo aos espíritos a cura de sua avó de 94 anos, que estava mal no hospital, dizendo não poder viver sem ela! Esses casos são comuns.

Enquanto alguns que choram a morte de crianças ou de pessoas mais novas compreendem, aceitam o que não podem mudar, outros se agarram aos que amam, ignorando o que seria melhor para eles, pretendendo a todo custo manter aquele espírito preso a um corpo envelhecido e doente que não tem mais condições de viver. A vida age de maneira certa e quando chega a hora é preciso compreender, deixar ir, mesmo contra nossa vontade.

O verdadeiro amor não é egoísta. Embora a presença da pessoa amada seja desejável, sua ausência não impede que o sentimento de amor continue fluindo, dando a quem o sente bem-estar, compaixão, vontade de contribuir para que o ser amado esteja bem, onde estiver. Quem se revolta, quem não aceita o que foi determinado pela vida, é porque não deseja perder a muleta. Sim. O apego é uma muleta que muitos chamam de amor mas é apenas o medo de ter que assumir responsabilidade por si. A insegurança e a idéia de que é fraca e incapaz gera o inconformismo diante da perda de entes queridos, estabelecendo a revolta, a descrença, a mágoa exagerada que pode vir a inutilizar todas as oportunidades de progresso nesta vida e infelicitar outros membros da família.

Uma leitora me escreveu contando que é viúva há nove anos, e até agora está em crise pela morte do marido, inconformada e chorando muito, com dificuldade de levar sua vida adiante. Depois de muitas queixas relatou o seguinte:

"Uma noite, dois anos atrás, quando em meu quarto eu chorava desesperada, vi meu marido aparecer acompanhado por uma senhora. Emocionada, chorei ainda mais.

"— Se continuar chorando, vou embora — disse ele.

"Então eu gritei toda minha revolta pedindo para ir com ele, já que não suportava mais criar os três filhos sozinha. Emocionado, ele não conseguiu falar. Pegou um papel e escreveu a palavra *amor*. Então a senhora que o acompanhava me disse:

"— Você está fazendo mal a ele. Se continuar, vou levá-lo embora, pois ele fez um esforço muito grande para estar aqui.

"Mas eu continuei a gritar e ele triste falou:

"— Você tem que me guardar em seu coração.

"Depois colocou sua mão em meu peito e eu senti frio. Com meus gritos, meus filhos vieram e disseram que fora um presente, já que era o dia do meu aniversário."

O que lhe aconteceu seria uma graça para muitas pessoas, mas apesar de todo esforço dele em confortá-la, você não o atendeu. Continua desesperada, chorosa. Já se perguntou como estará ele? Que sentimentos guardará em seu coração? Tendo uma nova vida pela frente, como enfrentar os novos desafios sendo chamado insistentemente na retaguarda? Quem parte tem outras tarefas a realizar no outro mundo. Ele deu provas de que se preocupa com sua felicidade. E você? Por que não assume aqui a parte que lhe cabe agora e insiste em perturbá-lo? Não percebe que é inútil? Está na hora de compreender o quanto tem agravado seus problemas com essa atitude.

Seus filhos merecem um lar alegre e harmonioso. Precisam de motivação e entusiasmo para viver melhor. Enquanto você chora um passado que não volta mais, deixa de usufruir o amor, as alegrias e as compensações que eles podem lhe dar. Prove que ama sua família fazendo-os viver em um lugar feliz. Você pode e é capaz. Se Deus tirou sua muleta, é porque você já tem condições de viver sem ela. Deixe de bater o pé como uma criança mimada porque não lhe dão o que quer. O tempo passa depressa. Quando acordar para a felicidade, pode ser tarde demais. Esqueça o passado e faça de seu presente um momento bom. Um dia descobrirá que tudo sempre esteve e está certo como está.

Aceitar o que não pode modificar
acalma e permite encontrar novos caminhos
de progresso e felicidade.

Reciclando energias!

Estamos começando a descobrir o mundo energético. É verdade que os antigos já falavam em múltiplas energias, e os chineses há muito trabalham com elas. Agora no Ocidente, está havendo muita curiosidade em torno do assunto, com pesquisas e interesse cada vez maiores à medida que vão se comprovando sua existência e como elas atuam em nossas vidas.

Somos um ser essencialmente energético. O sopro da vida depende das várias energias universais e os ciclos de renascimento e morte são acionados através delas. Embora possamos estudá-las e senti-las, ainda não podemos controlá-las por desconhecer as leis da física a que estão sujeitas.

A ciência estuda a cada dia, os raios-X, o laser, o ultravioleta e outros, mas ainda engatinha presa às regras convencionais que podem ter sido adequadas para determinados fenômenos mas são insuficientes para detectar claramente certas sutilezas do mundo das energias.

Contudo, nosso corpo astral, mais familiarizado com elas, porque quando não está encarnado na Terra vive em outras dimensões onde elas são mais conhecidas, consegue registrá-las. Os médiuns que dão passes as sentem sair em profusão através das mãos, da sola dos pés e de outras partes do corpo, percebendo os vários tipos que circulam através deles.

Embora a doação de energias possa ser voluntária, e o médium possa visualizar a energia que ele quer para obtê-la, o processo vai muito além, frente à rapidez com que acontece e às necessidades tanto de quem as dá como de quem as recebe.

A bioenergética já ensina que para uma saúde perfeita é preciso que nossas energias estejam harmoniosamente balanceadas. A massagem, a acupuntura, a aromaterapia, etc. são meios utilizados para restabelecer esse equilíbrio.

A água, os alimentos, a respiração contribuem para isso, mas as crenças, as atitudes e os pensamentos é que vão determinar nosso metabolismo, bem como a quantidade e a qualidade das energias que vamos atrair, misturar e passar a emitir.

Muito embora haja quem diga que não sente nada, todos de uma forma ou de outra trabalham com as energias e são sensíveis a elas. Por terem medo do que não compreendem, preferem atribuir certos fatos de seu dia-a-dia provocados por elas a conceitos materialistas, procurando justificá-las com causas comuns.

Dias atrás uma pessoa reclamava de seu chefe dizendo que ele era injusto. Muito bom com certos funcionários, alguns dos quais deixavam a desejar como profissionais, enquanto era duro e exigente com outros mais dedicados e capazes.

Esse comportamento é comum e todos nós temos agido dessa forma, fazendo diferença no tratamento que damos às pessoas, sem nos perguntarmos por que tivemos essas atitudes.

Não percebemos que é a energia da pessoa que determina nosso comportamento com ela. A forma como a tratamos é provocada pela maneira como ela se vê. O teor de suas energias obedece ao que ela acredita ser, não ao que ela é ou gostaria de ser. Quem não se julga capaz faz tudo para encobrir esse sentimento, esforçando-se para sobressair, aparecer, fazer mais do que o comum. Mas suas energias expressam aquilo que ela intimamente pensa ser.

Por isso, se você pensa que é incapaz e errada, saiba que apesar de todos os subterfúgios usados para esconder o que julga ser sua realidade, suas energias transmitem esse sentimento. O mundo da energia é o mundo da verdade. De nada valem seus esforços para "disfarçar" o que pensa ser sua "inferioridade", porque suas energias farão com que os outros a vejam como você se vê. Por mais que se sacrifique, se esforce, se dedique, enquanto continuar se vendo como incapaz, é assim que os outros julgarão você. Se emite energias de fracasso e de incapacidade, instintivamente as pessoas irão rejeitá-la.

É só emitindo energias positivas que você receberá a consideração dos outros. E para isso basta mudar o conceito que faz de si mesma. Deixe de lado o negativismo. Perceba suas qualidades! Olhe seu lado bom! Você pode progredir, aprender tudo que quiser. Não há limites em sua vida, além daqueles que você impõe! Acreditando em sua capacidade, atrairá oportunidades novas. Sendo mais verdadeira, terá amizades sinceras, consideração e amor. Olhe-se com bons olhos, pense no bem e deixe fluir. O resto é conseqüência!

O teor de suas energias obedece
ao que você acredita ser e
não ao que você gostaria de ser.

Solidão, nunca mais!

Solidão é um estado de alma. Um vazio interior que nos obriga a uma busca constante na tentativa de preenchê-lo. Fazemos amigos, freqüentamos grupos sociais, estabelecemos uma família, mas apesar disso esse sentimento desagradável continua nos infelicitando, impedindo nossa paz, impulsionando-nos a continuar a busca, aumentando a sensação de fracasso, trazendo ansiedade.

As queixas são muitas: "Sou casada, tenho tudo, marido bom, filhos saudáveis, entretanto não sei por que me sinto infeliz, vivo deprimida, não sinto alegria de viver!" "Não tenho sorte no amor. Meus relacionamentos não dão certo. Gostaria de me casar, ter filhos!" "Não encontrei ninguém que me amasse, minha família não liga para mim, não tenho amigos, sou triste e só." "Meus pais são carinhosos, tenho tudo que uma moça pode desejar, mas vivo infeliz, sem prazer e alegria."

Você sofre de solidão? Sente-se só mesmo quando está em uma festa rodeada de amigos ou vive com sua família? Quando isso acontece, o que você faz: chora, se queixa, se revolta, se julga marginalizada, incapaz e fraca?

Ou você é daquelas que diz: "Eu reajo, não me deixo abater. Vou à luta. Me ocupo, trabalho, não deixo tempo para pensar. Solidão é falta do que fazer!"

Entretanto, tanto a revolta, a depressão, como a "fuga" ilusória dando um mergulho na agitação, trabalhando ou se aturdindo com festas e reuniões em demasia, só pioram a situação. Em ambos os casos a solução não foi encontrada e o vazio interior continuará mais forte do que nunca.

Por causa das energias desagradáveis que emitem, os revoltados e deprimidos acabam perdendo as companhias que mais queriam. Pela mesma razão os agitados metem os pés pelas mãos envolvendo-se em confusões desnecessárias, atraindo pessoas perturbadas em seus relacionamentos, envolvendo-se em obrigações familiares que não são de sua responsabilidade, arranjando mais problemas.

E dessa forma a busca continua, o sentimento de solidão aumenta e torna-se terrível nas pessoas mais velhas.

Aquela desculpa de pensar que "eu serei feliz quando tiver ou fizer isto ou aquilo" ou "se acontecer o que eu espero" deixa de funcionar para quem já criou os filhos, aposentou-se ou não acha mais possível realizar os sonhos que alimentou durante toda a vida. A sensação de incapacidade sufoca e a possibilidade da morte corta qualquer motivação.

Seja qual for sua idade ou a forma como você enfrenta seu sentimento de solidão, é preciso perceber que você não tem conseguido libertar-se dele porque acredita que ele seja provocado pelos acontecimentos ou pelas pessoas com as quais convive. Isso não é verdade. É seu estado interior de insatisfação que cria o vazio que a infelicita. Por mais que você busque fora, não vai conseguir modificar um sentimento que é uma necessidade de seu espírito.

A solidão, o vazio, é a falta de alimento espiritual de sua alma. Não estou falando das religiões, cujas regras exteriores não falam ao coração. Mas da separação entre o homem e Deus criada pela sociedade. A inversão de valores é tanta que as pessoas perderam a capacidade de alimentar seus espíritos através da ligação energética com as forças da natureza.

O corpo de carne passou a ser um objeto, conservado e adornado como única manifestação da vida. O corpo astral, agasalho da alma mesmo após a morte, está em completo abandono, ignorado pela maioria, recebendo energias negativas cultivadas e alimentadas pelo próprio espírito que o habita.

Não importa a idade nem a situação em que você está. Sua alma precisa das energias superiores. Comece eliminando a queixa e dando um tempo para sentir as energias que passam através de você. Descubra que pensamentos lhe causam bem-estar.

É gratificante que os outros lhe dêem amor. Mas é só o amor que você sente que preenche seu vazio interior. Por isso, aprenda a amar incondicionalmente a tudo e a todos. Abra seu coração para a inspiração divina. Você é um ser espiritual! Nada existe fora de Deus e ele também está dentro de você. Ligando-se com ele, sua alma estará alimentada, você se sentirá serena e feliz. Suas energias serão tão atraentes que todas as pessoas terão prazer em ficar a seu lado. Solidão, nunca mais!

Solidão é a distância que você está de sua essência interior. Descubra sua verdadeira natureza e preencha o vazio de seu coração.

Sonhos e premonições!

"Sonhei com uma senhora preta e velha que me avisou de um acidente que ia acontecer. No dia seguinte aconteceu. Outra vez ela me disse que a cunhada de meu primo estava com câncer no seio. Dias depois os exames médicos constataram que era verdade.

"Uma noite sonhei que estava andando por uma rua e entrei por uma porta. Chegando dentro da casa, era um Centro Espírita e conversei com o chefe.

"No dia seguinte estava andando sem rumo e avistei a porta de meu sonho, deu vontade de entrar. Entrei e era o Centro Espírita tudo igual a meu sonho e até o chefe veio falar comigo. Sou uma pessoa que sonha muito. Tem fases que os sonhos são bem claros. Tenho muitas dúvidas e gostaria que me esclarecesse."

Você tem mediunidade de premonição.

À noite, enquanto seu corpo dorme e refaz suas energias, seu espírito utilizando o corpo astral visita outras dimensões, encontrando-se com espíritos desencarnados, trocando idéias com eles e conhecendo fatos que vão acontecer.

Como eles sabem disso? Utilizando a lei das probabilidades. Quando você age, toma uma atitude, emite a energia que você criou com ela. Essa energia, lançada no universo, interage no processo bioenergético das forças da vida obedecendo a um ciclo próprio. Quando esse ciclo se completa, essas energias retornam a você, trazendo os resultados relativos àquela ação. Experimentando-os você aprenderá como a vida funciona. Quanto mais você aprender isso, melhor será seu desempenho e mais harmoniosa sua vida.

Certos espíritos desencarnados, estudando o teor das energias de cada um e mesmo observando a aura, onde o padrão de pensamentos das pessoas aparece claramente, conhecendo profundamente as leis cósmicas, podem prever acontecimentos futuros.

Por que eles em alguns casos mostram esses fatos aos encarnados? Por vários motivos.

Quando é o próprio interessado que tem a premonição, é que eles estão fazendo uma tentativa para que ele perceba o risco que está correndo. Eles sabem que se a pessoa modificar suas atitudes terá possibilidade de evitar que o fato ruim se concretize.

Como?!! Então o resultado de uma ação pode ser modificado? Você não diz sempre que "quem planta colhe"?

Ocorre que Deus é amor. Não castiga, ensina. Quando você muda seu padrão de pensamentos, melhorando-os, tendo atitudes mais positivas, passa a emitir energias diferentes das que emitiu no passado. O tempo que decorre entre uma atitude e o retorno das energias dela existe justamente para permitir que você possa aprender, modificar suas crenças.

Se fizer isso, quando o ciclo energético voltar, você vai assimilar apenas as energias que se identificarem com seu padrão atual. Quanto maior a mudança para melhor, menos energias desagradáveis você vai absorver. Por isso, se teve uma premonição ruim, comece a se perguntar o que a vida pretende lhe ensinar com ela. Conseguindo isso, poderá identificar que atitudes suas a determinaram e, modificando-as, conseguirá que esse fato não aconteça.

Quando a premonição ruim ocorre com um médium, ele fica angustiado, desejando impedir os fatos de acontecer. Não vai conseguir. Contar aos envolvidos não vai ajudar. Eles não acreditam. Quando o fazem, ficam impressionados e temerosos. Afundam mais no pessimismo, apressando o que desejam evitar. O melhor será calar, enviando-lhes energias harmoniosas de sustentação. O médium tem premonição só para fazer esse trabalho de apoio.

Você que me escreveu sabe que precisa freqüentar o Centro Espírita indicado pelos espíritos, estudar, colocar sua mediunidade a serviço da ajuda e do esclarecimento espiritual. Você tem condições de realizar um excelente trabalho. Recorda-se de seus encontros astrais com fidelidade, o que a maioria não consegue.

Unindo-se mais com os espíritos superiores através do trabalho desinteressado em favor do próximo, você harmonizará suas energias, aprenderá como viver melhor e certamente se livrará das energias negativas que o preocupam agora. Muitos são os chamados, poucos os escolhidos. Você está sendo chamado, torne-se um escolhido, sendo um canal efetivo do bem.

Quando tiver uma premonição ruim, não se angustie. Mande energias para que o fato não ocorra. Essa é sua parte. Os resultados pertencem a Deus.

Como arranjar problemas em sua vida!

Eu tenho uma amiga "sofredora" inveterada. Tudo de ruim lhe acontece. Se há uma crise financeira no País, o marido dela é o primeiro que fica desempregado. Em qualquer epidemia a doença pega logo nela ou em alguém de sua família. Se um parente tem problemas, é com ela que vai desabafar e pedir ajuda. Na escola, seus filhos estão sempre se machucando ou se metendo em confusão. Os vizinhos vivem colocando lixo em sua calçada e ela já desistiu de reclamar porque eles negam e ela nunca descobre quem foi. Sua casa já foi roubada várias vezes, tanto que ela colocou grades de proteção em todas as janelas e fechaduras triplas nas portas externas.

Certa vez, para proteção, comprou um cachorro bravo. Ele gostava de escapar sorrateiramente, morder as pessoas, e lhe arranjou muitas brigas, inclusive uma queixa na delegacia do bairro que lhe custou uma indenização tão alta que ela — depois de brigar com os filhos que sempre soltavam o cachorro, com o marido porque não sabia como arranjar o dinheiro — teve que vender sua corrente de ouro, que era herança de família, para pagá-la. Deu o animal para alguém, pretende colocar um alarme na casa, mas precisa esperar arranjar o dinheiro, sempre escasso.

Enquanto isso, fecha tudo muito bem ao se deitar, mas não dorme tranqüila porque sonha quase todas as noites que há alguém querendo entrar e ela vê que há alguma janela aberta. Tenta fechá-la mas não consegue. Acorda angustiada e aflita.

Quando gosta muito de um vaso, uma louça ou qualquer objeto de uso pessoal, ele se quebra. Quando está assistindo a um filme ou a um capítulo de novela na televisão, com prazer e muito interesse, a campainha da porta ou o telefone tocam exatamente na hora do desfecho da história. Mesmo que outra pessoa atenda, o chamado é para ela. É alguém que quer desabafar e se demora contando problemas. Quando volta, o programa já acabou.

Assim, ela está constantemente estressada, nervosa. Mas como acha que uma boa dona de casa tem que ser eficiente e não pode demonstrar fraqueza, não reclama, vai resistindo heroicamente, mantendo as aparências. Ela é capaz de fazer bem seu papel. Sempre "sabe" como ajudar os outros, sendo aquela conselheira útil e eficiente, que tem soluções para todos os casos. Afinal, é uma mulher bem informada. Lê, nos jornais e revistas que lhe caem nas mãos, todos os conselhos sobre psicologia, saúde, beleza, vida conjugal, numerologia, tarô, ioga, pirâmides, cristais, homeopatia, acupuntura. Uma vez, quando foi ao Centro Espírita, lhe disseram que era médium. Ela "sente" os problemas dos outros como se fossem seus. Por isso, nunca diz *não* a ninguém que lhe peça ajuda.

Aí você vai perguntar:

— Você diz que cada um pode mudar sua vida para melhor. Por que não a ensina como?

— Primeiro porque ela nunca pediu. Nesse caso eu estaria me intrometendo em sua vida. Depois, eu confesso ter ensaiado algumas tímidas tentativas de esclarecimento, que foram inúteis. Ela acha que sabe tudo e não ouve nada que você queira dizer. Em nossas conversas ela ouve só a si mesma. Enquanto estou falando, ela está só pensando no que vai dizer para confirmar o que ela já tinha dito. Entendeu?

Quando a encontro, não faço outra coisa senão escutar e fazer o possível para não entrar nos problemas dela. Porque se eu achar que tenho de ajudá-la e quiser encontrar soluções para ela, certamente atrairei para mim suas energias e sairei dali "carregada" com elas.

— Não é missão dos médiuns ajudar o próximo? — você vai dizer.

Pode ser, mas para isso é preciso saber como.

Envolver-me com problemas que não são meus, assumir energias pesadas, que vão afetar o ambiente de meu lar, destruir a harmonia de minha vida, além de não ajudar ninguém, é a maneira mais fácil de arranjar problemas. Não é isso o que minha amiga está fazendo? Se eu quiser parecer uma supermulher, maravilhosa, sábia, capaz de resolver os problemas do mundo, em pouco tempo minha vida estará igualzinha à dela.

Assumir a própria vida cuidando primeiro de si, conhecendo os próprios limites, deixar de lado os papéis sociais, é sábio e produtivo. Quando você está bem, fica mais fácil saber quando e como ajudar. Quando sente que não pode fazer nada, é melhor entregar o caso nas mãos de Deus, que pode tudo, e ficar em paz! Eu faço isso!

*A modéstia permite que você enxergue
os próprios limites, cuide mais de si e entregue
os problemas dos outros nas mãos de Deus.*

Tempos modernos!

Quando assumi minha mediunidade, anos atrás, foi um ato de coragem. Havia tantos preconceitos, tanto deboche, perseguição religiosa, que a maioria das pessoas que passavam por experiências mediúnicas não contavam a ninguém.

O famoso médium Chico Xavier foi muito perseguido, e muitos descrentes, incomodados com as provas que ele oferecia de sua comunicação com os espíritos desencarnados, o desafiavam, na tentativa de desacreditá-lo perante a opinião pública.

Ainda muito jovem, tendo psicografado e publicado o livro *Parnaso de Além-Túmulo*, escrito por mais de quatrocentos poetas famosos, cada um em seu próprio estilo, deu provas inequívocas da sobrevivência do espírito após a morte. Com apenas dezessete anos, tendo cursado só o primário, ficou claro que ele não seria capaz de escrever aquele livro, um primor de literatura, reconhecido por críticos renomados da época como muito bom.

Como o caso despertou polêmica na imprensa, a revista *O Cruzeiro* contratou o repórter David Nasser e o fotógrafo Jean Mazon, que iniciavam carreira, para uma entrevista com o médium, devendo desmascará-lo publicamente. Materialistas, eles imaginavam que atrás daquele fato inusitado deveria haver uma fraude, que lhes competia descobrir e relatar.

Dispostos a conseguir o que pretendiam, ocultaram os verdadeiros objetivos daquela entrevista. Apresentaram-se na residência do médium na cidade de Pedro Leopoldo, em Minas Gerais, com nomes supostos. Foram recebidos com muito carinho por Chico, que nada recusou a eles, tendo se deixado fotografar em todas as posições que eles pediram.

Radiantes, antegozando já a matéria que pretendiam publicar ridicularizando o médium, eles se retiraram. Chico ao abraçá-los na despedida, ofereceu-lhes seus livros como lembrança. Quando David Nasser chegou em casa, contou à esposa que conseguira ludibriar o famoso médium, finalizando:

— Ele nem desconfiou. Se fosse bom mesmo, saberia que o estávamos enganando. Até nos presenteou com um livro!

Para seu espanto sua esposa, que apanhara o livro e o abrira, retorquiu surpresa:

— Vocês não o enganaram! Veja, aqui está escrito: "Ao amigo David Nasser..."

Pálido, ele apanhou o livro e assustado imediatamente ligou para Jean Mazon e constataram que também no livro dele o nome estava certo!

Apesar desse fato, a reportagem deprimente foi publicada, e somente vinte anos depois foi que o próprio David Nasser, tendo voltado muitas vezes a encontrar-se com o médium e tendo sempre recebido dele o maior carinho, teve coragem de divulgar esta história.

Embora algumas religiões ainda tentem assustar as pessoas dizendo que são os demônios que se comunicam com os médiuns, só convencem quem nunca sentiu os benefícios de uma ligação com os espíritos superiores.

As palavras podem iludir, mas as energias, não. Muitas são as pessoas que estão se beneficiando com esse contato. A sensação é tão prazerosa, vitalizante, agradável, que quem experimentou quer mais. E é por isso que hoje, no mundo inteiro, está havendo grande interesse pelos assuntos espirituais.

Os livros de auto-ajuda, as terapias especializadas, as religiões orientais que estudam os meridianos do corpo astral, o espiritismo, o esoterismo, a metafísica, estão sendo os mais procurados. Há um desejo enorme de aprender novas formas de viver, de jogar fora os velhos conceitos humanos que nunca deram certo e fizeram de nosso mundo um lugar de violência e dor.

Quem faz contato com os espíritos superiores descobre as belezas da espiritualidade e de seu mundo interior. A hora é agora e eu convido você a abrir as portas de sua alma e dar espaço a que essas presenças se manifestem. Nesse contato você se sentirá revigorada, lúcida. Encontrará a prosperidade e a paz que sempre quis. Desenvolverá seus potenciais de espírito eterno, unindo-se aos espíritos construtores da Nova Era, estará participando ativamente das mudanças energéticas do planeta, que já estão ocorrendo, e terá a alegria de contribuir para o progresso e o bem-estar de toda a humanidade. Você quer?

Quem faz contato com os espíritos superiores descobre a perfeição da vida e aprende a valorizar seu mundo interior.

Nós e o universo!

Neste universo infinito onde nosso modesto planeta representa um ponto diminuto, quantas coisas existem que os limites humanos não podem perceber?

Olhando o céu cheio de estrelas, quem de nós ainda não se perguntou o que haverá nesses astros distantes e misteriosos? Que seres os habitarão? Que tipo de sociedade, de moral, de vida, existirá?

Claro que eles são habitados. Negar isso seria reduzir o universo à diminuta dimensão que nosso pequeno planeta representa. Mas a curiosidade, o desejo de ir além das barreiras da Terra, tem fascinado muita gente, que tem fantasiado à vontade através da ficção científica, alguns até valendo-se das descrições de sensitivos que visitaram esses lugares ou mantiveram contato com seres extraterrestres fazendo descrições que podem assemelhar-se muito com a realidade. Contudo, quem de nós poderia saber?

Segundo informações dos espíritos desencarnados, o universo é formado de mundos que se interligam e se interpõem uns aos outros, influenciando-se energeticamente. Como não se misturam? Essas sociedades astrais mais próximas da crosta terrestre são habitadas por seres iguais a nós. Era lá que nós vivíamos antes de nascer aqui e é para lá que iremos depois da morte de nosso corpo de carne. Cada um para o lugar de origem. Aquele seu ente querido que morreu vive em um desses núcleos.

Claro que você gostaria de comunicar-se com ele, saber como está, ter certeza de que um dia voltarão a encontrar-se seja onde for. Isso não é tão fácil como pode parecer à primeira vista.

É que nós estamos todos disciplinados pela vida e contidos em uma freqüência própria que nos permite navegar apenas em determinada freqüência de sintonia. É assim que o Criador mantém a harmonia universal.

Você já pensou se nós tivéssemos condições de perceber todos esses seres que habitam as outras dimensões, enxergar as formas astrais que circulam a nosso redor, muitas das quais ingerimos pelo ar que respiramos ou absorvemos pela aura?

As formas-pensamentos que criamos constantemente e que nos incomodam a vida inteira, nos escravizando a hábitos infelizes ou a ilusões limitantes, nos apareceriam como monstros terríveis. Os que não se conformaram com a morte de seus entes queridos estariam evocando-os o tempo todo, tentando mantê-los por perto, prejudicando-os. Logo nosso mundo se transformaria em um hospício mais louco do que é.

Para preservar nosso relativo equilíbrio é que só conseguimos perceber o que nos ajuda a desenvolver nossos potenciais de espírito eterno. Quanto ao resto, está fora de nossa freqüência. À medida que amadurecemos e vamos tendo condições de perceber mais, essa freqüência vai se ampliando e a sintonia se modificando.

É por isso que muitas pessoas que desejam receber mensagens dos que morreram não conseguem. É que no momento esse contato não iria beneficiá-los. Conhecendo nossa irreverência, a vida criou mais barreiras para um encarnado se comunicar com o além do que para os desencarnados. Eles podem circular em nosso redor, perceber o que acontece em nosso mundo, ler nossos pensamentos, nos inspirar e até comunicar-se, quando encontram médiuns.

Mas se eles têm essas vantagens, são muito mais controlados por seus superiores, que só permitem que interfiram na vida das pessoas encarnadas em determinadas condições.

Aí você vai perguntar:

— E os espíritos perturbadores? Por que lhes é permitido infelicitar as pessoas?

Esses são os rebeldes, agindo por conta própria. Qualquer espírito, depois da morte, tem ajuda dos espíritos benfeitores. Os que aceitam a orientação vão para lugares de refazimento. Além da disciplina do tratamento, precisam obedecer a orientação superior.

Os que não aceitam, ficam livres para aprender por si mesmos. Podem perturbar quem se afine com sua sintonia, mas nesse caso ambos, envolvidos pelas cadeias de sofrimento que criaram, acabarão buscando a ajuda espiritual e desejando mudar. A presença dos espíritos perturbadores em sua vida é questão de sintonia. Se você não quer esse contato, é só alterar sua freqüência e mudar de estação. Você pode. Experimente e verá!

No movimento das energias astrais,
só conseguimos perceber as que nos ajudam a
desenvolver nosso potencial de espírito eterno.

O medo da morte!

Certa vez uma senhora me pediu que fosse visitar seu marido, que estava prestes a desencarnar. Idoso e desenganado pelos médicos, ele estava desesperado. Apesar dos calmantes, não dormia e de quando em vez tinha crises, gritando:

— Não vou! Já disse que eu não vou! Vá embora!

Agarrava-se a ela pedindo que fosse me buscar. O casal tinha freqüentado nosso Centro tempos atrás.

— Ele está sofrendo o assédio de espíritos perturbadores! — disse-me ela chorosa. — Por favor, ajude-me, que ele possa morrer em paz!

Fui vê-lo, e ao entrar no quarto ele disse:

— Graças a Deus que você veio! Diga a ela que me deixe em paz. Eu não vou mesmo!

Tentei acalmá-lo pedindo-lhe que me contasse o que estava acontecendo. Sempre que ele fechava os olhos para descansar, via sua mãe, já desencarnada, parada diante de uma porta aberta e acenando-lhe para que a acompanhasse. Ele tinha pavor da morte. Temia que, se adormecesse, ela o levasse. Foi preciso muita conversa e muita ajuda espiritual para que ele desencarnasse.

O medo da morte é comum principalmente entre as pessoas que sempre fugiram ao assunto. Preferem esquecer que um dia terão que viver esse momento e o fazem de tal forma que chegam até a se convencer de que ele nunca vai chegar.

Quando chega a hora de enfrentá-lo, estão despreparadas, apavoradas, acabando por agravar seus padecimentos e tumultuar sua chegada no mundo astral.

Você tem medo de morrer? Qual sua postura com relação à morte? Se ficou arrepiada só em pensar nisso e pensa que estou sendo mórbida ao fazer-lhe essa pergunta, saiba que está na hora de começar a estudar o assunto.

Sempre que íamos viajar, meu marido costumava procurar informações sobre o país que iríamos visitar, consultando mapas, costumes, etc. Isso nos facilitava muito a estadia, nos possibilitando maior aproveitamento e menos complicações.

A morte também é uma viagem. Conhecer o processo estudando todas as informações existentes é criar condições para, quando chegar a hora, sofrer menos e passar pela experiência com mais proveito e menos dificuldades.

Em que pese a descrença de alguns que muito apegados às aparências ainda não conseguem entender a complexidade do universo, há muitas provas da sobrevivência do espírito após a morte, que seria muito bom você conhecer.

Sem falar dos casos ocorridos em família — e todos podemos conhecer alguns —, há livros de cientistas famosos e sérios que pesquisaram, fazendo experimentações com médiuns, tendo chegado à conclusão alentadora de que a vida continua após a morte. Chico Xavier publicou vários livros com mensagens de espíritos desencarnados, que deram provas irrecusáveis de identidade e que você poderá encontrar nas livrarias.

Sei que você acha desagradável, que não gosta de falar em morte, mas se eu insisto é para que você vença esse preconceito, libertando-se de seus medos. A visão aterradora da morte foi criada pela ignorância e pelas religiões que a colocaram como um castigo de um Deus que pune e que se deve temer!

Entretanto, a julgar pelo que dizem os espíritos, nada disso é verdade. Quem morre viaja para outros mundos, levando apenas seu mundo interior. Suas crenças, suas ilusões, seus medos e seus limites. Alargar os horizontes desse mundo interior, abrir as portas à verdadeira posição que você pode desfrutar no astral, vai fazer com que ao desencarnar você vá rapidamente a seu plano de origem sem a necessidade de passar largo tempo no umbral para despertar.

Além do mais, poder viver sem o pavor da morte vai fazer com que você enfrente os problemas do dia-a-dia com mais coragem.

Ao perder um ente querido, poderá superar melhor sua dor, porque sabe que ele foi apenas fazer uma viagem e que um dia estarão juntos novamente.

A fé traz serenidade. A confiança na vida nos ajuda a viver melhor. Contudo, elas têm seu preço: o esforço de buscar e a coragem de enfrentar seus medos. Esse é um passo que só você pode dar. Mas que quando o fizer a tornará forte e mais preparada não apenas para morrer neste mundo mas para viver em qualquer dimensão do universo.

A morte é uma viagem entre os dois planos.
Conhecer o processo, utilizar-se
de todas as informações existentes, ajuda
a fazer uma boa travessia.

Uma mediunidade diferente!

"Tenho mediunidade, mas não consigo me adaptar em nenhum Centro Espírita. Quando vou a uma sessão, fico agitado, quero me levantar, andar pela sala, falar, sinto muito calor, fico molhado de suor. Sou advertido pelo dirigente, que pede para me controlar. Faço o possível, quando consigo me sinto muito mal e acabo dando trabalho, muitas vezes saindo do corpo e custando a voltar. Minha vida vai mal, estou desempregado, e não sei mais o que fazer. Já me disseram que eu sou médium de terreiro. Eu fui uma vez mas lá também não me adaptei. O que você me aconselha?"

Pelos sintomas que descreve em sua carta, você é um médium de desobsessão. O que vem a ser isso? É um tipo de mediunidade muito específica, que quando bem orientada é de grande ajuda nos trabalhos de captação e cura das pessoas perturbadas, podendo às vezes libertá-las em uma única sessão.

Em conjunto com os espíritos superiores, esse médium é capaz de desmagnetizar a aura dos assistidos, sair do corpo indo em busca dos espíritos que estão atacando a pessoa ou atraí-los, prendendo-os em seu magnetismo para que possam ser chamados à responsabilidade de seus atos, segurando-os até que concordem em desistir, tirando as energias negativas que tinham manipulado. Conseguem ver os espíritos e são muito sensíveis às energias, podendo identificá-las. Olhando uma pessoa, sentem imediatamente quando ela está sendo manipulada por um espírito perturbador.

Por causa disso, captam energias negativas com muita facilidade e, quando não têm conhecimento do processo e não estão ligados a nenhum grupo espiritual, sua vida acaba se tornando desequilibrada e confusa. Infelizmente, esse tipo de mediunidade ainda é pouco conhecido da maioria dos estudiosos nos Centros Espíritas, que não gostam de trabalhar com esses médiuns. É que as sessões de desobsessão são ruidosas e cheias de ação. As pessoas que não conhecem se impressionam, porque os espíritos perturbadores que são atraídos para esclarecimento gritam e fazem tudo para impressionar pelo medo, tentando desviar a atenção das pessoas presentes na tentativa de enganá-las.

Entretanto, os espíritos superiores têm ação irresistível sobre eles e os dominam com facilidade. Se permitem que eles se expressem, é porque preferem que eles próprios percebam que atacando os outros estão prejudicando a si mesmos.

O contato com as energias físicas do médium favorece a tomada de consciência desses espíritos, facilitando assim que percebam melhor seus enganos e mudem suas atitudes.

A ajuda espiritual é ministrada sempre visando o bem de todos os envolvidos. Fazer o inimigo desistir de atacar é a maneira mais adequada de ajudar a ambos.

Você que me escreveu, procure um grupo kardecista onde haja desobsessão. Tenho certeza de que eles o ajudarão, identificando se você é realmente um médium com compromisso de trabalhar nessa área ou se apenas está sendo alvo de um ataque espiritual.

Conhecer esse detalhe é fundamental para seu equilíbrio. Nem sempre as pessoas que apresentam sintomas de mediunidade têm compromisso de trabalho com os espíritos.

Às vezes, devido a suas atitudes na vida, elas desequilibram-se energeticamente e ficam abertas ao assédio dos espíritos perturbadores, que se aproveitam de suas fraquezas, usando suas energias, provocando problemas de toda ordem. Nesses casos, com a ajuda espiritual, tudo voltará ao normal e os sintomas vão desaparecer.

Porém, se você antes de reencarnar combinou com os espíritos de ser médium e trabalhar com eles em favor do próximo, ao se unir com um grupo de desobsessão, sentirá aumentar a sensibilidade. Falará outras línguas, sua vidência aumentará, todas suas faculdades paranormais se abrirão e quanto mais espíritos incorporar, sofredores ou não, melhor você se sentirá.

Essa mediunidade requer muita ação. Harmonizando suas energias, todas as coisas em sua vida se modificarão para melhor. Lembre-se de que você também precisa fazer sua parte, mudando suas atitudes, cultivando pensamentos positivos, dedicando-se com amor ao estudo e ao trabalho espirituais. Ser um canal de Deus é uma bênção maravilhosa. Desejo sinceramente que você saiba aproveitar!

Os espíritos superiores têm ação irresistível sobre os obsessores, mas preferem convencê-los a desistir do mal e aprender o bem.

Você é piedosa?

Uma manhã fui comprar pão e na porta da padaria havia um cachorrinho sentado, olhando as pessoas atentamente. Estava sujo, magro, com cara de fome, à espera de que alguém lhe desse alguma coisa. Olhei-o penalizada e não contive a frase: "Coitado! Que judiação!"

Foi o bastante. Ele me olhou humilde e embora eu não lhe houvesse dado nada para comer, postou-se a meu lado e me acompanhou até o portão de casa. De lá não saiu mais até que meus filhos, crianças naquela época, o levaram para dentro, dando-lhe banho, comida, cobrindo-o de carícias. Assim ele encontrou um lar.

O animal é irracional e precisa do homem para sobreviver, mas as pessoas, não. Mas o que levou aquele cão a me seguir senão a sensação de que ele tinha encontrado alguém que se sensibilizara com sua situação e que era por aí que deveria ir? Se até um animal sabe como fazer para conseguir o que deseja explorando nossa piedade, como agem as pessoas?

Em nossa cultura, a piedade é estimulada. Ser piedoso é ser bondoso, e é extremamente agradável assumir esse papel. Nessa postura, o que menos importa é a felicidade do outro, seu progresso, seu crescimento como pessoa, mas sim a sensação de ser visto como bom, de evitar olhar para as mazelas sociais, de poupar-se e de pensar que dessa forma está contribuindo para resolver os problemas humanos. Triste ilusão! Quanto mais piedade, paternalismo, mais você está alimentando no outro a crença da própria incapacidade, enfraquecendo-o.

Ninguém é fraco ou incapaz. Dentro de cada um existe grande potencial de força que a vida estimula através das situações do dia-a-dia. Contudo, o comodismo e a preguiça alimentam a ilusão da maioria que prefere o menor esforço, pendurando-se naqueles que se prestam a fazer por eles, explorando-os. Por essa razão, os "piedosos" estão sempre tão sobrecarregados de encargos dos outros — que sempre "sentem" onde podem pendurar-se — que não têm tempo para cuidarem de si.

Fazer pelo outro é impedi-lo de desenvolver a própria força. Deus não tem "pena" de ninguém. Não poupa nem as crianças dos sofrimentos e uma visita nos hospitais prova isso. E ele é a essência do amor verdadeiro. Quem se atreveria a dizer o contrário? Isso demonstra que o verdadeiro conceito de ajuda é muito diferente daquele que nossa cultura ensina. Quando você espera dos outros, está dando a eles o poder de decidir sobre sua vida. Coloca sua força neles. Está acreditando que eles podem mais do que você, o que é mentira. Quando você quer, e se coloca de forma adequada, pode tanto ou mais do que eles.

Tendo trabalhado muitos anos com a pobreza nas favelas, aprendi que a miséria e a fome de muitos são estímulos a que saiam da dependência, assumam responsabilidade por sua vida, acreditando em si, aprendendo uma profissão, melhorando seu conhecimento, seu desempenho, valorizando o trabalho. Quanto mais você supre as necessidades deles, mais estimula sua miséria.

Todos conhecemos homens que, tendo nascido na pobreza, tornaram-se ricos, criando milhares de empregos. Se eles conseguiram, qualquer pessoa poderá fazê-lo, desde que aprenda como. Se estudar a vida deles, verá que acreditaram na própria capacidade, na força do trabalho, aproveitaram todas as oportunidades de aprender mais e de fazer melhor. O capricho é muito importante para o bom desempenho.

Se você é dependente, jogue fora a preguiça, o medo de ousar, acredite em você, disponha-se ao trabalho. Coloque o que não pode fazer nas mãos de Deus. A vida só espera que você faça sua parte para dar-lhe todos os bens que lhe estão reservados por direito divino.

Se tem "pena" de todo mundo, lembre-se de que a piedade estimula a dependência. Ensinar alguém a caminhar com as próprias pernas é libertá-lo da ilusão limitante do comodismo. É fortalecê-lo. O primeiro compromisso de uma pessoa é cuidar de si mesmo. Esse é o remédio para todas as mazelas sociais. Confie na capacidade do ser humano. Liberte-se libertando os outros. Só se realiza quem usa o poder que tem. Realize-se! Você pode!

Ensinar alguém a caminhar com as próprias pernas é libertá-lo da ilusão limitante do comodismo. É fortalecê-lo.

Tomada de consciência!

Hoje desejo propor-lhe uma coisa diferente. Se está lendo esta revista na sala de espera de um consultório ou num salão de cabeleireiro, talvez precise aguardar um momento em que possa ter mais privacidade, mas o importante é prestar atenção ao que vou dizer e praticar o mais rápido possível.

Recolha-se em um lugar calmo, onde se sinta confortável, se possível na penumbra para poder relaxar com mais facilidade. Acomode-se. Quando se sentir à vontade, olhe para o que tem sido sua vida e pergunte-se:

— Sou uma pessoa feliz?

Se a resposta sincera for sim, parabéns! Você está se conduzindo de maneira adequada.

Contudo, se nesse instante sentir um aperto no peito, uma sensação de angústia e de infelicidade, está na hora de aprender a libertar-se dessa infelicidade.

Os conceitos sociais, as religiões convencionais, a educação mal dirigida tanto nas escolas como no núcleo familiar, invertendo os valores espirituais, reprimem desde muito cedo no indivíduo a autovalorização, a pretexto de uma fraternidade de aparência que ilude e nada faz de útil.

Em nossa sociedade, é feio pensar em si mesmo, e bonito fazer tudo em favor do próximo. À primeira vista parece um princípio correto. Entretanto, na prática vem se revelando perverso e incapaz de criar uma sociedade justa e mais feliz.

As pessoas sentem-se cada vez mais incapazes de resolver os próprios problemas. Ao mesmo tempo, procurando solucionar as dificuldades dos outros, complicam-se ainda mais.

Você foi reprimida desde a mais tenra idade, quando lhe disseram o que deveria e o que não deveria fazer. Os "não deveria" foram em maior número. Ensinaram-lhe que era de bom tom colocar os outros sempre em primeiro lugar. Que era lindo fazer tudo pelo outro!

O que ninguém lhe disse é que fazendo isso você estaria se desvalorizando e que se desvalorizando não teria condições de fazer nada pelo outro. O que uma pessoa incapaz pode fazer? Nada. Por outro lado, já que você estava cuidando de seu próximo, com certeza eles também deveriam fazer o mesmo: cuidar de você!

É por causa desse detalhe que o relacionamento em família torna-se tão complicado.

Você acha que é seu dever fazer tudo pelos outros membros da família. Por isso interfere em suas decisões, dita normas e regras, pensando que está ajudando. Eles fazem o mesmo com você.

Em meio a tudo isso, um espera que o outro preencha todas as suas necessidades afetivas. Já pensou que loucura? Como eles vão saber o que vai em seu coração? E você, como vai saber o que eles sentem e esperam de você?

Nesse ponto, a cobrança transforma os relacionamentos em tortura. Claro! Se você está "fazendo" tudo pelos outros, esquecendo-se de si própria, o mínimo que eles deverão fazer é aquilo que você quer. Mas será que eles sabem o que você quer? Não. Não sabem.

Olhe para essa verdade e perceba que sua infelicidade começa nesse ponto. Enquanto não jogar fora os conceitos limitantes que lhe foram impostos pela educação errada, não conseguirá o bem-estar que deseja. Aprenda a valorizar-se.

O que é valorização? É ficar de seu lado o tempo todo e fazer o que sente. É posicionar-se.

Toda vez que sentir dificuldade em assumir uma posição clara e dizer o que sente, está se desvalorizando. Dando mais força às regras dos outros do que a você. Jogue fora o medo de ser como é. Só quem é verdadeiro está de posse da própria força.

Conheça-se. Preste atenção a seus sentimentos, aprenda a fazer o que lhe dá prazer, alegria, serenidade, bem-estar. Conscientize-se de como tem infelicitado sua vida acreditando em regras que nunca deram certo! Está na hora de mudar! Tenha a coragem de assumir o que você é! Cultive o otimismo, a confiança em Deus, a certeza de que você merece e pode viver bem. Essa é a chave para a felicidade.

Quando estiver feliz, em paz e sentir vontade de ajudar uma pessoa, não se prive desse prazer. Comece por aceitá-la como ela é. Procure fazê-la perceber e confiar na própria capacidade. É a ajuda máxima. Os resultados vão depender só dela. Não é assim com você?

Quando você coloca os outros
em primeiro lugar, está se desvalorizando.
Tornando-se incapaz, você
não ajuda a si mesmo nem a ninguém.

O sonho de amor!

"Amo, sou amada, tenho tudo, mas sinto insatisfação, tristeza, um aperto por dentro. Penso que tive que me separar de um grande amor de outras vidas." (Cláudia)

Para você é mais fácil procurar a causa de sua infelicidade em problemas de vidas passadas, colocando-se na posição de vítima indefesa. Está alimentando um sonho de amor. Essa ilusão, reforçada pelos padrões sociais, fez de você uma eterna frustrada, a esperar por algo que nunca acontecerá. Aquele amor eterno, perfeito, como você imagina, não existe.

Enquanto você alimenta esse sonho, condicionando sua felicidade a ele, não percebe as alegrias de um relacionamento real, onde cada um se vê como é e atende às necessidades essenciais de sua natureza. Para obter o amor verdadeiro, é preciso jogar fora o sonho. Seu companheiro é humano, algumas vezes age de forma adequada; outras, não. Comparado ao ser maravilhoso criado por sua imaginação, ele sempre será perdedor. Percebe como você se frustra?

O sonho de amor faz você esperar tudo do outro. Espera que apareça alguém que adivinhe seus pensamentos e realize sua felicidade. Se encontrasse alguém assim, você seria feliz? Não creio. Abdicando de sua força interior, em pouco tempo se sentiria enfadada e sem objetivos. Perderia o prazer de ousar, de criar! Acabaria mimada e fraca, dependente e mais infeliz.

Só você pode criar sua felicidade tirando proveito de todos os instantes de sua vida. Acontecimentos grandiosos são esporádicos e nem sempre trazem a alegria esperada.

A felicidade é feita de sentir cada momento, tirando dele tudo que puder! Mesmo os mais tristes podem ser vistos como chance de fortalecimento interior, onde a dor é compensada pelo prazer de sentir a própria força.

Alimentando sua fantasia, você fica indiferente aos estímulos do presente. Vive no futuro, desejando o impossível, e por isso nada a satisfaz. Sua felicidade é sempre jogada para o depois.

O aperto que sente no peito é resultado do quanto você se empurra para trás. Nunca faz o que gosta, coloca sempre os outros em primeiro lugar. Não é de admirar sua insatisfação. Como quer sentir-se bem deixando de lado suas necessidades fundamentais?

Jogue fora o sonho de amor. Ele é o grito de sua alma sufocada, desejando a atenção que você não se dá. Ame-se. Aprove-se. Valorize-se. Fique de seu lado, não se critique. Ficar contra você é esmagar-se com o peso da própria força. É assim que sua insatisfação se transformará em prazer, sua infelicidade em alegria. Experimente e verá!

Para encontrar o amor verdadeiro, é preciso jogar fora o sonho. Você está disposta a pagar o preço?

Paixão e destino!

"Fazer um trabalho para amarrar uma pessoa por quem se está apaixonada tem punição? O que acontece se o destino dele for com outra?" (Rose)

Cada um é livre e cria o próprio destino. Quando você quer muito uma coisa e ela não acontece, precisa parar para pensar. Se a vida não lhe concedeu o que você queria, foi porque vai lhe oferecer algo melhor.

A paixão é uma febre que faz sofrer antes, durante e depois. Ela aparece quando você nota no outro as características que gostaria de possuir. Deseja tomar posse delas e quer aquela pessoa a qualquer preço. Se ela não corresponde, é difícil aceitar a derrota. Cega pela paixão, você decide fazer um pacto com espíritos perturbadores a fim de obter o que deseja.

Através da telepatia e do magnetismo, esses espíritos poderão vir a influenciá-lo, fazendo-o ver em você um brilho que antes ele não via, acabando por interessá-lo.

Todavia, isso só acontecerá se ele for muito impressionável. Essa união é fictícia e um dia vai acabar. Nesse dia a frustração, o sofrimento e a separação serão inevitáveis.

Nessa troca de energias, a vida não pune ninguém. Deixa apenas que cada um colha aquilo que plantou. Forçando e obtendo o que desejava, você vai descobrir o quanto estava enganada insistindo em algo que não lhe estava destinado. Perceber o quanto estava iludida vai doer. Mas vai ensinar-lhe a respeitar o direito que cada um tem de escolher o próprio caminho.

Relacionar-se é trocar energias. Seja familiar ou amoroso, o nível das relações é estabelecido através dessa troca. O prazer da companhia, ou a indiferença e até aversão, depende delas. Quando você tem uma auto-imagem negativa, é comum os outros rejeitarem-na. Muitas vezes você não gosta de uma pessoa e a rejeita sem saber que está reagindo às energias dela.

A vida trabalha em ciclos que se cumprem sempre. Traz à tona os assuntos inacabados para fechá-los. Nesse mister afasta e aproxima as pessoas para que as experiências delas se completem. Quando um ciclo termina, é inútil querer "segurar" alguém a seu lado. É preciso deixá-lo ir. Também não vai conseguir se libertar de alguém que a incomoda cujo ciclo com você não fechou. Ele voltará a seu caminho.

Quando você força a barra na pretensão de interferir nos ciclos da vida, dá muitas voltas sem sair do lugar. Sua vida fica enrolada, nada deslancha. Um dia você descobre que sofreu, lutou e não saiu do lugar. Aceitando a ordem das coisas, você se harmoniza com a natureza, flui naturalmente. Tudo muda. A paixão, a ansiedade desaparecem. Relaciona-se melhor com os outros. Descobre novos pontos de interesse, mais verdadeiros, que alimentarão seu espírito, tornando sua vida mais alegre e mais feliz. Pense nisso!

Forçar a barra faz você dar muitas voltas sem sair do lugar. Harmonizar-se com a natureza, aceitar a ordem das coisas, faz você caminhar para a frente.

Preciso mudar?

"Os sofrimentos pelos quais passamos são conseqüências de encarnações passadas. Como corrigir ou pagar por erros dos quais não nos lembramos?" (Bernardete)

Além do corpo de carne, um espírito encarnado tem o corpo astral, sede da memória espiritual, onde estão arquivadas todas as experiências que ele viveu. Ao reencarnar novamente, a vida apaga temporariamente essas lembranças do consciente, para que nessa vida seu espírito fique livre e tenha opções diferentes das anteriores.

Todavia, isso não impede que o passado atue no presente, na forma de intuição. É o caso das crianças que tocam um instrumento sem ter estudado, das vocações inatas, das paixões e dos apegos, dos ódios e repulsas injustificados.

Deus não erra! Se a fez esquecer o passado, foi porque isso era o melhor! É terrível pensar que você precisa "pagar" pelos erros cometidos, que Deus esteja "cobrando" e que você nunca sabe "como". Você se torna uma eterna "devedora", já que diz: "Nós não somos nada", o que destrói toda sua força.

Nada disso é verdade. A idéia de que precisa "se corrigir" e mudar tem a ver com os padrões sociais da pessoa "ideal", cujo modelo ninguém é. Você vem se tolhendo, querendo entrar nele, sem conseguir.

Não justifique seus desacertos como tendo origem em suas vidas passadas. Saiba que cada nova encarnação traz ilimitadas oportunidades de crescimento, que vão depender de como você age em cada momento do presente.

Seus sofrimentos resultam de suas atitudes, que são conseqüência de suas crenças e de seus pensamentos.

Deus nos criou perfeitos e à sua semelhança. Acredite que você é perfeita. Dentro de você há todos os elementos de que precisa para progredir, aprender a fazer melhor, e é esse conhecimento que vai diminuir seus sofrimentos. Quando você age de maneira adequada, os resultados são bons.

A vida não cobra nem pune, apenas adestra. Para adestrar-se você não precisa "se corrigir" mas ficar atenta e observar quais os valores que tocam sua alma, que lhe trazem bem-estar, alegria, felicidade. Tendo-os encontrado, precisa valorizá-los, não fazendo nada que os limite ou contrarie.

Agir de acordo com a própria natureza permite que você realize o máximo nesta encarnação e tenha uma vida harmoniosa, dentro de seu nível de evolução espiritual. Jogue fora os pensamentos negativos e acredite na força divina dentro de você! Essa é a parte que precisa e pode fazer. O resto, entregue nas mãos de Deus!

Agir de acordo com sua própria natureza dentro de seu nível espiritual permite que você realize o máximo nesta encarnação.

Interpretando sonhos!

"Sou casada há quarenta anos, e infeliz. Continuo amando um namorado que morreu há vinte anos. Sonho sempre que estamos juntos e acordo deprimida. Por quê?" (Olga)

Um amor não satisfeito pode abrir as portas da imaginação do que ele poderia ter sido caso tivesse se concretizado, principalmente quando a realidade se torna difícil de ser suportada. Pensar em como você poderia ter sido feliz se houvesse se casado com ele pode ser a válvula de escape para que sofra menos, vivendo em um lar em que as brigas são constantes.

Quando um relacionamento não dá certo, há dois caminhos: a separação ou a acomodação. Você preferiu acomodar-se. Para isso, sonha com uma felicidade que não aconteceu, onde dá vazão à sua afetividade e recebe o que imagina ser amor. Ao acordar, se entristece porque vai ter que enfrentar uma situação em que não se sente bem.

Os sonhos podem ser espirituais ou psicológicos. O sonho espiritual é a visita que nosso espírito faz ao astral, onde se encontra com espíritos desencarnados e realiza algumas atividades. O psicológico são mensagens de nosso eu superior para a consciência, mostrando as atitudes que não queremos ver quando acordados. Se estudados, podem nos esclarecer e ajudar, melhorando nossa maneira de viver.

Seu sonho é psicológico. Além de repetir-se, você acorda frustrada. Se você realmente se encontrasse com o espírito de seu antigo namorado e tivesse com ele um relacionamento amoroso, despertaria satisfeita e compensada, pelas energias trocadas com ele. Teria mais compreensão para com as pessoas a sua volta, sentir-se-ia melhor. Um amor correspondido, seja em que plano for, sempre dá alegria e bem-estar, o que não é seu caso.

Se tivesse se casado com ele, teria sido melhor? Só uma convivência diária dentro do mesmo teto é que poderia responder. Como isso não ocorreu, tudo que pensar sobre isso é fantasia. Fugir para o sonho não vai resolver seus problemas conjugais. Você está casada há quarenta anos. Por que, apesar das brigas com seu marido, continuam juntos? Não haverá um sentimento de amizade verdadeiro?

A vida sempre faz o melhor. Juntando vocês dois, o que ela pretende de bom? Você tem valorizado as qualidades de seu marido? Tem sido otimista, procurado fazer de seu lar um lugar harmonioso e alegre onde toda sua família sinta-se bem? Observe e pode ser que acabe por descobrir que é mais feliz do que supunha. A felicidade é feita de momentos alegres e só é possível com a consciência da realidade. Você pode ter tesouros à sua volta sem se dar conta, perdida em suas fantasias. Tente descobrir. Vale a pena!

Se for otimista, pode chegar a descobrir que tem sido mais feliz do que supunha A felicidade é feita de momentos alegres quando a consciência está presente.

Posso ser feliz?

"A senhora é minha salvação. Pensei em me matar. Não tenho sorte na vida, tudo dá errado. Não acho casa para morar com meus filhos. Perdi a esperança. Tem solução?" (Beth)

Não posso "salvar" você. Ninguém pode, nem Deus, já que ele age através das condições que criou. A solução de todos os seus problemas está em suas mãos. Se as coisas estão saindo diferentes do que você gostaria, é porque não está agindo como seria preciso para obter os resultados que deseja. Quando você quer esquentar água, não a coloca na geladeira mas sobre o fogão.

Você é responsável por tudo que acontece em sua vida. Seus pensamentos, suas crenças, suas atitudes atraem as pessoas, os fatos, as situações de seu dia-a-dia. Quando você muda esses pensamentos, tudo se transforma. Não é difícil fazer isso. Por que não experimenta?

Pegue um lápis e um papel e faça uma lista com todos os seus problemas, relacionando tudo que a incomoda. Depois, dobre o papel, segure-o firme e imagine que tudo que relacionou ali está saindo de sua vida naquele instante. Faça isso com bastante vontade. Quando sentir que conseguiu, rasgue-o e jogue-o no lixo.

A partir desse instante, faça o propósito de evitar qualquer pensamento negativo. Sempre que surgir um, procure logo pensar em algo bom, a fim de neutralizá-lo. Nunca mais se queixe de nada. Todos os dias, faça uma lista das coisas boas que possui, por mais insignificantes que lhe pareçam, e leia-a várias vezes, verificando se está completa. Sempre descobrirá novas coisas para anotar.

Evite comentários negativos seja do que for. Falar mal dos outros, criticar o governo, os políticos, a sociedade, é ligar-se com energias destrutivas. Afaste-se delas totalmente. Leia livros de auto-ajuda que ensinem a ter pensamentos positivos e faça os exercícios que eles ensinam. Escreva afirmações positivas, sempre no tempo presente, e coloque em todos os lugares de sua casa onde possa ler sempre. Para ajudar, pode tomar passes em um Centro Espírita kardecista.

Se deseja melhorar, faça isso. Tudo que fez até agora não deu certo. Experimente mudar, mesmo que duvide do que estou afirmando. Fique firme, porque no começo os pensamentos negativos a que se habituou voltarão com força total. É a hora de acabar com eles substituindo-os pelos novos.

Fique atenta e verá que sua "sorte" é você quem faz. Basta apertar os "botões" certos. A vida vale a pena. Fazendo isso obterá não só a casa mas a alegria, o prazer de viver e a paz. Não é uma boa?

Se tudo que você fez até agora não deu certo, fazer o oposto pode ser o caminho melhor. Vale a pena tentar.

A ingratidão dos filhos!

"Fui uma mãe tão má que não mereci sequer a compreensão e sim o abandono? Como entender? Que lição posso tirar disso?" (Janina)

Quando você pediu a seus dois filhos, um com vinte, o outro com vinte e dois anos, para contribuir com as despesas da casa, eles se ofenderam e recusaram dizendo:

— Para que você quis filhos, se não pode nos sustentar até estarmos bem na vida?

Divorciada, você trabalhou duramente para criá-los. Agora, que estão grandes, achou que as despesas deveriam ser divididas. Eles não pensavam assim, e você, revoltada, lhes disse:

— Ou contribuem ou vão embora, cada um cuidar de sua vida.

Eles preferiram ir embora, sem se despedir ou dizer adeus. Essa indiferença deles está machucando-a, fazendo sofrer.

Você não entende por que agiram assim. Não se conforma com tanta ingratidão. Deu-lhes tudo que podia, por amor. Conseguiu sustentá-los, trabalhando dentro e fora de casa, fazendo as vezes de pai e mãe. Esperava mais compreensão. Questiona seu desempenho, procurando descobrir onde falhou.

Não se culpe. Você deu seu melhor, da forma como sabia. Nem se arrependa de os ter chamado à responsabilidade. Esperou demais para isso.

Ocorre que certos valores precisam ser ensinados às crianças desde cedo. O trabalho, o dever de cuidar de si, de fazer a parte que lhes cabe na comunidade onde vivem, são fatores que quando negligenciados favorecem o desleixo, distorcendo neles o conceito de realidade.

Seus filhos, como todas as crianças, tinham prazer em cooperar e mais entendimento do que você supunha. Fazendo tudo por eles, ocultando as dificuldades e os problemas familiares, na intenção de poupá-los, acabou por torná-los despreparados para o dia-a-dia. Eles se habituaram a receber tudo de você sem dar nada em troca. O que você acha que é amor, eles acham que é obrigação.

Não se recrimine. Estava mais do que na hora de eles assumirem responsabilidade pela própria vida. Haja o que houver, não volte atrás. O melhor que tem a fazer agora é deixá-los ir, sem mágoas ou exigências. Eles precisam crescer.

Não se martirize. Sua atitude foi salutar para eles. Jogue fora sua tristeza. Está na hora de pensar em você! Nunca esteve tão livre para fazer o que gosta. Aproveite. Ocupe-se com coisas agradáveis. Enriqueça seu espírito. Você pode sentir o prazer de amar seus filhos mesmo à distância, rezando pela felicidade deles. Quando eles amadurecerem, tenho certeza de que irão procurá-la. Até lá, conserve sua dignidade e sua paz. Você merece!

Só o amor incondicional supre nossas necessidades de afeto. Deixá-lo fluir com naturalidade, sem exigências, nutre nossa alma, eleva o espírito.

É meu carma?

"Tive um acidente aos oito anos e sofri um encurtamento da perna esquerda. O que será que fui ou fiz em outras vidas para ter esse defeito?" (Ana)

Você cultiva um padrão de pensamento que atraiu isso em sua vida. É possível que o venha alimentando há várias encarnações. Com essa atitude, criou seu carma que se repetirá enquanto você não descobrir a verdadeira causa que se oculta através de sua maneira de pensar.

Pelo tom de sua pergunta, dá para perceber que, assim como muitas pessoas, você acredita em punição. Teria cometido faltas, teria sido ruim, e agora está sendo castigada. Não entre nesse conceito. Ele diminui a grandeza de Deus, tornando-o vingativo e cruel. Pensando assim, você fica de mãos amarradas e enfraquecida. Seu acidente teria sido uma fatalidade irreversível e você teme que outras tragédias venham a desabar sobre sua vida. Como lutar contra um passado que está esquecido?

Esse clima de tragédia, esse medo do desconhecido agravam sua dificuldade, tornando-a mais insegura do que já é. O medo de ousar, de fazer as coisas de seu jeito, como você gosta e acha que seria bom, tende a aumentar, e nesse caso sua perna vai piorar.

O corpo é um mensageiro direto de sua alma. Ela o usa sempre que deseja tornar consciente para você alguma atitude sua que a está atrapalhando. As doenças são "recados" de sua essência espiritual, ou seja, de seu eu superior. Sempre que você deixa de fazer seu melhor, ele tenta alertá-la, utilizando-se de várias formas. Primeiro, através de pessoas, conselhos, livros, situações, etc. Se você não percebe, ele somatiza, provocando problemas no corpo.

Do ponto de vista metafísico, as pernas significam apoio, levam as pessoas a andar para a frente. Seu problema, uma perna mais curta do que a outra, significa que você é insegura e instável. Ora age de um jeito, ora de outro, numa tentativa de auto-afirmar-se. Por vezes, atira-se em atos sem ponderação e recua aos primeiros obstáculos, retraindo-se na depressão e na angústia. Em ambos os casos, acaba sendo radical, sendo algumas vezes otimista, outras depressiva, excessivamente.

Como libertar-se? Comece estudando suas crenças. Verá que muitas não são verdadeiras só porque as pessoas dizem que é assim. Só o que é verdadeiro lhe dará o poder de mover as coisas em sua vida. Jogue fora os medos, as fantasias. Tanto um quanto o outro afastam você da realidade, não a deixando ver como proceder com segurança. Você é que está se punindo. Pare com isso. A vida deseja dar-lhe toda a alegria, amor e luz que já são seus por direito divino. A chave está em suas mãos. É só abrir a porta e deixar entrar.

Só o que é verdadeiro tem a força de transformar sua vida para melhor. Jogar fora as ilusões, encarar a verdade, é seguir adiante.

Ligações de vidas passadas!

"As pessoas que convivem conosco hoje são nossas conhecidas de outras vidas? Quando elas são ruins nesta vida sofrem algum castigo depois da morte?" (Solange)

Qualquer pessoa que proceder de maneira inadequada obterá resultados negativos. Eles poderão acontecer antes ou depois da morte. Não se trata de castigo mas da resposta que cada um colhe pelo que faz. A vida ensina responsabilidade, tem seus próprios critérios, age dentro das leis cósmicas e não dos padrões de nossa sociedade.

Em nosso mundo, cada povo tem costumes diferenciados. O que é permitido em um país pode ser proibido em outro. As regras da sociedade são estabelecidas pelos homens, sendo portanto relativas, mutáveis, enquanto as leis universais são perfeitas, eternas.

Quem age de acordo com as leis universais, mesmo contrariando as leis sociais, viverá harmonizado e feliz. Quando você diz que alguém é ruim, que critérios está usando? É prudente nunca rotular ninguém nem desejar que as pessoas sejam punidas. Um erro de avaliação costuma custar caro, porque você pode atrair uma situação igual à que criticou, a fim de avaliá-la melhor.

Ofender-se com as atitudes dos outros é olhar com maldade. Quem se liga com o mal, atrai problemas. Se você se sente injustiçada, ferida, procure descobrir como está se magoando. Você não responde pelas atitudes dos outros e sim pelo que você faz com elas. É você quem se fere com o que eles fazem. Você pode olhar tudo com bons olhos, ignorar a maldade. Não tem obrigação de tolerar os que a maltratam. Não hesite em deixá-los em favor de sua tranqüilidade. Mas faça isso sem ódios nem rancores. Você tem o dever de preservar sua paz.

A ligação entre as pessoas acontece tanto pelo amor quanto pelo ódio. Pelo amor, há afinidade e prazer; pelo ódio, insatisfação e angústia. Essa ligação desagradável persiste enquanto os dois alimentarem esse sentimento. Pode terminar quando um deles resolve perdoar e esquecer. Todavia, só vai funcionar se o perdão for sincero. Quem perdoa se liberta do peso do mal. Quanto ao outro que não perdoou, será afastado de seu desafeto. Mas como ainda cultiva o mal, atrairá pessoas maldosas e sofrerá por isso até que por sua vez se decida a perdoar.

Se não está feliz com as pessoas que a rodeiam, sejam elas ligações de vidas passadas ou não, você pode mudar a situação, modificando os padrões de seus pensamentos. É com eles que você atrai as pessoas. Se ignorar o mal, valorizar o bem, uma a uma as pessoas maldosas espontaneamente se afastarão enquanto outras melhores se aproximarão de você. Experimente e verá!

Pensar mal é atrair
pessoas maldosas em sua vida.
Cultivar o bom pensamento
vai atrair os verdadeiros amigos.

Praga pega?

"Um homem rogou uma praga contra meu pai para nada dar certo na família. Isso está acontecendo. O que fazer?" (Lucilene)

A praga "pegou" porque vocês acreditaram nela. Ninguém tem o poder de mudar suas vidas a não ser vocês. Se depois do que ele fez as coisas pioraram para sua família, foram vocês que fizeram isso, não ele.

Como? Vou explicar: quando ele rogou a praga, estava com raiva e essas energias foram até vocês, que as absorveram porque se impressionaram, deram importância às palavras dele, ficaram temerosos, portanto vulneráveis.

Por que se impressionaram tanto? Vocês são supersticiosos? As superstições são fruto dos dogmas religiosos. Não explicam nada, ensinam o temor a Deus e ao mal.

Tal como as antigas babás contavam histórias de arrepiar às crianças para dominá-las, muitos líderes na antiguidade estabeleceram crendices que aprisionam as pessoas no medo, pela mesma razão. A superstição deturpa os fatos. Analisem como as coisas aconteceram. É o que importa. Só os fatos são reais, o resto é ilusão.

Seu pai teve alguma atitude que ocasionou o problema? Se ele percebendo isso não tentou desculpar-se, mesmo que não queira admitir, carrega dentro do coração o peso da culpa. Ela abre a brecha para que as energias negativas, principalmente de quem se sente prejudicado, penetrem e permaneçam, atraindo problemas e bloqueando o bem. É difícil alguém se aborrecer sem razão. Se seu pai provocou a reação do outro, é natural que, reconhecendo isso, ele o procure para um entendimento amigável. É possível que, fazendo isso, tudo se resolva.

Há pessoas que se melindram com facilidade. A praga pode ter sido gratuita. Nesse caso, ignorá-la é o melhor remédio. Criticar, revoltarse, alardear a injustiça fará baixar o padrão das energias de vocês ao nível dela, estabelecendo a ligação.

Para reverter a situação é preciso jogar fora a malícia, deixar o negativo, acreditar no bem. Só ele garante a harmonia interior e permite que energias superiores penetrem em vocês, varrendo as energias negativas substituindo-as pelas positivas.

As energias superiores alimentam a alma, dando nova visão da vida, mais lúcida e verdadeira. Criam um estado de felicidade interior, que, uma vez experimentado, vocês nunca mais desejarão voltar ao estado anterior, tal é o grau de prosperidade, saúde, satisfação que ele atrai. Experimentem, vale a pena!

As pragas pegam na mesma medida do medo que você tem delas. Impressionar-se com o mal é atraí-lo.

Quando o amor acaba!

"Minha felicidade depende dele. Sofro desde que ele me deixou. Não quero esquecer, mas também não quero passar a vida inteira sofrendo! Me ajude!" (Elisângela)

Você não quer esquecer. Agarra-se aos momentos vividos em um relacionamento que acabou. Dessa forma está criando um instrumento de autotortura, do qual dificilmente encontrará saída. Se foi bom enquanto durou, é preciso aceitar que as coisas mudaram! Ele gosta de outra e se recusa sequer a ter uma relação com você! Insistir significa machucar-se inutilmente.

Você coloca sua felicidade nas mãos dele e não quer ver que ele não está nem um pouco preocupado com o que você sente, nem com o poder que você lhe dá de dirigir sua vida. Ele está mesmo interessado em cuidar da própria felicidade e você não faz parte dela.

A verdade pode doer, mas é o melhor remédio. Para que um relacionamento se mantenha, é necessário que ambos queiram. Quando o envolvimento de um acaba, se o outro insistir só vai aumentar o desinteresse. Deixar ir vai doer menos do que agarrar-se inutilmente à ilusão.

Você está sendo dramática e incoerente. Se não quer continuar sofrendo por um amor infeliz, por que se agarra a ele? Reconheça que atrás desse apego amoroso, dessa obsessão que não lhe permite esquecer, está a falta de confiança em si, a idéia de que não tem condições de amar de novo e de ser amada por outra pessoa, o receio de ficar só e não realizar seu "sonho de amor".

Reaja. Você pode. Solte o passado. Não tenha medo de tentar de novo. Acredite na sabedoria da vida. O que você sabe sobre seu futuro? Por que está antecipando a infelicidade?

Quando um relacionamento termina, abre espaço para que você encontre outro melhor. Deixe-o ir com naturalidade. Não feche as portas da felicidade. Enquanto ficar chorando inutilmente por algo impossível, não vai perceber o que a faria feliz de verdade. Vai deixar passar sua oportunidade de uma vida melhor.

A escolha é só sua. Você pode continuar agarrada ao passado e ficar como está, ou assumir responsabilidade por sua vida. Para resolver seu problema, você precisa:

1 – Saber que sua felicidade não depende dos outros.

2 – Conhecer-se melhor, descobrir suas qualidades, confiar em si.

3 – Ser verdadeira, dizer o que sente.

4 – Desenvolver seus potenciais, melhorar seu nível intelectual e espiritual.

5 – Cuidar de sua vida interior, ocupando-se de coisas prazerosas.

Agindo assim, vai se sentir melhor e ao mesmo tempo tornar-se uma pessoa interessante, madura, capaz de atrair e manter relacionamentos verdadeiros e duradouros. Não é isso o que você quer?

Enquanto você fica chorando inutilmente por algo impossível, está deixando passar todas as oportunidades que a levariam para uma vida melhor.

Mediunidade ou loucura?

"Saio do ar e após alguns instantes retomo plena consciência. O que faço quando 'desligo'? Seria isso indício de loucura?" (Violeta)

Não. Seu caso é de mediunidade. Uma manhã, quando você enfrentava uma série de problemas, entrou em casa e havia uma senhora no sofá. Você lhe disse que estava invadindo seu domicílio, pediu-lhe que se retirasse mas ela insistia que precisava falar-lhe. Só percebeu que se tratava de um espírito desencarnado quando surgiu ali uma antiga colega de trabalho já falecida. Elas queriam ajudá-la, mas você se apavorou e não aproveitou.

Por que o receio? Os que morreram continuam sendo pessoas iguais a nós, só que se mudaram e estão vivendo em outras dimensões.

Certa vez, continuou varrendo a sala enquanto via seu corpo estendido no sofá. Me pergunta o que significa isso, mas já tem a resposta ao dizer que quando se concentra em determinado ponto, lugar ou problema, consegue ir até lá e "ver" o que está acontecendo. Nessa hora, seu espírito sai do corpo, sem perder a consciência.

Relata ainda que não freqüenta Centro Espírita, mas que de vez em quando é levada à casa de uma senhora espírita, e você nunca se recorda como foi até lá nem o que aconteceu. As pessoas contam coisas, você não se lembra e se assusta.

O que vem acontecendo com você não é indício de loucura. Você é médium inconsciente e de efeitos físicos.

Esse tipo de médium libera energias que os espíritos manipulam formando o ectoplasma. Essa substância lhes permite atuar na matéria física de nosso planeta, produzindo curas do corpo físico, ruídos, transportando objetos de um lado a outro, materializando espíritos desencarnados tornando-os visíveis e tangíveis a nosso toque. Essas energias se concentram no plexo solar, junto ao estômago, e ao liberá-las você sente enjôo, vontade de vomitar. O ponto de ligação entre o corpo astral e o físico se localiza na nuca. É nesse ponto que os espíritos desencarnados atuam quando querem se ligar com você. Por isso você registra sensibilidade nesse local.

Você é médium e deve procurar relacionar-se com pessoas que conheçam esses fenômenos e possam esclarecê-la. Tudo indica que você, antes de reencarnar, firmou o compromisso de, uma vez aqui, tornar-se instrumento dos espíritos. Seu corpo físico foi preparado para exercer essa função. Enquanto viver, terá essa sensibilidade. O melhor que tem a fazer é ligar-se com os espíritos superiores, tornando-se um canal através do qual as energias divinas circulem aliviando os sofrimentos humanos. Essa é sua tarefa. Exercendo-a com amor e confiança, encontrará proteção, alegria. Sua saúde vai melhorar e sua vida também. Haverá harmonia e paz. Experimente e verá.

A mediunidade abre as portas da espiritualidade. Tornar-se um canal dos espíritos superiores traz alegria e bem-estar.

Problemas de outras vidas!

"Minha filha de 11 anos tem medo de tudo. É diferente dos irmãos, não fica longe de mim nem por alguns minutos. O que fazer?" (Marta)

Você conta que desde bebê ela não dormia sozinha, e aos três anos chorava e abraçava você dizendo que estava sendo perseguida e que "eles" queriam matá-la. Tremia, suava frio, dando trabalho para acalmá-la. Com o tempo isso deixou de acontecer, mas ela continua depressiva, medrosa, só se relacionando com pessoas bem conhecidas.

Os médicos não encontraram nenhuma doença, só receitaram calmantes. A psicóloga questionou as atitudes da família com ela, mas você garante que ninguém a assusta. Seus outros filhos foram educados da mesma maneira e não apresentam o problema.

Se sua filha desde bebê chorava e só se acalmava quando você a abraçava, é evidente que já sentia medo. A idéia de que o bebê chora porque está mal acostumado nem sempre é verdadeira. Ele pode ter problemas de vidas passadas. Na primeira infância as reminiscências da encarnação anterior ainda estão muito presentes, principalmente se foram dolorosas. Ao crescer, essas lembranças vão se apagando e a situação melhora. Foi o que aconteceu com ela.

Ao nascer, embora não tendo consciência das vidas anteriores, as experiências vivenciadas permanecem arquivadas no inconsciente (na mente do corpo astral) e se refletem na vida presente. As fobias, os hábitos diferentes dos de sua família, os sintomas que não têm explicação lógica são provocados por acontecimentos de outras vidas.

Tudo leva a crer que sua filha tenha sido agredida e assassinada na vida anterior. Ao reencarnar, em contato com as energias de nosso mundo, essas impressões reapareceram muito fortes e ela sente medo, embora não saiba explicar de quê. É um estado penoso e você vai ajudar: todas as vezes que ela demonstrar receio, olhe-a firme nos olhos e diga:

— O passado acabou. Não vai acontecer de novo.

Pode lhe parecer estranho, mas ela vai se acalmar.

Se sua filha sente ódio pelos espíritos que a vitimaram, mesmo que agora não se lembre disso, eles podem estar ligados a ela. Durante o sono, como espírito, ela pode ir procurá-los para brigar, alimentando a atuação deles.

Procure um Centro Espírita kardecista, leve-a para tomar passes. Dessa forma todos os envolvidos serão ajudados. Faça sua parte: ensine-a a rezar, a ligar-se com a espiritualidade, a desenvolver a própria fé. Passar-lhe os valores espirituais vai ligá-la com a proteção dos espíritos superiores, afastar interferências perturbadoras e fortalecê-la para enfrentar os problemas da vida. Ajude-a! Você pode!

Ensinar às crianças os valores espirituais torna-as capazes de vencer os desafios constantes da vida na Terra.

Nascer de novo!

"Desde que fiquei grávida passei a sentir raiva de meu marido. Ele é bom e não merece isso. Eu o amo, mas não consigo evitar a repulsa. Pode me ajudar?" (Meire)

Quem sente raiva dele é o espírito que vai reencarnar através de você. Na gestação, há uma ligação muito estreita entre o espírito que vai nascer e a mãe. As auras se misturam, os sentimentos de cada um também.

O feto que carrega dentro de você está se desenvolvendo de acordo com o modelo biológico do corpo astral de um espírito desencarnado que já viveu outras vidas. Ele não está sendo criado agora, ele já existia como pessoa. Possui potenciais a serem desenvolvidos, sentimentos, necessidades, aspirações, medos, como qualquer de nós. Está voltando para vivenciar novas experiências, trabalhar assuntos não resolvidos, aprender a viver melhor.

Dependendo do grau de evolução espiritual, ele pode estar mais ou menos consciente durante esse processo. Entretanto, em seu inconsciente estão registradas todas as experiências das outras vidas. Ao aproximar-se de nosso mundo material, ligar-se a você, as experiências que o impressionaram anteriormente apareceram com mais força, na forma de sentimentos e sensações, e você está registrando-as.

Entre vocês existe uma ligação do passado. Há problemas não resolvidos em busca de solução. É seu filho quem sente raiva de seu marido. Isso nos leva a crer que entre eles ocorreram desentendimentos que resultaram em antagonismo. Quem não perdoa liga-se ao desafeto. Quando ele nascer, provavelmente não se entenderá com o pai, mas você ficará bem.

A vida, que age sempre pelo melhor, os colocou na mesma família para dar-lhes oportunidade de se entender. Na criança dependente e frágil, o pai não verá o inimigo de ontem mas sim o ser que precisa de ajuda e de proteção. E a criança, diante do apoio e do carinho paterno, aos poucos irá perceber outros lados daquele que julga odiar. A hora do confronto entre eles vai chegar, mas quando acontecer, os sentimentos deles já estarão modificados o bastante para levá-los a se entender.

Você pode contribuir para o entendimento deles. Assim como você sente as emoções de seu bebê, ele registra as suas. Sempre que sentir raiva injustificada, medo, sensações diferentes, converse com ele. Mande-lhe energias de paz. Fale do amor que vocês sentem por ele e como será feliz vivendo com vocês. Ensine-o a valorizar o amor e a nova oportunidade que lhe estão oferecendo. Crie um ambiente tranqüilo em seu lar. Seu filho se acalmará e você se sentirá aliviada. É o que você pode fazer!

A vida reúne as pessoas
que se indispuseram no passado para
que, conhecendo-se melhor,
dissolvam os problemas inacabados.

Você tem medo do sucesso?

"Luto, trabalho com honestidade, mas quando começo a progredir, vai tudo por água abaixo. Minha mulher diz que tenho macumba. Como saber?" (José)

Pensar em macumba pode ser uma justificativa a mais para não perceber a verdadeira causa de seu problema. Jogar a culpa nos outros é cômodo e não cobra de você nenhum esforço além dos que você já faz.

Volto a afirmar: macumba só pega em quem é macumbável! O que fazer para não ser macumbável? Se você pensa que é ser "bonzinho", ter merecimento, está muito enganado. Há muita gente ruim em quem nenhuma macumba pega! Eles acreditam em si e na própria força. São o que são. Quem age de acordo com sua natureza se fortalece e se imuniza. Quem usa mal a própria força vai aprender a fazer melhor. Mas quem abdica dela se enfraquece e permite que os outros o explorem.

Todos têm poder. Onde você colocou o seu? Você se conhece bem? Sabe o que quer da vida? Diante dos outros se posiciona com facilidade? Costuma analisar as situações com critérios próprios? Mantém sua opinião ainda que a maioria pense de outra forma? Coloca seus sentimentos em primeiro lugar?

Se sua resposta foi não a essas perguntas, você não confia em si. Está se desvalorizando, fugindo à sua verdade interior, subestimando sua própria força. Sempre que você abdica das qualidades superiores de seu espírito, está abrindo as portas energéticas a invasores de todos os tipos. Fica à mercê não só dos espíritos desencarnados perturbadores como de todas as pessoas fortes.

Na natureza vence o mais forte! Quando você não se posiciona, não diz o que quer, os outros farão as coisas a seu modo, ignorando você. Não por maldade, mas porque você se omitiu.

Reconheça que no fundo você tem medo do sucesso! Quem é bem-sucedido precisa manter o sucesso. Provar que é bom mesmo! E como você vai fazer isso se no fundo se julga incapaz? Você luta, trabalha, faz tudo bem, mas quando seu esforço começa a aparecer e a promoção chega, sua cabeça se perturba. As dúvidas, o medo de errar, de descobrir que não é tão bom como queria ser, acabam por destruir todo seu esforço, e você volta à estaca zero.

Se quer progredir, precisa acostumar-se ao sucesso. Ele tem seu preço. Quem faz sucesso sobressai, aparece, é visado. Deve acostumar-se com as críticas e opiniões divergentes. É como subir em um palco e desnudar-se diante da platéia. Você teria coragem para fazer isso? Terá quando deixar de lado toda vaidade e ser apenas você mesmo. Dizendo o que pensa, agindo de acordo com sua verdade, sem vergonha de que os outros o vejam como você é. Pode ter certeza de que essa atitude fará de você um vencedor!

*O mesmo caminho que
você percorreu para obter uma pequena
vitória é o mesmo que vai precisar
para conseguir um grande sucesso!*

Dúvidas e mediunidade!

"Estou desenvolvendo mediunidade. Sou consciente e estou confusa. Como saber o que é meu e o que é dos espíritos? Se o que eles dizem está certo ou errado? (Bete)

A única maneira de você não ser enganada não só pelos espíritos desencarnados como por qualquer pessoa com a qual se relacione é usar seu bom senso. Claro que você tem! Quantas vezes você "sente" que deveria tomar esta ou aquela atitude, mas não faz e depois se arrepende? É seu bom senso que a estava inspirando e você vai se arrepender sempre que não o escutar.

Antes de pedir a opinião dos outros, procure analisar os fatos com seus próprios valores e critérios. Seu bom senso vai se manifestar, indicando o melhor a fazer. Quanto mais você seguir seu bom senso, tanto mais ele irá se tornando claro e eficiente, alargando sua consciência, sua força interior.

Estamos rodeados por uma população de espíritos desencarnados que já viveram neste mundo. A morte lhes tirou o corpo de carne, mas eles continuam no mesmo nível de evolução, que só o tempo vai modificar.

Quem tem mediunidade pode ser abordado por qualquer deles, desde que lhes ofereça uma abertura. De que forma? Estando com seu padrão energético espiritual compatível.

A única defesa contra o envolvimento dos espíritos perturbadores consiste em manter alto seu padrão energético. Você pode ser muito bondoso, ajudar as pessoas, não fazer mal a ninguém, mas ainda assim ter um baixo padrão de energias porque o merecimento não vai alterar seu padrão energético para melhor, embora lhe granjeie muitos amigos, a estima dos outros e até a proteção dos espíritos superiores. Mas eles nada poderão fazer por você se você estiver triste, não se achando suficientemente bom, criticando-se e julgando-se errado.

O que eleva o teor de suas energias é o pensamento positivo, a alegria, a confiança em si, a fé no bem. Se você fizer isso, estará desconectando-se com os espíritos sofredores e ligando-se ao astral superior.

Então, tudo ficará claro em sua mente. Como médium, não importa quem está se comunicando com você, mas o que você está transmitindo. Se usar seu bom senso e tornar-se médium do bem, só transmitindo o que você sente que é bom, estará se defendendo dos impostores.

Mesmo que de vez em quando seja seu próprio espírito quem esteja mandando alguma mensagem, desde que beneficie as pessoas, não está cumprindo sua finalidade? O bem deixa luz e alegria por onde passa. Quando você se torna mensageira do bem, fica ligada aos espíritos superiores refletindo e espalhando a luz divina por onde for. Não é isso que você quer?

Na mediunidade, como em tudo na vida, é preciso usar o bom senso. Não o senso comum, mas o senso bom.

É meu destino?

"Meu noivo é bom, mas ele bebe muito e fica violento. Quero terminar o namoro, mas sinto medo. E se meu destino for com ele? E se esse for meu carma?" (Denise)

Você é livre para escolher seu destino. Não existe fatalismo, uma vez que as coisas mudam conforme você age. Aí você vai dizer que há acontecimentos que independem de sua vontade. Mas mesmo esses foram determinados por suas atitudes no passado, embora você agora não esteja consciente delas.

O que estava predeterminado em sua vida? A família em que você reencarnou, as condições de vida que teria. E uma programação visando seu progresso, desenvolvendo seus potenciais, alargando sua consciência.

No decorrer de sua vida, as oportunidades para alcançar esses objetivos vão aparecendo e os resultados vão depender exclusivamente das escolhas que fizer. Você é livre para aproveitar ou não todas as possibilidades que surgem em seu caminho, mas cada uma tem uma resposta própria que fatalmente colherá.

O que é o carma? É a resposta que a vida dá às atitudes de cada um. Enquanto você mantiver as mesmas crenças, certos fatos continuarão se repetindo.

Conheci uma mulher que se casou três vezes, todos os maridos eram alcoólatras. O fato é que ela era muito "piedosa" tinha a pretensão de "salvar" todo mundo. Assim, atraía todos os viciados.

Quando duas pessoas se unem, misturam as auras e os problemas. Queira ou não, unindo-se a ele, você levará para casa todos os problemas que ele tem.

A vida não a obrigaria a fazer isso. Ela trabalha para sua felicidade, deseja seu bem. Se escolher esse caminho, a responsabilidade dos resultados será só sua.

Não é falta de caridade. Você não é responsável pelas escolhas dos outros. Cada um decide qual o caminho que deseja experimentar e tem o direito de escolher até onde quer ir. Muitas vezes é preciso chegar ao fundo do poço para reagir e mudar. E só a pessoa pode fazer isso.

Por que você está atraindo essa situação? Acha que a vida é difícil e cheia de problemas? Que tem obrigação de salvar os outros? Que é missão da mulher transformar o homem? Receia não encontrar outro noivo? Tem medo de ficar só? A felicidade não é deste mundo? Acha que todo homem é imperfeito?

Experimente mudar. Mande esse noivo embora. Decida que quer ser feliz. Acredite que vai aparecer a pessoa certa e não aceite meio termo. Só leve para casa quem lhe traga alegria e paz. Seu destino está em suas mãos. Você decide!

A vida não exige que você
aceite uma situação constrangedora.
É você quem escolhe isso!

Vida após a morte!

"Minha prima garante que recebeu uma mensagem de meu filho. Como ele morreu em um acidente de moto há dois meses, é possível? Quanto tempo leva para quem morre poder se comunicar?" (Odete)

É possível, sim.

O tempo que demora para quem morre poder se comunicar depende de diversos fatores que variam em cada caso.

Seu marido duvida porque ouviu dizer que quem morre de desastre demora muito para recobrar a lucidez. Nem sempre. O que conta mesmo é o nível espiritual que ele tem. Nessa hora, suas crenças, sua fé podem ajudá-lo a aceitar a nova situação. Nesse caso, ele não precisaria permanecer adormecido nos primeiros tempos, até que as impressões mais fortes melhorem.

O sono demorado após a morte tem a finalidade de:

1 – Aliviar o sofrimento daqueles que ainda não acreditam na continuidade da vida e têm pavor da morte, pensando que vão deixar de existir, desaparecer.

2 – Recompor o corpo astral quando está muito dilacerado, pelo mau uso que seu possuidor fez durante a vida.

3 – Escoar as energias negativas acumuladas e as formas-pensamentos.

4 – Descansar a mente, desligando-a para que ela não interfira nos processos de recuperação, já que o que lhe aconteceu se deve exclusivamente a suas atitudes, crenças e pensamentos. Se esse desligamento não ocorrer, tudo continuará como está e ninguém poderá intervir para ajudar.

No astral há lugares especializados de atendimento. Ninguém fica desamparado, por mais desequilibrado que esteja.

Há muitos que não precisam desse tempo. Caibar Schutel, um jornalista espírita de Matão, interior de São Paulo, deu uma mensagem no próprio velório, despedindo-se dos amigos, não deixando nenhuma dúvida quanto à sua identidade.

O mais importante para vocês é saber se a mensagem é mesmo de seu filho. Quando um espírito deseja ser identificado, fornece elementos para isso: palavras cujo sentido têm significado especial para alguém, recados pessoais, referência a fatos só conhecidos da família.

Muitas vezes, na ânsia de obter notícias dos que partiram, os familiares tornam-se demasiado crédulos, aceitando tudo sem nenhuma comprovação. Acabam descrentes e mais infelizes do que antes.

Seu filho continua vivo! Acabou uma etapa e foi chamado para outras experiências em outro lugar. Se ele aceitar o que lhe aconteceu, sofrerá menos. Vocês podem ajudá-lo, deixando-o ir, mandando-lhe pensamentos de amor e fé. O que agora lhes parece um mal é o bem que vocês ainda não conseguem enxergar. Um dia saberão por que tudo aconteceu. Enquanto isso, aceitar o que não podem mudar traz harmonia e paz! Vale a pena experimentar.

O tempo que um espírito demora para se comunicar depois da morte varia conforme suas necessidades e nível de evolução. Há os que se comunicaram no próprio velório.

O ciúme!!

"Sou ciumenta. Chego a 'ver' meu marido nos braços de outra! Sonho que ele me trai e de manhã brigo com ele. Nossa vida é um inferno. Pode me ajudar?" (Marli)

O ciúme é um problema emocional terrível. Várias são as causas que podem provocá-lo:

1 – Falta de confiança em si.

2 – Crenças adquiridas sobre a poligamia masculina, acreditando que todo homem trai.

3 – Desavenças familiares vivenciadas na infância.

4 – Mimo que exagera tudo.

O mimo a faz entrar no papel de "pobre de mim", exigindo sempre que seu marido "prove" que a ama. Mesmo que ele tenha paciência para isso, você nunca se sente satisfeita.

Esse comportamento acaba com qualquer relacionamento. É exaustivo, deprime e destrói o respeito.

Para que duas pessoas convivam em harmonia é preciso que haja respeito. Ele é mais importante do que o amor. Quem diz que ama e não respeita o ser amado, dando espaço a que ele se expresse e cresça, provoca dois resultados: separação ou fingimento.

Quem se sente pressionado usa a mentira para tentar evitar brigas. Uma situação falsa nunca dá bons resultados.

É humilhante ter que dar explicações a todo instante, dizer aonde vai, viver sob a mira do relógio.

É agradável sair sem destino, poder fazer o que quiser, mesmo que não faça nada. Nada substitui o prazer da liberdade. Tolher esse espaço do companheiro sufoca e um dia ele acaba deixando você.

O ciúme é porta aberta para a obsessão de espíritos perturbadores que se aproveitam de sua fraqueza, projetando em sua mente as cenas de traição que você "vê". Quando você dorme, eles levam seu espírito e mostram os "clichês astrais" que eles criaram, onde seu marido ama outra. Se você lhes der crédito, acabará atraindo em sua vida exatamente o que você teme. As cenas que vê se materializarão em sua vida!

Tente mudar. Procure um bom terapeuta, com o qual se identifique (se não gostar de um, procure outro até acertar). Vá a um Centro Espírita kardecista tomar passes para afastar suas formas-pensamentos e as energias perturbadoras. Reaja. Faça sua parte. Ao sentir ciúme, não tente controlá-lo. Reconheça que é ciumenta e que seu ciúme é que provoca os pensamentos de traição. Eles não são verdadeiros! Você não tem um fato, só suposições! Saia da ilusão!

A verdade é que ele casou com você porque a ama. Repita isso sempre. Acredite nele. Respeite-se acreditando-se capaz de ser amada. Respeite seu marido, dando-lhe espaço para fazer o que gosta e progredir. Quanto mais o deixar livre, mais ele se chegará a você. Experimente e verá!

Você não é tão pequena quanto imagina nem tão maravilhosa quanto gostaria de ser. Você é só você.

Comunicação com os espíritos!

"De repente comecei a receber espíritos. Minha amiga diz que estou possuída pelo demônio e que preciso ir à igreja dela. Será verdade?" (Keli)

Você diz que escreve mensagens dando bons conselhos, falando do perdão, da fé em Deus, da bondade e do auxílio ao próximo. Teria o diabo se regenerado? É pouco provável.

A idéia de seres eternamente condenados ao mal fere os princípios da misericórdia divina e até questiona seu poder. Na multidão de seres que povoam o universo há aqueles mais primitivos que atemorizados optam pela maldade pretendendo defender-se. Não confiam na vida, desconhecem o poder divino. Entretanto, experimentando os resultados de suas atitudes, aos poucos irão se modificando. Nós também já fomos assim.

No mundo astral há muitas moradas e vários níveis de pessoas que já viveram aqui. Algumas dessas moradas são coexistentes com a Terra, havendo troca de influências.

Há ainda os espíritos desencarnados, perturbados, que se recusam a atender a orientação dos superiores. A esses é concedido um tempo para ficar na crosta terrestre a fim de que enxerguem a verdade e aceitem a ajuda adequada.

Quem tem mediunidade, como você, tanto pode registrar a presença de um espírito sofredor como de um superior. Depende das necessidades do momento, dos pensamentos que você cultiva. Não é o que está acontecendo com você? Diz que se sente mal na feira ou numa festa e precisa ir embora depressa. Quando deixa o local, tudo passa. Outras vezes, sente vontade de dizer coisas às pessoas, dar conselhos, prevenir sobre algum perigo. Fala sem pensar e se admira por que suas palavras têm a ver com os problemas delas.

Há momentos em que se sente muito mal, irritada, nervosa, deprimida, enjoada, tem pesadelos. Nessas ocasiões você "sente" que precisa rezar. Quando faz isso, algumas vezes melhora com facilidade, outras demora mais.

Mas a melhoria começa quando você sente calor nas mãos, ou uma brisa fresca e agradável ao redor. Por vezes ouve uma voz aconselhando-a a ligar-se com Deus, orar e cultivar pensamentos positivos.

Não tema nem se deixe impressionar pelo que os outros dizem. Eles estão equivocados dando tanta importância ao mal. Só o bem é real! Há bons livros sobre o assunto. O livro *Mediunidade*, de Edgard Armond, é um deles.

Sua mediunidade é excelente. Você está preparada. Ligue-se com os espíritos superiores. Seja um canal da espiritualidade, através do qual a luz divina possa alargar consciências, aliviar sofrimentos. Cumpra sua missão com sinceridade, alegria e atrairá harmonia e paz em sua vida!

A mediunidade é só um canal aberto. É você quem atrai as pessoas que se comunicam através dele.

Para falar com Deus!

"Sou boa, honesta. Católica, vou à igreja uma vez por semana, comungo com fé. Mas não sou atendida. Deus não ouve minhas preces. Para isso terei que mudar de religião?" (Mara)

A religião é a interpretação que os grupos humanos deram às revelações espirituais que Deus envia ao mundo por seus profetas. O próprio Jesus não ensinou religião mas fez revelações sobre as leis divinas que regem o universo. De seus ensinamentos, quantas religiões foram criadas?

Seus seguidores são sinceros e há em cada uma delas maiores ou menores parcelas de verdade. Conforme seu nível de evolução, as pessoas preferem esta ou aquela religião.

Para falar com Deus e obter resposta, você não precisa mudar de religião. As pessoas mudam de religião quando encontram em uma outra princípios que julgam mais condizentes com sua maneira de pensar. Porém, as regras de uma religião não são suficientes para ligar as pessoas com Deus. É preciso mais. É preciso conhecer a essência espiritual do universo e sua linguagem.

É o espírito quem dá vida à matéria. Quando o espírito deixa o corpo, este morre. Suas moléculas se transformam em energias. Um espírito, mesmo encarnado, tem o poder de atrair energias, transformá-las materializando não só os corpos para reencarnar como utilidades para o dia-a-dia, embora poucos estejam conscientes dessa capacidade. Todo progresso que desfrutamos nasceu no espírito, depois foi se materializando, fruto da vontade e do trabalho daqueles que acreditam na vida e desejam fazer o melhor.

O trabalho é profundamente espiritual. Desenvolve os potenciais do espírito, melhora seu senso de realidade e de relacionamento humano. Quem trabalha com capricho, seja na limpeza de uma cozinha ou nos altos escalões de uma empresa, progride e sente o prazer da realização profissional. Quem trabalha só pelo salário está sempre cansado, produz pouco e acaba desempregado.

Se quer ligar-se com Deus, comece a perceber a essência divina que está em tudo. Observando o lado espiritual que se oculta atrás do mundo material, terá uma nova visão da vida. Sentirá fundo respeito por tudo que a cerca. Respeitará a opção das pessoas deixando de criticá-las, os objetos não os depredando, a natureza ajudando-a a cumprir sua missão.

Viverá em harmonia. Abrirá seu campo energético, desenvolverá a intuição. Descobrirá que Deus vive em seu espírito e sempre esteve lá. Que com ele você tem o poder de conseguir todo o bem que desejar. De obter sucesso, alegria, paz e felicidade. Não é essa a resposta a suas preces que você quer?

Só quem consegue ver em todas as coisas a essência espiritual está se encontrando com Deus.

Planejando o futuro!

"Vou prestar vestibular. Minha mãe quer que eu seja psicóloga, mas meu pai acha que devo fazer odontologia. Estou indecisa. Qual dos cursos é o melhor para mim?" (Márcia)

O melhor é aquele para o qual você tem vocação. Para ter sucesso profissional é fundamental que você goste do que está fazendo.

Os pais procuram ajudar alegando que têm mais experiência, o que é verdade. Porém, essas experiências estão condicionadas por fatos que eles atraíram em função de suas necessidades, de suas idéias e atitudes. O senso de realidade deles está condicionado pelos acontecimentos. Quando descontentes com os resultados de suas vidas, sentindo a frustração de sua verdadeira vocação, acreditam que a felicidade de seus filhos esteja na realização daquilo que gostariam mas não fizeram.

A falta de confiança em Deus cria o medo do futuro, a vaidade, a preocupação com o próprio desempenho. Quando um jovem comete um engano, a frase "Onde foi que eu errei?" é reveladora. Quando um filho não obtém sucesso em sua carreira, é como se eles tivessem fracassado. Por causa disso, dão grande importância à escolha de uma profissão que dê muito dinheiro.

Dentro desse contexto, imaginam o que seria bom para você. Claro que desejam sua felicidade, mas para eles os valores que mencionei estão em primeiro lugar. Acreditam que tendo dinheiro e uma carreira de sucesso você será feliz.

Essa é a visão deles. É provável que na prática os resultados sejam muito diferentes do que eles imaginaram.

Por deixar-se conduzir por eles, vemos muitos profissionais trabalhando entediados e sem motivação, apenas pelo dinheiro. Alguns abandonam a carreira pela qual se formaram e lamentando o tempo perdido vão em busca de outras atividades, mas a lembrança do primeiro fracasso os impede de progredir.

Querendo agradar os pais, obedecer às regras da sociedade, muitos jovens não ouvem os próprios sentimentos e perdem contato com sua própria alma. Não faça isso. Esse é o caminho da frustração e da infelicidade.

Para descobrir sua vocação você precisa conhecer-se melhor. Se está indecisa, feche os olhos e imagine-se nesta ou naquela profissão. O que sente? Qual desperta seu entusiasmo fazendo-a vibrar de prazer? Escolha essa. Terá mais chances de acertar.

Se seus pais discordarem de sua escolha, não desista. Convença-os explicando o que sente. Você pode ser uma boa filha sem abdicar de sua liberdade de dirigir a própria vida. Quando não der certo, eles vão sentir muito, mas é você quem vai arcar com as conseqüências. Pense nisso e nunca dê a outrem o direito de resolver por você. Assuma sua vida e boa sorte!

Só quem segue a verdadeira
vocação obtém sucesso e realização.
Se você não está feliz com sua profissão,
não tenha medo de tentar outra coisa.

Meu irmão está morto?

"Cochilei sentada na sala e vi entrar meu irmão sorrindo. Ele foi trabalhar no Japão há dois meses e não deu notícias. Acordei apavorada. Será que ele morreu?" (Helena)

Você está associando a visita do espírito dele com a morte. Contudo a comunicação entre os espíritos de pessoas vivas acontece com freqüência. Você estava preocupada com a falta de notícias e o mais provável é que ele tenha ido vê-la para dizer que estava tudo bem.

Por que imaginar o pior? Quantas vezes você já teve medo de tragédias que nunca aconteceram? A tendência para o negativo é um instrumento de autotortura que inferniza a vida de muita gente. Viver imaginando coisas desagradáveis cria uma sintonia com o mal muito prejudicial. Você acaba exalando esse tipo de energia, atraindo problemas, afastando as pessoas, prejudicando até seu trabalho. Muitas pessoas fracassadas, sem amor, emprego, dinheiro, saúde, estão nessa situação por pensar sempre no pior. Nunca acreditam no bem, escondem-se temerosas, perdedoras por antecipação. Não entre nessa!

A comunicação entre os vivos é natural. Mesmo quando acordados estamos trocando energias uns com os outros. Para o espírito não há distância. Um pensamento de raiva ou de amor atinge a pessoa na mesma hora. Ela vai assimilar essas energias conforme sua maneira de reagir. Se está habituada a pensar só em coisas dolorosas e ruins, as energias boas não vão penetrar. Se ao contrário pensar só no bem, as ruins vão ficar fora. Cada um obtém só o que escolhe.

Tanto o ódio quanto o amor une as pessoas. Quem odeia e reprime a raiva durante o dia pode durante o sono ir procurar o desafeto para vingar-se. Chega a sonhar que está batendo na pessoa e acorda cansado, indisposto. O amor não correspondido pode gerar uma perseguição noturna do rejeitado. As pessoas que se amam e estão separadas podem encontrar-se, conversar, até ter uma relação sexual. Há casos de viúvas que se relacionam com o espírito do marido morto. É preciso lembrar que o mundo astral é sólido para os espíritos fora do corpo e lá as emoções são mais intensas. O espírito de uma pessoa encarnada é igual ao de um desencarnado. No astral estão nas mesmas condições.

Você adormeceu, saiu do corpo, ele também, e se viram.

Ele queria tranqüilizá-la. Se fosse uma visita de despedida, ele daria a entender que era um adeus. Você assustou-se e não lhe deu tempo para explicar-se.

Enquanto espera, não se torture. O que aconteceu foi natural. Se tivesse tido calma o bastante, teria conversado com seu irmão e aproveitado melhor esse momento. Em breve receberá notícias dele e verá que tenho razão!

Um encontro astral é uma boa maneira de comunicação. Rápida, eficiente, barata. Por que não?

Por que ele me procura?

"Desde que meu marido foi assassinado, há dois anos, não tenho paz. Se durmo, sonho com ele; se fecho os olhos, ele aparece. Estou desesperada. Me ajude por favor!" (Marivalda)

Ele a tem procurado para pedir-lhe ajuda. Não se conforma com o que lhe aconteceu. Quer lhe contar como foi e revelar quem foram os dois que o mataram. Contudo, ele não tem permissão para isso.

A polícia não sabe o móvel do crime. Os espíritos a quem pedi ajuda me contaram que ele foi morto por vingança de uma traição que cometeu anos atrás, em sua cidade natal. Mesmo sabendo disso, o espírito dele está revoltado, sem querer aceitar a orientação dos espíritos superiores.

Por outro lado, você ficou muito impressionada, principalmente quando teve que ir à polícia reconhecer o corpo dele, em péssimo estado. Inconformada, diz que ele era um homem de bem e que não merecia uma morte dessas. Vive falando da pena de morte, afirmando que os assassinos deveriam ser mortos com requintes de crueldade.

O espírito de seu marido pensa como você. Por isso teve facilidade de ficar a seu lado, atraído por seus pensamentos. Você tem medo de espíritos.

Se quer ficar bem, é preciso que o deixe ir embora. Está apavorada mas continua pensando em vingança, em violência. Enquanto fizer isso, ele ficará unido a você.

Muitas coisas que você sente e pensa vêm das energias dele. Assim como ele sente tudo que você pensa.

Você pode se ajudar ajudando-o. O primeiro passo será o de perdoar os assassinos e entregá-los à justiça divina. Você não pode saber por que as coisas aconteceram, nem o que a vida pretende permitindo que esse drama os atingisse. Aceitar o que você não pode mudar é prova de confiança em Deus. Ele não erra!

A vingança gera mais violência. Só o perdão e a prática do bem imunizam. Esforce-se para não julgar o que não sabe. Sei que está sendo difícil superar essa situação, porém continuar alimentando o ódio e a revolta só vai piorá-la. O que resolve mesmo é aceitar os fatos e cuidar de melhorar seus padrões de pensamento. Se não conseguir, procure ajuda de um terapeuta, vá a um Centro Espírita kardecista tomar passes. Lá o espírito de seu marido poderá receber orientação. Faça sua parte esquecendo o mal.

Ao pensar nele tente conversar. Diga-lhe para aceitar a verdade. Que revolta só atrapalha. Que ele deve tentar entender por que a vida o fez passar por essa experiência e aprender com ela. Ensine-o a procurar a ajuda de Deus. Ore com ele. Tenho certeza de que sentirá enorme alívio. Ele agora pertence a outro mundo. Deixe-o ir. Cuide de melhorar sua vida, melhorando seus pensamentos, trabalhando por sua felicidade. Você pode! Faça isso e verá!

O desejo de vingança nivela a vítima ao agressor. Só a força do perdão consegue quebrar as cadeias da violência.

A inveja!

"Dizem que sou um rapaz bonito, tenho um QI alto, aprendo tudo com facilidade. Mas meus planos não dão certo. Será por causa da inveja dos outros?" (Mário)

A inveja é um elogio dissimulado. O invejoso deseja obter o que imagina que você tem. Nem sempre há vontade de prejudicar. Quantas vezes ela tem estimulado pessoas a progredir? Por outro lado, será que você é tão maravilhoso que as pessoas o invejam? Atrás desse pensamento não está o desejo de parecer grande, maravilhoso?

Só desperta inveja quem é muito bom. Imaginar que é invejado pode ser uma maneira de encobrir sua insegurança. Você é capaz, o problema está nos outros. Eles é que são culpados por seus fracassos. Essa postura revela o receio de não ser bom o suficiente. No fundo, você não acredita na própria capacidade.

Sendo assim, seus projetos não têm a clareza e a determinação necessárias que levam ao sucesso. Para ser bem-sucedido na vida, é preciso mais do que boa aparência e bom índice de inteligência. É preciso assumir que você é inteiramente responsável pelo que lhe acontece. Que se as coisas não estão dando certo é porque você não está agindo adequadamente.

A inveja pode ser para você uma justificativa, uma maneira de não tomar consciência de atitudes suas que o estão limitando. Você disse que gosta de tudo certinho. Cuidado com o perfeccionismo. O capricho é bom, mas o perfeccionismo pode impedir que você perceba suas falhas. O perfeccionista é intolerante com as próprias fraquezas. Não admite que possa errar e por isso quando algo sai mal sempre culpa os outros. A situação, o País, o patrão, os parentes, etc.

Quando você faz isso, transfere seu poder de ação. Os outros é que têm o poder de movimentar sua vida. Saia dessa ilusão. Só você pode escolher o que quer fazer. Assuma sua responsabilidade. Seja honesto.

Preste atenção em suas atitudes. Perceba seus medos e enfrente-os. Ninguém chega ao sucesso sem errar. São os erros que ensinam o caminho adequado.

Associe-se com o Chefão. Sempre que for realizar algum projeto, faça suas orações e procure perceber seu lado bom. Só vai ter o apoio do universo e dar certo se beneficiar todos os envolvidos. Faça sua parte, dê seu melhor e coloque tudo nas mãos de Deus.

Quando fez isso tudo e não conseguiu o que pretendia, conforme-se. Se a vida não deu o que queria, terá bons motivos. Conserve o otimismo, reveja os objetivos, tente de novo. Você chega lá!

Acreditar na inveja dos outros é arranjar uma desculpa para os próprios fracassos tentando encobrir o complexo de inferioridade.

Você é doente?

"Sou muito doente e os médicos não descobrem o que eu tenho. Estou sendo vítima de macumba ou de obsessão espiritual?" (Adélia)

Tanto a macumba quanto a obsessão só conseguem atingir uma pessoa se ela der abertura. Para isso não precisa ser ruim, nem fazer mal para os outros. Basta ser negativa, pensar só em coisas tristes, viver colecionando tragédias.

Você pode considerar-se muito boa, viver ajudando os outros e ser vitimada pelos espíritos perturbadores. Quando você fica otimista, está conectada com as energias positivas e portanto com a força do bem. Quando fica pessimista, está negando Deus, baixando o nível de sua vibração. Nessa hora qualquer pessoa, encarnada ou não, que desejar mal a você pode atingi-la energeticamente. Essas energias alojam-se em seu corpo astral, desequilibrando-o. Sua saúde fica abalada, mas os médicos não conseguem descobrir a doença.

Por outro lado, repetir padrões de pensamentos inadequados a seu nível de evolução gera doenças. De que forma? A vida quer que você faça o que já sabe. Você precisa usar o que aprendeu. Quando você usa seu melhor, ela lhe dá mais ainda, protegendo-a das coisas desagradáveis. Mas se você tem atitudes abaixo de suas possibilidades, então ela não a protege e deixa que você colha os resultados.

O corpo é o instrumento que sua alma usa para mandar mensagens a seu eu consciente. Quando você adoece, é porque está tendo atitudes inferiores a seu nível espiritual de evolução. Elas são a causa das doenças. Cada membro, cada órgão de seu corpo corresponde a um tipo de atitude. Aprender esse significado e modificar essas atitudes é encontrar o caminho da saúde.

Você se queixa de vários problemas; cura uma coisa, aparece outra. Seu caso não é de macumba nem de obsessão. Deixe de responsabilizar os outros pelo que lhe acontece e assuma que é você quem atrai esse estado doentio. Observe seus pensamentos habituais, as conversas que tem com você, de que forma reage ao fatos do dia-a-dia. Tenho certeza de que encontrará muitas crenças negativas, medos disso ou daquilo. Saiba que não pode ter saúde nem felicidade criando um ambiente negativo a sua volta. Para obter saúde, bem-estar, precisa acreditar que é saudável, valorizar os momentos bons que tem. O medo do futuro afasta você do presente, impede que aproveite as oportunidades de ser feliz.

Para desenvolver sua confiança na vida, todos os dias faça uma lista das coisas boas que possui. Sinta como você tem sido protegida, amada, valorizada. Sempre que alguém disser algo negativo, ignore. Você já sabe que isso faz mal. Fique com o bem. Pense em sua saúde e em sua felicidade! Fique de seu lado! Fazendo isso não há obsessão, macumba ou doença que pegue! Experimente e verá!

Atitudes inadequadas
geram doenças.

Laços do passado!

"Eu morava em Aracaju, tinha 45 anos, não pensava em me casar. Fui insistentemente convidada, por uma grande amiga que morava em São Paulo, para vir conhecer um amigo dela. A princípio recusei, mas como ela insistiu muito eu vim.

"Na noite anterior em que eu ia conhecer o rapaz, tive um sonho onde me encontrei com ele e fiquei impressionada porque ele me tratou com muita frieza. No dia seguinte eu o conheci e para minha surpresa, ele, o local, tudo era igual a meu sonho. A única diferença foi que ele não me tratou friamente. Ao contrário. Começamos a namorar. Hoje estamos casados e vivemos muito bem.

"Apesar de estarmos bem, quando eu lembro a maneira como ele me tratou no sonho, sinto um aperto no coração. Como eu freqüento um Centro Espírita perguntei aos espíritos a causa. Eles me contaram que em encarnação passada nós fomos noivos. Na véspera de nosso casamento, uma moça que gostava dele, enciumada, tramou minha morte. Colocou veneno no vinho que eu ia tomar. Por um desses caprichos do destino, quem bebeu o vinho envenenado foi a mãe dele, tendo a culpa recaído sobre mim. Tenho ficado encucada. Você poderia esclarecer essa história?" (Lindinalva)

Fiquei sabendo que naquela ocasião vocês se separaram. O casamento foi desfeito. Ele acreditou em sua culpa, uma vez que você e a mãe dele não se suportavam. Entre não se dar bem e cometer um assassinato há uma grande distância. Você era inocente e por isso também ficou sentida com ele. Desiludida, você fechou seus sentimentos e nunca se casou. Terminou seus dias sozinha e triste.

Ele, amargurado, sofrido, casou-se com a prima assassina e foi muito infeliz nessa união. Sua esposa, carregando em segredo o peso da culpa e do remorso, uma vez que não queria matar a tia, foi presa fácil do espírito da assassinada, que, não tendo conhecimento para perdoar, desejava vingar-se. Queria contar ao filho a verdade. Não conseguiu fazer isso, mas tornou a vida do casal um inferno. A nora acabou dementada e doente.

Voltando ao astral, seu ex-noivo descobriu que estava errado. Arrependeu-se. Lembrou-se de que ainda a amava e desejou encontrá-la para pedir-lhe perdão, o que deve ter acontecido antes de vocês reencarnarem.

Esse aperto no coração quando lembra o sonho mostra que você ainda guarda mágoa do passado. Não permita que isso perturbe seu relacionamento com ele. Vocês se amam e estão casados! Jogue fora o ressentimento e aproveite os momentos de felicidade que está desfrutando. Se recordar fosse bom, a vida não apagaria o passado! Pense nisso e perdoe de coração. Está na hora de ser feliz!

Só é feliz quem vive no presente.
Se quer encontrar a felicidade, jogue fora o passado, não tenha medo do futuro.

Sua vida vai bem?

"É possível que atitudes de uma encarnação anterior se repitam nesta encarnação?" (Romel)

Suas atitudes são fruto das crenças que você tem. Enquanto as mantiver do mesmo jeito, os fatos em sua vida continuarão se repetindo, não só na encarnação anterior como na atual e nas futuras.

Em cada encarnação você tem oportunidade de aprender coisas novas, principalmente na primeira infância, quando esquecido de suas vidas passadas dispõe de um cérebro no novo corpo, que como um computador que nunca foi usado irá gravar suas novas experiências. Depois dos catorze anos, você assume integralmente sua personalidade passada. Se não aprendeu nada novo, continuará fazendo as mesmas coisas. Repetindo as mesmas atitudes, obterá os mesmos resultados. Dessa forma, você pode avaliar a importância da educação. Por causa da inversão de valores da sociedade, a educação é falha, a criança é olhada como incapaz, raramente é respeitada, ouvida, e acaba perdendo a confiança em si ou desenvolvendo a agressividade para se defender.

O que deveria ser oportunidade de melhoria acaba se tornando limitação, fazendo você quando adulto precisar de terapia para libertar-se. Os consultórios estão cheios de pessoas tentando livrar-se das idéias erradas que foram obrigadas a engolir na infância.

É preciso reconhecer que são suas crenças, suas atitudes que atraem as pessoas, os acontecimentos em sua vida. As energias que você espalha é que determinam como você irá viver. Está na hora de aprender como o universo funciona.

Você é responsável pelo que lhe acontece. Se as coisas não dão certo, é porque você não está tendo atitudes adequadas para obter os resultados que deseja.

Descobrir quais são essas atitudes e mudá-las experimentando os resultados aos poucos a levará à conquista do bem que deseja.

É fundamental saber que nos hábitos corriqueiros, nas pequenas coisas do dia-a-dia você está emitindo energias e mandando recados ao universo. Ele responderá de acordo com o que você lhe der. Cultivar tristeza, falta de confiança na vida, idéias negativas, crítica aos outros e a si mesmo é separar-se do bem.

Quem se separa do bem está no mal e quem está no mal apaga sua luz interior. Quem apaga sua luz interior está nas trevas e nada pode dar certo para quem prefere as trevas.

Se deseja que tudo dê certo para você, diga *não* a qualquer pensamento ruim que apareça.

Confie na vida, acredite no bem, peça a Deus que lhe mostre o que fazer para ser melhor. Sendo melhor, suas energias atrairão pessoas melhores à sua volta e tudo sairá bem. Faça isso e verá!

Se quer que sua vida
dê certo, pense só no bem.

Meditação de Natal!

Em meio às correrias de fim de ano, dos preparativos para o Natal, faça uma pausa e se permita alguns minutos de paz.

Vá para um lugar sossegado onde não possa ser interrompida, sente-se bem à vontade, tire os sapatos, feche os olhos, respire profundamente, relaxe, esqueça todas as preocupações dos últimos dias. Se os pensamentos teimarem em aparecer, diga que mais tarde voltará a eles. Repita que naquele momento não deseja pensar em nada. Aos poucos irá se sentindo mais tranqüila.

Dentro dessa calma, imagine que dentro de seu peito acendeu uma luz muito clara, e que aos poucos ela vai aumentando até atingir todo seu corpo e sair formando uma aura ao redor dele. Nessa hora você é luz. Fique assim o maior tempo que conseguir.

Se sentirá muito bem e muitas coisas poderão acontecer nessa hora em seu mundo interior. Peça ao universo para lhe mostrar o que você precisa saber para melhorar sua vida e ser mais feliz. Observe o que acontece, sem intervir, como se fosse outra pessoa.

Se nessa hora você se recordar de problemas passados e não resolvidos, sentir as emoções que eles ainda despertam em você, olhe para eles sem tomar nenhuma atitude. Vai perceber coisas que antes não tinha notado e que tornarão tudo mais claro para você.

Uma situação pode ser completamente invertida e você descobrir que estava equivocada. Não entre na culpa. Reconheça que fez o melhor que sabia naquele momento. Agradeça ter percebido a verdade. Diga:

— Estou preparada para ver as coisas como são. Posso errar como qualquer pessoa, mas não me considero errada por causa disso. O erro faz parte da aprendizagem.

Se acontecer o oposto e você perceber que foi injustiçada ou prejudicada, perdoe. Não entre na raiva ou no ressentimento. Se fizer isso, vai apagar imediatamente sua luz e tornar-se energeticamente igual às pessoas que a atingiram. Imunize-se do mal. Cada um é responsável por si e colherá o que plantou. Continue na luz o máximo que puder.

Ao reassumir suas atividades, sentirá mais vigor, alegria, entusiasmo. Seu Natal não será mais uma cansativa obrigação de compromissos familiares que você não vê a hora que termine, nem sentirá aquela sensação de vazio que vinha depois. É que além de cuidar dos presentes, da ceia, das compras, você entrou no espírito do Natal, ligou-se ao espiritual, acendeu sua luz interior. Essa luz iluminará seu Natal, atrairá momentos mágicos de amor e paz. Conserve-a acesa sempre e todos os seus dias serão melhores. Feliz Natal!

Para enxergar claro
é preciso acender a luz!

Recados para o Ano Novo!

É tempo de renovar! Há quanto tempo você não sai da rotina? Você alega que quer mudar mas que o momento não é favorável, que a vida está difícil e até que o plano econômico do governo está puxando seu tapete.

Até quando vai dar desculpas como essas e continuar se escondendo, não querendo ver que só você é responsável pelos problemas que tem? Que quando você realmente quer alguma coisa, consegue?

Você se queixa da vida, subestima sua capacidade, mas no fundo, no fundo mesmo, não quer deixar a posição cômoda de não ter que enfrentar os desafios que a vida traz. Fica esperando que os outros façam essa parte para você. Afirma que é prudente e prefere não se expor, nem correr riscos de fracasso. Discorre muito bem sobre os perigos do caminho. Acredita estar se defendendo, prevenindo e se livrando de sofrimentos futuros.

Quanta ilusão! A vida é feita de desafios. É como um quebra-cabeças. Ela cria situações inesperadas que pressionam para que você encontre novos caminhos, desenvolva capacidades, descubra saídas. É um jogo fascinante onde você aprende a lidar com situações novas e inesperadas, tornando-se forte.

Ninguém pode jogar esse jogo por você. Ele é pessoal, intransferível. Por isso não adianta querer ficar parada, agarrada a coisas que você já conhece e que lhe dão uma falsa sensação de segurança. No universo tudo se movimenta e se transforma. A mudança virá de qualquer forma.

Você já tem problemas nas pernas porque não quer andar, no estômago porque não aceita as coisas novas, nos intestinos porque seleciona mal seus pensamentos, na vista porque não quer ver a verdade, no corpo porque seus medos retêm gordura para proteger-se. O que está esperando para reagir? Uma doença incurável que a faça acordar?

Neste final de ano, saia desse vitimismo. Enfrente seus medos. Reaja. Compre livros de auto-ajuda, faça afirmações positivas, reze, peça a Deus que lhe mostre a verdade. Tenha o firme propósito de no próximo ano começar vida nova! Esclareça-se, teste sua capacidade, faça um curso, arranje novas amizades. Ao invés de queixar-se, faça alguma coisa por você!

Abra sua mente e questione seus pensamentos. Jogue fora tudo que for negativo. Você só vai atrair coisas boas com pensamentos positivos. Ainda não percebeu isso? Seja qual for a situação que estiver enfrentando, firme o propósito de pensar só no bem. É dessa forma que você vai ligar-se com a luz, descobrir que a vida é perfeita, toma conta de tudo e que você pode confiar. Que sua segurança está em aceitar as mudanças naturais fazendo seu melhor. É assim que você se tornará forte e capaz. Experimente! Feliz Ano Novo!

A vida cria desafios para que você encontre saídas e se torne forte!

Falta de amor!

"Há alguns fatos que me atormentam, sou ansiosa para conseguir um companheiro e não consigo. Quero orientação..." (Eliana)

Não são os fatos que a atormentam, mas é você que se atormenta com eles. Se a olham, acredita que os outros a estão achando uma "coitada" incapaz de arranjar um namorado, pensando que você vai ficar para "titia". É pura fantasia. Você não é tão importante assim para os outros. Eles não ligam para o que lhe acontece. É você quem está se atormentando.

Você trabalhou oito anos como secretária (acha oito anos uma eternidade) sem motivação, somente pelo dinheiro. Resultado: está desempregada! Diz que não suporta mais a cobrança das pessoas. Mas é você quem se cobra!

Quer se tornar mais segura. Comece por observar como você se trata. É fundamental. A vida, as pessoas, tratam você como você se trata. Suas atitudes é que determinam o que lhe acontece. Tudo vai mal porque você se maltrata. Está de mal com a vida, julga-se incapaz, rejeita-se.

Pensando assim, emite energias desagradáveis que as pessoas sentem e se afastam.

Aceite que é você quem está criando a situação atual, jogando fora sua chance de ser amada. Na lei da atração só as energias contam. As suas estão contra o que você quer!

Você dá demasiada importância aos costumes sociais, às regras. Você não "tem que" casar na hora que a sociedade acha oportuno, nem trabalhar em uma atividade da qual não gosta. Liberte-se das obrigações. Você não é um robô que precisa fazer tudo igual a todo mundo. Saia das regras. Pare de se cobrar! Quando aquela vozinha interior disser "Você tem que" ou "Você deveria", responda alto e firme: "Eu não tenho que nada! Vou fazer só o que eu sinto!"

Por outro lado, procure se conhecer melhor. Aprecie suas qualidades, admire as coisas boas que tem, interesse-se pelas belezas à sua volta. Valorize as pequenas coisas que lhe dão prazer e conforto. Dê graças a Deus por elas.

A vida trabalha em ciclos em que nos oferece as melhores oportunidades de progresso e felicidade. Ter alguém é bom, mas se esse não é seu momento, não cultive a infelicidade.

A vida quer que você desenvolva outros lados de sua personalidade. Aceite com naturalidade. Um amor fora de hora pode trazer problemas que você não precisaria ter.

Faça o propósito de ser feliz com o bem que já tem. Esqueça o casamento. Descubra novos interesses, manifeste sua alegria, ame você, sua família, seus amigos, suas coisas, a vida, tudo! Viva com prazer, cultive o amor no coração. Só você pode fazer isso. Sem esse trabalho, sua vida continuará sendo o que é. Espalhe energias gostosas a seu redor e elas vão atrair coisas boas. Então, tudo que deseja poderá acontecer! Experimente e verá!

Quando você precisa aprender a cuidar melhor de si, desenvolver outros lados de sua personalidade, a vida a deixa só.

Amor e apego!

"Sonho sempre com uma casa muito grande onde me sinto bem. Tenho vontade de ir embora não sei para onde. Vivo deprimida, me ajude." (Dinah)

O passado já acabou, mas você vive apegada a ele. Está reencarnada, não se recorda de suas vidas passadas, entretanto seu apego às pessoas, às coisas e situações que já viveu ainda permanecem em seu espírito, impedindo-a de aproveitar as oportunidades que lhe estão sendo oferecidas agora.

Enquanto você fica suspirando com saudades de pessoas e lugares indefinidos, deixa de perceber todas as coisas boas que estão à sua volta e que poderiam dar-lhe alegria e felicidade.

De que lhe serve ficar lamentando o passado se ele já acabou e não volta mais? Isso só servirá para afastá-la dos objetivos que a trouxeram ao mundo. Pare de acreditar que está fora de seu lugar! Que não tem nada a ver com sua família nem com o ambiente onde vive. Saiba que tudo está certo e que a vida nunca erra. Foram as necessidades de seu espírito que atraíram a família em que você nasceu e o tipo de vida que está tendo.

Se se sente uma estranha que não pertence a esse meio, é porque você está se negando a aceitar o presente, pretendendo ficar agarrada ao passado. É você quem está se isolando, fugindo a seus compromissos de reencarne. Quando dorme, seu espírito tem ido à procura dos que ficaram no astral, dos quais se tornou dependente e não deseja se libertar.

Esse comportamento tem lhe trazido muita infelicidade. Tudo mudou e você teima em permanecer no mesmo lugar. Não percebe que é impossível? A vida é movimento e tudo gira em favor do desenvolvimento da consciência. Ninguém pode ficar parado. Você está sendo empurrada para a frente e quer ir para trás? Só vai se machucar. Você renasceu entre pessoas com as quais não tem muita afinidade exatamente para aprender a caminhar com as próprias pernas.

Aproveite a reencarnação. Abra seu espírito para aceitar o que não pode modificar. Se deixar de cultivar a tristeza, descobrirá a alegria que tem no coração. Se experimentar fazer as coisas sozinha, perceberá os próprios talentos. Desenvolverá a criatividade, reencontrará o prazer de viver! Sua vida se tornará gratificante e produtiva. Olhará as pessoas de sua família com bondade, respeitando o espaço de cada um. Saberá que eles têm o direito de ser como são e que você não precisa modificá-los para ser feliz. Procurará tornar sua casa mais bonita, será amável com todos, sem deixar de ser você mesma e fazer de sua vida o que achar melhor.

Deixe ir o passado, liberte as pessoas para reassumir seu poder. A vida é uma aventura maravilhosa, cheia de imprevistos e encantos, aberta para quem tem a coragem de dar força a si mesmo e acreditar! Você pode!

Se deixar de cultivar a tristeza,
descobrirá a alegria que tem no coração.

Enfrente seus problemas!

"O suicídio é pecado pelas leis divinas? Quando a pessoa se mata para acabar com os problemas, eles continuam na outra vida?" (Pedro)

Continuam. Fugir não vai resolver os problemas de ninguém. O que resolve mesmo é enfrentá-los procurando soluções. A vida é um jogo e os problemas são desafios ao desenvolvimento interior. Aparecem quando a pessoa já tem condições de solucioná-los. Por isso, dizer que ela é fraca e que não agüentou a pressão cometendo suicídio é mentira. Ela não quis enfrentar os problemas, desejando que tudo fosse de seu jeito. Isso é mimo. Como a vida não lhe fez as vontades, preferiu fugir, acreditando assim poder ludibriá-la.

Não vai conseguir. A morte é apenas uma mudança de estado e de lugar. A pessoa continua sendo a mesma, com os mesmos sentimentos, os mesmos problemas. Descobrir que não pode fugir de si mesmo é a grande desilusão dos suicidas ao acordar na outra dimensão.

Não existe pecado mas sim formas inadequadas de agir que provocam resultados desagradáveis. Se você cometer suicídio, estará interferindo no processo natural da vida, desequilibrando sua estrutura espiritual e física. Além do emocional, seu corpo astral ficará danificado. Você terá problemas de saúde no astral, precisará reencarnar e poderá ter problemas no corpo físico para voltar ao equilíbrio. Quando conseguir, se ainda não enfrentou seus antigos problemas, eles ainda estarão lá, à espera de solução. O suicídio, além de inútil, causa mais dor.

Quando você se suicida, está negando sua própria natureza de espírito eterno e capaz de assumir inteira responsabilidade pela própria vida. Quando você se vê como menos, incapaz, vítima da sociedade, está contra você, desprezando a própria força de ação. Aí, os problemas passam a ter uma dimensão gigantesca e você pensa que não tem como resolvê-los. Essa é a maior ilusão. Você tem tudo para vencer todos os desafios que a vida lhe traz.

Se você já pensou em suicídio, desista. Você só vai complicar sua vida para no fim descobrir que seus problemas só serão resolvidos quando você os enfrentar corajosamente. Pare de acreditar que você é fraco, assuma sua força! Deixe de ser mimado achando que tudo dói, que você precisa se poupar! Aceite que os outros não vão fazer nada por você e não espere nenhuma ajuda deles. A obrigação é sua! Tente fazer por si. Se errar, comece de novo até acertar. Amadureça! Fique de seu lado! Renove seus pensamentos e suas amizades. Não hesite em cortar relações com pessoas destrutivas e sugadoras. Acredite na vida, ela sabe o que faz! Aceite o que não pode mudar, mas jogue fora tudo que o incomoda. Cultive pensamentos positivos e procure cercar-se de pessoas nutritivas. Assim resolverá muitos problemas de sua vida. Aproveite e boa sorte!

A grande desilusão dos suicidas é descobrir que não podem fugir de si mesmos!

Reconquistando a dignidade!

Eu tenho uma amiga que sempre me procurava para contar problemas, dizendo-se muito interessada em enfrentá-los. Então, eu na tentativa de ajudá-la recolocava o assunto de maneira clara para facilitar que ela encontrasse as soluções e até sugeria algumas alternativas. Ela concordava, chegava a planejar como fazer, que atitudes tomar, e ia embora entusiasmada, cheia de idéias e planos. Entretanto, não passava disso. Quando eu perguntava o que tinha feito, ela alegava que não tivera tempo e que ia começar na semana seguinte. Tinha sempre uma desculpa para continuar do mesmo jeito.

Você também costuma fazer assim? Procura terapeutas, médiuns, faz cursos de auto-ajuda, freqüenta Centro Espírita, desabafa com os amigos, fica cheia de motivação, mas não toma nenhuma iniciativa?

Pare de se iludir. O fato de conhecer como as leis universais funcionam só aumenta sua responsabilidade.

Seja sincera. Reconheça que não pretende mesmo agir, que apesar das queixas e das situações que a incomodam você ainda acredita ser mais vantajoso permanecer como está e deixe de incomodar os outros. O que você quer é passar a imagem de mulher moderna, esclarecida. Não está nem um pouco interessada em enxergar a verdade e esforçar-se para viver melhor.

Sinto dizer que só você não vê como está se enganando, porque as pessoas com certeza já perceberam como você é e não a levam a sério, tal qual eu fiz com minha amiga. É possível que a estejam evitando. Já notou isso?

Essa atitude prejudica ainda mais a você mesma, porque destrói sua autoconfiança, gerando medo de tudo e incapacitando-a de tomar qualquer atitude no dia-a-dia. Como você vai confiar em alguém que nunca cumpre o que promete? Que está sempre encontrando empecilhos, colocando dificuldades para agir? Que nunca assume nada e espera sempre pelos outros?

Você que tem "pena" de todo mundo e que vive querendo ajudar os outros, tome cuidado. Pode estar sendo usada, sugada, sem nenhum proveito para ninguém. Diga não aos queixosos contumazes. Devolvendo-lhes a responsabilidade do que fazer, você os estará ajudando mais e não absorvendo toda a "carga" de suas energias negativas.

Quanto a você que gosta de fugir da realidade, reaja! Saia dessa ilusão! Comece nas pequenas coisas. Não queira copiar os outros. Deixe as regras de lado. Consulte seu coração ao decidir fazer alguma coisa e não prometa a si mesma o que não tem vontade de cumprir. Assuma que não quer e pronto. Mas depois de decidir, faça. Não deixe para mais tarde. Só assim você reconquistará sua dignidade, tomará decisões com facilidade, estará apta para enfrentar qualquer problema que tiver. Não é melhor?

Só quem assume a total responsabilidade por sua vida sente o prazer da dignidade.

Cautela ou comodismo?

Essa questão tem me incomodado. Até onde vai uma e começa a outra? Ser cautelosa pode evitar problemas desagradáveis, mas ser comodista certamente vai solapar a coragem, anular a criatividade, nos tornar presa fácil do domínio dos outros. É isso que acontece quando você não toma conta de seu pedaço.

Você é da turma do "deixa pra lá", não se importando quando as pessoas invadem seu espaço, alegando que odeia discutir, fica calada e afasta-se para não "arranjar confusão"? Faz isso porque adora viver em paz. O que, aliás, não consegue. Parece até perseguição. Sua vida está um verdadeiro conflito. Tudo quanto é "encrenca" vai sempre acabar em você. Por que será?

Reclamar, chorar e até rezar não vai mudar nada. É preciso identificar como você está atraindo isso. Depois, é só substituir a atitude causadora por outra que lhe traga aquilo que deseja.

Teoricamente é fácil. Na prática terá que enfrentar seu senso de defesa. Já notou como ele é forte? Você está sempre se defendendo de tudo e de todos. A segurança é fundamental e tudo que poderia colocá-la em risco se transforma em resistência. Você resiste a qualquer mudança!

É preciso coragem, ousadia e confiança para vencer na vida. Quem está no comando do próprio destino tem essas qualidades. Isso eu sei, mas como encontrar o ponto de equilíbrio? Como saber se posicionar, ser firme sem ser agressiva nem invadir o espaço dos outros? Como ousar ser diferente da maioria? Como confiar na vida conhecendo tão pouco de suas leis?

E o medo de sofrer? O que é mimo e o que é real? Difícil saber, não é mesmo? Só sei que tenho procurado essas respostas tentando "ler" os acontecimentos de meu dia-a-dia. Cada um é resultado de alguma atitude minha. É a única forma segura de conhecer a verdade. Pelos frutos se conhece a árvore, pelos resultados se sabe como estamos nos comportando. Se são bons, estamos de nosso lado; se são ruins, estamos contra nós.

Você vai dizer que está sempre a seu favor, mas se está infeliz e cheia de problemas, isso não é verdade. Tente perceber até onde você está sendo comodista, fugindo para não enfrentar as dificuldades, sendo covarde, ou sendo cautelosa tentando não se "meter" na vida alheia. Perceber essa diferença é um bom começo para quem deseja encontrar a verdadeira paz. Eu já aprendi e desejo que você também consiga. Posicionar-se sem agressividade, dizer o que sente, proteger seu espaço é saudável e atrai o respeito. Depois, o prazer da coragem, a sensação de poder quando você enfrenta e resolve uma dificuldade são deliciosos. Aproveite e verá!

A sensação de poder quando você enfrenta e vence uma dificuldade é deliciosa!

Mediunidade é um dom?

Não. Mediunidade é uma condição natural do desenvolvimento do ser humano. Está na natureza e todas as pessoas, percebam ou não, captam mensagens, tanto dos encarnados como dos espíritos. Mesmo quando você ainda não está consciente desse fato, eles acontecem a todo instante, interferindo em suas atitudes no dia-a-dia mais do que você poderia supor.

Quantas coisas você faz por impulso e depois se pergunta "Por que é que eu fiz?"? Fez obedecendo às energias que captou. E numa dessas pode meter-se em situações desagradáveis. É preciso aprender a dominar esses impulsos.

Sentir raiva, tristeza, depressão, sem motivo aparente, pode indicar a absorção de energias negativas e os espíritos desencarnados podem até aproveitar a situação, mas a abertura quem deu foi você.

Por isso, se sua vida está complicada, se os negócios não dão certo, se o clima em sua casa anda carregado, não jogue a culpa nos espíritos desencarnados nem diga que alguém fez macumba contra você.

É mais fácil admitir que a culpa é dos outros. Enquanto acreditar que um espírito a está obsidiando, que está sendo atingida por um trabalho de magia negra, você é apenas uma vítima, não precisa enfrentar seus problemas emocionais nem fazer nada. Só procurar ajuda espiritual, através de médiuns competentes, e pronto. Essa ajuda pode fazer você melhorar, porém a melhoria não será definitiva porque você aliviou algumas energias pesadas que carregava, mas não eliminou a causa que as atraía. Logo estará novamente perturbada.

Se você vive nessa gangorra, recorrendo à ajuda dos espíritos, tendo períodos de melhoria para logo voltar ao estado anterior, perceba que é você quem está atraindo os problemas em sua vida. Se tudo está ruim, é claro que você não está fazendo seu melhor. Aí vão algumas dicas, para você refletir:

1 – Ser pessimista é acreditar no mal.
2 – Não confiar na vida é negar Deus.
3 – Não assumir o que você sente é se enfraquecer.
4 – Julgar-se menos é tornar-se impotente.
5 – Julgar-se mais é atrair a derrota.
6 – Criticar é exibir suas fraquezas.

Por outro lado:

1 – Ser modesto é ser verdadeiro.
2 – Ajudar é dar espaço para que o outro cresça.
3 – Relacionar-se bem é se tratar com amor.
4 – Amar é ser incondicional.
5 – Ser verdadeiro é respeitar os próprios sentimentos.
6 – Viver na luz é ignorar as trevas.

É importante você situar-se, aprendendo mais sobre seus sentimentos, olhando sem medo para seu mundo interior. É conhecendo melhor como você é que poderá encontrar o equilíbrio emocional. Se for preciso, procure um terapeuta com o qual se sinta bem. Nunca fique contra você nem se critique, melhore seu nível espiritual. Vá para um lugar sossegado, ligue-se com Deus e peça que lhe mostre o que precisa saber. As idéias vão brotar, pessoas vão lhe trazer esclarecimentos, livros chegarão a suas mãos.

Descubra a magia da vida! Desenvolvendo sua força interior, você encontrará seu ponto de equilíbrio. Quando energias ruins chegarem em você, não terão como penetrar. Não haverá afinidade. Portanto, comece agora a acender sua luz. Não espere pelos outros. Esse é um trabalho que só você pode fazer. Experimente e verá!

Só desenvolvendo sua força interior
você encontrará seu ponto de equilíbrio.

Romance mal resolvido!

"Meu primo e eu nos amamos, mas nos separamos por pressão da família. Agora que ele morreu, sonho com ele todas as noites. Acordo triste, chorando. Será que ele vem em sonhos para se despedir de mim?" (Carmem)

O relacionamento de vocês foi muito forte. Durante três anos namoraram e se separaram por pressão da família, mas ambos sofreram muito com isso. Tempos depois, ele se casou e você ficou desesperada. Mas depois de algum tempo você se interessou por outra pessoa e também se casou.

Anos depois se encontraram no velório de seu avô e conversaram muito. Ele contou que tinha se precipitado em um casamento infeliz e estava se separando. Declarou que continuava amando você e propôs fugirem juntos. Você não aceitou, gostava de seu marido e não queria abandoná-lo. Nunca mais se viram.

Agora que ele morreu, tem procurado você em sonhos, não para se despedir mas para pedir ajuda. Ele sente-se infeliz e sem rumo.

A vida no astral, onde ele está agora, é mais intensa. As emoções são mais vivas, os pensamentos podem materializar-se rapidamente, criando formas assustadoras. Ele não viveu feliz, seu casamento não deu certo, o que aumentou a frustração de não ter feito o que gostaria. Essa situação agravou-se após a morte, deixando-o mais desorientado.

A vida após a morte é uma continuidade. Ninguém muda só por ter passado para a outra dimensão. Os problemas não resolvidos continuam existindo e podem aumentar de intensidade no mundo astral.

Quando seu espírito deixa o corpo durante o sono, ele a procura para queixar-se, falar de sua infelicidade, quer conforto. Você se comove, deseja ajudá-lo mas não sabe como. Essa situação é desgastante para ambos. Ele foi seu primeiro amor e você nunca o esqueceu. O fato de não terem se casado aumentou a fantasia, transformando-a em um sonho impossível. A recordação desse sonho tem favorecido que ele se aproxime de você e interfira em sua vida.

Você ama seu marido! Se não fosse assim, teria ido embora com seu primo. É hora de valorizar seus verdadeiros sentimentos e deixar de lado as ilusões de adolescente. Você disse que tem visto o espírito dele "igualzinho como ele era quando estava vivo". Quando isso ocorrer, fale com ele. Diga-lhe que não tem como ajudá-lo. Que seu ciclo de vida terrena acabou e o melhor é ele aceitar a nova situação. Ensine-o a rezar e pedir a ajuda dos orientadores espirituais. Diga-lhe também que suas visitas a estão infelicitando, peça-lhe que a deixe em paz. Afirme que o passado acabou, que você ama seu marido e quer viver bem com sua família. Depois, trate de esquecer o passado e aproveitar a felicidade que tem agora. Não permita que ninguém interfira em sua vida. Se fizer isso com firmeza, ele irá embora.

Conservar a saudade do antigo romance poderá atraí-lo de novo. Não faça isso. Deixe-o ir. A vida não permitiu que se unissem nesta encarnação e, acredite, ela sempre faz o melhor!

A vida após a morte é uma continuidade. Ninguém muda só por ter passado para a outra dimensão!

Marido injustiçado!

"Por que será que, quanto mais demonstro meu carinho à família, eles respondem com indiferença? Por que o feminismo mudou a ética familiar e o homem está sendo tão cobrado, tão mal compreendido?" (Lauro)

O homem não está sendo cobrado nem mal compreendido. Ao contrário. A mulher hoje trabalha, divide as despesas da casa, ajuda o marido a manter a família. Deixou de ser uma serviçal para tornar-se uma pessoa do mesmo nível, atualizada, viva, com quem ele pode conversar, trocar idéias, uma verdadeira companheira.

Claro que o "machão" está perdendo o espaço. O que antes podia ser indício de masculinidade hoje é sinônimo de ignorância. O homem moderno participa dos problemas da casa, cozinha, ajuda a mulher com as crianças, integrou-se mais com a família. É muito proveitoso quando os filhos deixam de ser figuras decorativas e fazem sua parte auxiliando na arrumação e na higiene da casa.

Você acha justo jogar sobre os ombros de uma mulher todo o serviço das pessoas da família? Não será muito mais digno que cada um cuide de si mesmo, de seus aposentos e coopere com os demais facilitando o trabalho e mantendo a ordem?

As mulheres não aceitam mais esse papel e fazem bem, porque quando ela fica passiva, não se atualiza, vive irritada, cansada pelo excesso de trabalho e pela injustiça da situação, o marido arranja uma amante. Geralmente aquela que soube preservar-se está mais bonita, mais disposta, mais cuidada.

Não adianta você ficar deprimido porque sua mulher não é como você acha que "deveria" ser. Você reconhece que ela é muito boa e isso é o mais importante. Não culpe o feminismo se ela não o valoriza. E seus amigos não fazem o mesmo? Ela é uma mulher cheia de vida, alegre, bem-humorada, e você vive pondo empecilhos, de cara amarrada, sempre se queixando. Quem se sentiria feliz ao lado de uma pessoa assim?

Pare de se criticar, de esperar que os outros fiquem passando a mão em sua cabeça dizendo que você é maravilhoso a todo instante. Mesmo que eles fizessem isso, de que adiantaria? Você não acredita. Julga-se insignificante, inadequado, feio, sem capacidade.

Enquanto continuar fazendo isso com você, tudo continuará como está. Agora, se quer resolver de uma vez esse problema, terá que mudar sua atitude. Quem quer ser valorizado tem que se valorizar. Acreditar em sua capacidade, confiar em seus sentimentos, olhar o lado otimista da vida. O mundo mudou e você não pode continuar com conceitos antigos que aprendeu dos pais e que não servem mais. A ética familiar agora é outra! Você não precisa mais ser o "super-homem" nem o "pai durão ". Pode ser apenas um homem, do jeito que você é. Não é um alívio? Poderá ser só o companheiro sensato e bem-humorado, o pai confiável, o amigo de todas as horas. Pense bem e decida. Tenho certeza que sua família vai adorar!

Para ser um bom pai, você não precisa ser um "super-homem" nem um "pai durão". Basta ser apenas o que você é!

Marido temperamental!

"Meu marido vive mal-humorado, deprimido, tira o prazer de tudo, quase não sai, diz que eu sou errada, não quer ir ao médico. Será que tem problema espiritual?" (Irene)

Você quer dizer que ele tem um "encosto"? Pode até ser que tenha, mas se ele atraiu algum espírito desencarnado temperamental, foi porque ele tem mau gênio mesmo. Prefere olhar sempre o lado ruim de tudo e está fechado para o bem. De nada adiantará você procurar ajuda espiritual se ele não perceber que suas atitudes é que estão lhe causando os problemas.

O pessimismo tem causado todos os sofrimentos que grassam no mundo. Acreditar na força do mal torna as pessoas vulneráveis às energias das trevas. A malícia faz ver o mal onde ele não existe. É um vício terrível, alimentado pela educação, pelas religiões, pelos meios de comunicação.

Há jornalistas dedicados a registrar o mal a pretexto de sanear a sociedade. Entretanto, quanto mais eles salientam a maldade, mais ela se alastra, e o crime, a corrupção se instalam. Esse círculo vicioso só vai acabar quando se salientar só o bem. Exemplificar o mal não será fortalecê-lo?

Seu marido deve ler os jornais todos os dias, assistir os noticiários da televisão, conhecer todos os "rombos" dos cofres públicos, todos os crimes e seqüestros da cidade, todas as "injustiças" dos sem-terra, todos os "abusos" da polícia, etc. Ele acha que conhece a "dura realidade" da vida. A cada dia ele se amarga mais com essa atitude Há anos você tenta ajudá-lo, mas ele não quer ver.

As pessoas estão começando a perceber que o pessimismo atrai a infelicidade. Tentam sair, procurando livros de auto-ajuda, terapeutas, meios de se libertarem. Mas a crença no mal está tão arraigada que fica difícil enxergar o bem.

Há quem acredite que, se rir hoje, vai chorar amanhã. Têm medo de tudo. Acabam trancadas em casa, sem ânimo para nada. Punem-se, bloqueiam a alegria, carregam a vida como um fardo doloroso e difícil.

Pode haver vida pior do que essa que ele escolheu para viver? Nada aconteceu de mau, mas na cabeça dele é como se já houvesse acontecido tudo. Diz que você é a errada? Quanta ilusão! Você é uma heroína! Convive com ele há tantos anos e não se contagiou com o mal. Isso é sabedoria.

Não tente convencê-lo a ser diferente. Ele só vai perceber a verdade quando estiver maduro. Não adianta você querer. Não reprima sua alegria por causa dele. Pense em você e no que lhe dá prazer. Não olhe para ele criticando sua aspereza, antes imagine-o gentil, otimista, cheio de luz. Ele precisa dessa energia até para sobreviver!

Quando ele estiver dormindo, coloque sua mão sobre a testa dele e imagine que ele está envolto em claridade e que raios de luz estão saindo de sua mão, penetrando em sua cabeça. Peça a Deus para mostrarlhe o que é melhor para ele naquele momento.

Faça isso. Pode dar certo!

O pessimismo atrai a infelicidade.
Você está começando a perceber isso.

Quem me salvou?

Amir, você relatou dois casos:

1 – Uma noite você se dirigia a um velório em São Vicente no carro de uma amiga conversando tranqüilamente. Fim de ano, muito calor e você colocou o braço sobre a janela do carro, ficando com a metade para fora. De repente, apesar do calor você sentiu que passavam uma pedra de gelo em seu cotovelo. Instintivamente puxou o braço para dentro do carro. Naquele exato momento um ônibus "fechou" o carro e arrancou a porta, mas nada lhe aconteceu.

2 – Em dezembro de 1994 você se encontrava a passeio em Buenos Aires. Era dia de voltar ao Brasil. Às oito da manhã você deixou as malas, passagem, documentos na portaria do hotel, levando apenas os dólares, saiu para passear pelo centro, pois só iria para o aeroporto às dez. O comércio nessa cidade só abre depois das dez. Você ficou passeando na Calle Florida, que estava quase deserta, algumas vitrines ainda com as luzes acesas, a maioria apagadas. Você parava olhando as vitrines iluminadas. Quando passava em frente a uma loja que estava às escuras, sentiu que alguém o empurrava para fora da calçada fazendo-o ficar bem junto à porta de vidro da loja. Foi tudo coisa de dois ou três segundos. Nesse instante uma grande placa de ferro galvanizado caiu do prédio bem à sua frente, arrebentando a calçada onde momentos antes você se encontrava.

Estranhamente você ficou calmo, "fora do ar" foi embora sem dar atenção às pessoas ao redor. Foi ao hotel, retirou as malas, dirigiu-se ao aeroporto e só quando estava esperando o embarque sentiu uma dor forte no tornozelo direito. Olhou e viu que ele estava negro e inchado. Foi então que você "acordou" e se deu conta do que tinha escapado.

Até hoje, depois de mais de um ano, quando se recorda do fato fica assustado pensando na morte horrível que teria tido. Você ainda sofre com isso, algumas vezes tem pesadelos.

Quem protegeu você? Um amigo espiritual cuja identidade fica difícil saber, já que ele não se identificou. Todos somos protegidos por amigos espirituais. Quantos perigos ocultos são afastados por eles sem nosso conhecimento? Todavia, em seu caso, eles fizeram questão de que percebesse a atuação deles. Era como se lhe dissessem: "Sua estadia na Terra pode acabar de um instante para o outro. Você não está agindo de acordo com seu nível espiritual! O espírito é eterno e a vida continua em outras dimensões. Você já sabe disso e não está dando importância. Acorde, deixe o materialismo, valorize sua essência espiritual. É tempo de mudar para melhor! Você já pode!"

Seus pesadelos são uma advertência. Você já tem conhecimento e está se prendendo a velhos padrões que o limitam. Quais? Peça à vida para lhe mostrar. Quando os encontrar, substitua-os por outros mais verdadeiros. Siga sua intuição, faça o que seu coração sente. Abandone as regras impostas pelas crenças alheias e que você nunca experimentou. Reflita sobre as leis da vida observando fatos e pessoas. Acredite em sua capacidade de discernir. Assim desenvolverá maior lucidez, bem-estar e evitará acidentes futuros!

Todos somos protegidos por amigos espirituais.
Quantos perigos ocultos são
afastados por eles sem nosso conhecimento?

Mãe desesperada!

"Meu filho de 42 anos era doente mental. Estava internado desde os doze. Ele morreu há dois anos e não me conformo. Choro, penso nele. Pode me ajudar?" (Lina)

Lamentar o que não tem remédio é inútil e doloroso. Por que se machuca dessa forma? Nada que faça vai modificar os fatos.

Aceitar os acontecimentos que não pode mudar faz diminuir a dor e abre o caminho para a paz interior. Seu desespero vem da falta de fé na vida. Você ainda não percebeu que nós todos somos protegidos pelas forças espirituais e que nada acontece sem a vontade de Deus. Ele não erra!

Muitas mães, se pudessem, assumiriam a dor dos filhos para que eles não sofressem, acreditando fazer um bem. Com essa intenção interferem em seus problemas, conseguem atrapalhar o desempenho deles, destroem o próprio equilíbrio e a saúde inutilmente.

Cada pessoa tem seu próprio processo de aprendizagem e ninguém pode mudar a força das coisas. Só a própria pessoa tem o poder de modificar o rumo de sua vida. Nenhuma mãe, esposa, filha, irmã, amiga, vai poder fazer pelo outro sua parte. Essa é uma *lei universal*.

Seu filho passou por uma experiência que você pode achar dura, mas que era o remédio indicado para a cura de seu espírito. Quando ele não mais precisou viver limitado dentro de um corpo fisicamente doente, foi libertado. Ficou lúcido na hora da morte e você teve a felicidade de abraçá-lo antes da partida. O que mais quer? Gostaria que ele continuasse vivendo prisioneiro de uma situação dolorosa só para vê-lo de vez em quando?

A vida continua após a morte do corpo. Se tem dúvidas a respeito, ao invés de ficar se lamentando, infelicitando sua vida e a de sua família, faça alguma coisa para se esclarecer. Vá a uma boa livraria, há livros sérios de pesquisa sobre o assunto. Freqüente um Centro Espírita kardecista, vá em busca de elementos para alicerçar sua fé. Você é um espírito eterno. Há dentro de você a essência divina. Indague, experimente, não tenha receio da verdade.

As pessoas que perdem um ente querido correm atrás dos médiuns em busca de uma mensagem sem ao menos conhecerem como esse "correio" funciona. Você não precisa de nada disso.

O ciclo dele na Terra acabou e o seu continua. A vida os separou temporariamente e isso era o melhor que podia lhes acontecer.

Limpe seu coração, espiritualize-se estudando a vida, coloque luz em seus olhos vendo sempre o lado bom, não dê passagem a pensamentos ruins. Tudo que precisa para vencer sua dor está dentro de você. Um dia, seu filho se comunicará com você diretamente. Você sonhará com ele e sentirá que se encontraram de verdade, ou terá a impressão de vê-lo e saberá que era ele mesmo. Nesse dia ele lhe dará todas as provas de sua presença. Confie, deixe acontecer espontaneamente. Vocês se amam e isso significa que nada nem ninguém os conseguirá separar. É só uma questão de tempo!

Quando existe amor, nem mesmo a morte consegue separar!

Ingratidão!

"Encontrei o amor aos cinqüenta anos, resolvi casar. Meus irmãos são contra. Até agora me dediquei só à família, por que recebo tanta ingratidão? Não tenho o direito de pensar em mim ao menos uma vez? Me ajude." (Clélia)

Você tem todo o direito de pensar em você e isso é o que deveria ter feito desde o começo. Você se abandonou durante anos e os outros tomaram conta de sua vida. Deu-lhes esse poder.

Eles não estão sendo ingratos. Você é que se limitou e os fez acreditar que era incapaz de cuidar da própria felicidade e de decidir o que fazer de sua vida. Eles estão respondendo a suas atitudes, querem continuar "cuidando" de você.

Por outro lado, você desde que começou a trabalhar deu-lhes todo seu dinheiro. Ajudou a manter a família. Quando seus irmãos se casaram, você custeou grande parte das despesas. Paga a escola dos sobrinhos, compra suas roupas, faz o que pode por eles. Acha que eles querem perder essas facilidades a que se habituaram?

Você está magoada. Diz que seu noivo é um homem honesto e bom, tem boa situação financeira. Sua família não o aceita só porque ele é viúvo e tem uma filha adolescente. Você está apaixonada, é correspondida e se dá bem com a futura enteada.

Não perturbe sua felicidade permitindo que os outros toldem sua alegria. Está na hora de crescer! Você queria tanto o amor deles, pensou conseguir isso com dedicação e se abandonou. Está descobrindo que essa postura não funciona.

Eles só estão respondendo a suas atitudes tratando você da forma como você se trata.

Para amar sua família, cooperar com ela, você não precisava se abandonar. Poderia tê-los ajudado sem se descuidar de si mesma. Mas você se deixou de lado. Nunca fez nada sem pedir opinião ou autorização.

Mesmo agora, apesar de acreditar que encontrou o homem certo, tem medo de ir contra a opinião dèles.

Está na hora de se posicionar. Ao invés de brigar com eles, de se explicar tentando obter consentimento para se casar, aja com firmeza. Reúna a família e seja sincera. Não reclame, não fale que os considera ingratos nem lhes atire em rosto sua dedicação. Não entre na "cobrança". Liberte-se da mágoa. Esqueça isso.

Seja sincera. Diga-lhes que vai se casar de qualquer forma. Que está se sentindo muito feliz, que os ama muito e que gostaria que todos estivessem presentes nesse momento tão importante de sua vida. É a maneira de mostrar-lhes que você tem condições de decidir e não vai mais abrir mão desse poder. Fazendo isso eles vão perceber que você cresceu, sabe o que quer. Vão respeitar.

Dar além do que é justo demonstra vontade de obter vantagens de alguma forma. A frustração destrói essa ilusão, permite perceber que é impossível esperar dos outros o que só você pode se dar! Lembre-se disso.

Não espere dos outros
o que só você pode se dar!

Suicídio!

"Uma amiga suicidou-se. Faz um ano e não consigo esquecer. À noite peço a Deus para ajudar o espírito dela e tenho pesadelos horríveis. O que fazer?" (Vilma)

Procurar esquecer. Do jeito que você está fazendo não a está ajudando. Você reza, pede a Deus que não abandone o espírito dela. Faz mais, diz a ele o que deve fazer. Não há nisso certa pretensão? Você julga que ele seja omisso? Pense nisso.

Por outro lado, impressionada com o que aconteceu a ela, quer fazer alguma coisa que possa aliviá-la, já que o suicídio é sempre um ato de rebeldia e você imagina que ela esteja sofrendo por causa disso. Aí, à noite, angustiada, depois de rezar, você dorme, seu espírito sai do corpo e vai "brigar" no astral com os problemas dela. Fazendo isso, julga-se uma heroína, chegando a procurar uma espada para "lutar" em defesa dela.

Não faça isso. Você está se intrometendo em assuntos que não lhe dizem respeito e está se dando mal. O suicídio é um assunto delicado, em que a pessoa precisa vivenciar sua experiência até o fim.

Só ela sabe quais os caminhos que percorreu, como ela se posicionou diante dos fatos do dia-a-dia e o que a fez desistir da encarnação. Esse ato foi gerado por sua postura interior equivocada.

Agora ela está colhendo os resultados. Descobriu que a vida continua e por mais que faça não conseguirá "matar" seu espírito. Ela quis "resolver" seus problemas no mundo fugindo das situações com as quais se sufocava. Com esse gesto invadiu o astral, mantendo um baixo padrão vibratório e viu-se rodeada de espíritos tão desequilibrados quanto ela. Em um mundo onde os sentidos são ampliados, seu senso de defesa a estará obrigando a reagir em busca do próprio equilíbrio. Assim, lentamente ela se tornará mais lúcida, aprendendo os valores verdadeiros e espirituais.

Você se chocou com o suicídio dela porque possui outros valores com os quais enxerga a vida, mas isso não lhe dá o direito de julgá-la. Se ela já tivesse seus valores, teria agido diferente. Como tudo está consumado, ela agora só precisa de compaixão. Quando você critica sua atitude e "imagina" que ela esteja sofrendo muito, manda a ela energias dolorosas que vão se somar às que ela já sente. Ao lembrar-se dela, se não puder enviar-lhe pensamentos harmoniosos, procure esquecê-la desviando sua atenção e entretendo-se com outras coisas.

A vida é mágica e transforma todos os atos ruins em bem. Entregue a Deus e esqueça. Você não "precisa" salvar ninguém! Deus cuida de tudo com perfeição e amor.

Sua amiga escolheu o que na hora lhe pareceu melhor e agora está descobrindo que outros caminhos lhe dariam resultados menos dolorosos. Não se machuque com problemas que não pode resolver. Cuide de sua paz, de sua vida interior. Dentro de você há a essência divina, é lá que deve buscar conforto e esclarecimento. Ligue-se com a luz e descobrirá como serenar seu espírito e viver em paz.

O suicida vai descobrir que outros caminhos teriam dado resultados melhores.

Só vou ser feliz se...

"Minha mãe reclama de tudo. Separou-se de meu pai, não se falavam quando ele morreu. Ela sonha que está tendo relações sexuais com ele." (Marlene)

Você diz não saber mais o que fazer. Na verdade você não agüenta mais o mau humor dela. Deseja que ela mude para que você possa ficar em paz. Garanto que não é por aí. Por mais que você faça, não vai conseguir que ela veja a vida da mesma forma que você.

Ela não consegue enxergar as coisas boas. Tempos atrás entrou na ilusão, estabeleceu condições. Ela só seria feliz se fosse de um certo jeito. Como os fatos foram diferentes do que ela queria, está resistindo, reclamando, "agarrada" ao que ela fantasiou que seria bom, a situações que nunca experimentou mas que a impedem de ver que pode haver felicidade fora delas. Vive entre um passado e um futuro imaginários que a tornam insensível a tudo que se passa agora. Está alienada.

Durante o sono, ela tenta escapar realizando suas fantasias sexuais, claro que com o marido porque sua rígida moral não lhe permite ter outros parceiros ainda que esteja viúva. Se o espírito do marido participa dessa relação ou se trata de um sonho psicológico, é outro problema.

Ele estava separado dela ao morrer, mas pode ter mudado de idéia. Quando ela vai para o astral durante o sono, livre da censura a que se impõe acordada, revela seu lado ardente e pode tê-lo atraído outra vez. Também, ela pode estar se encontrando com outros espíritos, mas sua censura a faz imaginar que seja sempre o marido. Esses encontros noturnos são uma válvula de escape em que ela extravasa parte das energias reprimidas.

Por outro lado, muitas pessoas imaginam o mundo astral sem consistência, os espíritos seres transparentes, sem vida física. Isso não é verdade. Nas dimensões astrais ligadas a nosso planeta, há vida física semelhante à nossa. O comando de todas as funções do corpo de carne está no corpo astral. Ao desencarnar, ele continua mantendo essas funções que vão garantir uma nova reencarnação. A relação sexual entre eles ou entre um encarnado e um desencarnado pode ocorrer, uma vez que seus corpos astrais podem se comunicar.

Você "não tem que" fazer nada nem pode apressar o processo de sua mãe. A vida já está trabalhando nele fazendo o melhor. Não se impressione com suas queixas. Ignore-as. Um dia ela vai se cansar de reclamar inutilmente e procurar outros caminhos.

Não critique. Se quer fazer alguma coisa, fique a favor da vida estimulando os pontos positivos que sua mãe possui. Ainda que lhe pareçam insignificantes, é o caminho. A felicidade só pode ser saboreada no presente trazendo à tona o lado melhor de cada um. Sinta-se melhor valorizando sua bondade, reforçando a bondade dela. Reafirmar o bem que há dentro de vocês é acender a luz e ligar-se às forças superiores do universo para viver melhor! Experimente e verá.

Reafirmar o bem é ignorar o mal
e ligar-se com as forças superiores do universo.

Um anjo dormiu lá em casa!

"No desastre, meu marido e meu filho de quatro anos morreram, meu braço ficou machucado, minha filha de seis anos nada sofreu. Como esquecer?" (Ângela)

A perda dói e custa a passar. Principalmente quando não compreendemos como a vida funciona nem acreditamos que ela faça tudo certo. A única chance que você tem para amenizar sua dor é buscar elementos que comprovem que a vida continua depois da morte, que há uma inteligência superior dirigindo o universo com firmeza e amor.

Um dia você irá descobrir por que as coisas aconteceram daquela forma e saberá que era preciso que fosse assim para amadurecimento de todos vocês.

Enquanto isso, não se deixe envolver pela revolta acreditando que tenham sido vítimas de uma injustiça. Deus não erra!

O acidente, a tragédia, a morte, olhados de forma materialista, criam desespero. Não se iluda com as aparências. As pessoas que você ama não estão mais naqueles corpos em decomposição. Estão vivas em outra dimensão, amparadas por espíritos amigos. Quase sempre o sofrimento de quem morre é ver a dor dos que ficam sem poder lhes dizer que estão muito bem e que a separação é temporária. Alguns por causa disso se negam a seguir adiante, preferindo ficar perambulando em sua antiga casa ao lado da família na esperança de poder comunicar-se. Essa atitude é prejudicial a todos, aumenta a dor, retarda a recuperação do bem-estar.

Se deseja ajudá-los, não se lamente nem os chame de volta. Seu filho e seu marido eram inseparáveis e continuam juntos. O ciclo deles na Terra acabou. Liberte-os, deixe-os ir. Procure desenvolver sua fé, estudar a espiritualidade, pedir a Deus que lhe mostre a verdade. É o jeito de recuperar o equilíbrio.

Seu filho sabia que tinha reencarnado por pouco tempo. Quando via você triste, dizia que logo ia virar um anjo, tomar conta de você para que não sofresse. Espírito elevado, amoroso e lúcido, sabia o que iria acontecer e reencarnou em sua casa apenas para ajudar. Logo após o acidente, recuperou sua forma adulta e tem protegido a todos esperando que aceitem os fatos com coragem. Eles partiram e você ficou para dar a sua filha o apoio necessário. Procure não dramatizar. Sua menina precisa de alegria para viver. Não deixe que o passado a impeça de aproveitar as coisas boas que a vida ainda tem para lhe oferecer. Transforme a saudade em luz, o amor em votos de bem-estar para eles. Pense na felicidade de ter durante quatro anos abrigado um anjo em casa e que ele de onde está continua amando vocês, trabalhando em silêncio para ajudá-las a encontrar a felicidade.

Pense nisso e não o decepcione. Retome seus afazeres com disposição, com alegria, acreditando que tudo passa e se renova. Para vocês um dia soará também o momento alegre do reencontro. Que quando isso acontecer você possa estar mais lúcida, harmonizada e feliz, mostrando que toda sua dor não foi em vão.

A dor dos que morrem
é não poder dizer que estão vivos.

Falando com os espíritos!

"Um espírito me obsidia. Diz que foi meu marido em outra encarnação, que sou culpada por ele estar deformado e infeliz. Isso é verdade?" (Paula)

No mundo astral, tanto quanto aqui na Terra, há pessoas de todos os níveis. Cada uma vê os fatos de seu jeito, às vezes mentem quando lhes convém, para se defender ou conseguir o que querem. Quando um espírito fala, é preciso analisar suas palavras, ponderando se são aceitáveis ou não.

Você não se recorda do passado, por isso ele pode dizer o que quiser. Ao jogar sobre você a culpa, ele está procurando fugir à responsabilidade de seus atos. Foi ele quem atraiu os fatos bons ou ruins que lhe aconteceram. Seja lá o que for que você tenha feito, foi ele quem deu importância, que olhou com maus olhos. Se ele não tivesse pensado mal, o que você fez não o atingiria. Entendeu?

Ninguém tem o poder de ferir uma pessoa. É ela quem se fere com o que os outros lhe fazem. Quem acredita que tudo se resolve através da violência joga fora suas defesas naturais, fica vulnerável à agressão, ao crime. Qualquer desequilibrado, inconseqüente, que quer resolver suas dificuldades através da força bruta, até do crime, se sentirá atraído por ele. De quem é a culpa? O assassino está dando o que tem. É primitivo, não sabe fazer melhor. É criança espiritual. A vida tem meios de ajudá-lo a crescer. Já o assassinado tinha mais evolução, poderia agir pela inteligência mas preferiu ficar em um padrão de crença do qual ele não precisava mais. Nesse caso, a vida não o defendeu, para que ele aprendesse que há outras formas mais civilizadas de resolver problemas.

Não aceite o que esse espírito diz. Seja ele quem for, está tentando dominá-la através da culpa. Saia dessa! As sessões de desobsessão ajudam, aliviam porque tiram os blocos de energias negativas que você carrega em sua aura. Podem até afastar os espíritos que a assediavam.

Porém foi você com seu padrão de crenças quem os atraiu. Se não modificar sua forma de ver, ele ou outros poderão voltar. Aí você vai dizer que o tratamento espiritual não deu certo.

O primeiro passo para se equilibrar é não cultivar a culpa, seja do que for. Quando errar, aceite o erro como condição natural e tente fazer melhor. Nunca fique contra você se culpando, se vigiando, se obrigando a fazer o que os outros querem para parecer "certinha".

Procure seguir sua intuição, seu eu interior, sua essência espiritual. É lá que Deus fala com você, orientando-a, fazendo-a perceber como agir. Quando você fica de seu lado, está se dando força e assumindo seu poder. Isso é valorização. Jogue fora o mal e aceite seu lado bom. Pense positivamente. Só o bem é real! Tenho certeza de que assim você vai se libertar das influências negativas, resolver os problemas afetivos que a incomodam. Só você pode mudar sua vida. Experimente e verá!

É seu desequilíbrio emocional
que está causando sua obsessão!

Liberdade de amar!

"Por que a vida está me castigando? Será por eu ter me envolvido com um homem casado?" (Joyce)

A vida não castiga ninguém. Contudo, envolver-se com alguém comprometido com responsabilidade de família é um risco que quase sempre dá errado. Quando ocorre a atração antes que ela se transforme em um sentimento mais profundo, é preciso ponderar se vale a pena correr esse risco.

Você conta que demorou anos para se apaixonar pelo colega de trabalho. Que isso aconteceu porque ele demonstrou muito amor, colocando-a sempre em primeiro plano. Será que atrás de seus sentimentos não se esconde a vaidade de ver um homem mais maduro valorizá-la? Será que a vontade de que seu "sonho de amor" desse certo não a iludiu a ponto de confundir um relacionamento ocasional com um amor verdadeiro? Tem acontecido com muitas mulheres! Pense nisso!

Por outro lado, o que levaria um homem a ter uma relação fora do lar? É comum os papéis de "marido" e de "esposa" assumidos com o casamento transformarem a relação em constante cobrança e em competição de desempenho. O romantismo é substituído pela rotina. As pessoas perdem a expressão, o brilho, a alegria de viver.

Uma nova relação pode ser uma válvula de escape para renovar o ânimo, mas vai criar outros problemas de difícil solução. Os laços de família são muito fortes. Na hora de romper com eles, nem sempre um homem tem coragem. Há os filhos, o resto dos familiares, a divisão dos bens. O casamento é uma estrutura muito protegida pela sociedade. É fácil mergulhar em um novo amor, alegar que não é feliz com a esposa, porém se as coisas se complicarem e o homem tiver que optar, é quase certo que ficará com a família.

Aconteceu com você. Apesar do amor que ele diz sentir, do filho que tiveram, quando a família dele descobriu, a filha tentou o suicídio. O que você esperava? Que ele abandonasse tudo e ficasse com você? O peso da culpa infelicitaria vocês dois. Ele pensou e escolheu acabar com a relação.

Deixe-o ir. Liberte-se de uma relação complicada que começou de forma errada e poderia machucá-la ainda mais. Não culpe nada nem ninguém. Abençoe a experiência que lhe deu mais maturidade e peça a Deus que a ajude a esquecer. Comece uma vida nova, seu filho precisa de sua alegria.

Peça à vida que lhe mande alguém que esteja livre para amar, que se afine com você. Enquanto espera, cuide de seu interior alimentando seu espírito com pensamentos positivos. Acredite na vida, que está colocando em suas mãos a oportunidade de viver melhor. Como sua felicidade está onde você a põe, para ser feliz basta colocá-la onde você já está! Vale a pena experimentar!

Para ser feliz basta colocar
a felicidade onde você já está!

Doença é carma?

"Fui muito doente na infância. Os problemas de saúde são expiações de vidas passadas? Quem sofre bastante nesta vida é recompensado em outra?" (Gunther)

Não. Os problemas de saúde não são punições de erros do passado. A vida não castiga ninguém. Quando você acredita que está "pagando" dívidas, não precisa fazer nada senão agüentar e esperar que as coisas melhorem. Isso é um erro porque as doenças foram criadas por você através de suas atitudes e crenças. Se continuar pensando da mesma forma, vai atrair novos problemas. Quando cura uma coisa, aparece outra. É que a causa verdadeira não foi eliminada e continua criando seu carma.

Você cultivava crenças e tinha atitudes que atraíam doenças desde sua encarnação anterior. Por isso já nasceu predisposto às doenças. Não justifique sua postura esperando ser recompensado em outras vidas. Isso não é verdade.

O sofrimento deixa marcas e impressões dolorosas no corpo astral e quem sofre muito neste mundo leva tantas formas-pensamentos de dor para o astral depois da morte que precisa passar longo tempo nos hospitais da outra dimensão para libertar-se delas.

Seu corpo de carne é uma máquina perfeita, porém quem o comanda é seu espírito. Quando você tem atitudes que o desequilibram, ele reage provocando sintomas tentando mostrar-lhe que não está fazendo seu melhor. O médico é que vai tratar os sintomas, mas a cura está em você descobrir qual foi a atitude sua que os provocou e mudá-la. Se não fizer isso, os medicamentos poderão aliviar por algum tempo mas logo outros sintomas aparecerão.

Se seu corpo não está bem, você precisa descobrir como está provocando isso. Comece prestando atenção nas conversas que mantém com você e com os outros. Pensa muito em doenças? Vive com medo de "pegar" tudo? Lê bulas de remédios e está sempre tomando algum? Estuda o progresso da ciência e da medicina? Você vai escolher sua carreira e está em dúvida entre "auxiliar de enfermagem" e "técnico de eletrocardiograma". Não acha isso revelador? Você só pensa em doença! Se pretende ser saudável, procure outra profissão. Deixe as doenças e os doentes de lado. Saia dessa faixa de energia. Faça o oposto. Pense em saúde, em alegria e bem-estar. Saia do mimo também. Como doente, foi muito mimado pelos pais. Isso o fez acreditar que é fraco, sensível e que está rodeado de perigos. Isso não é verdade. Você é forte, seu corpo é igual ao de todo mundo e não precisa superprotegê-lo. Não são os medos e os excessos de cuidados que o vão proteger, mas as atitudes sadias, a crença de que você é forte e tem muita saúde. Faça isso e nunca mais ficará doente! Experimente e verá!

Só evita a doença quem
acredita que é forte e tem atitudes sadias!

Ele é um alcoólatra?

"Tenho um problema que não consigo resolver. Meu pai bebe, fica violento, é pessimista e passou isso para minha mãe e para mim. Chego a duvidar de Deus." (Regina)

Esse é um assunto que você nunca conseguirá resolver. Sabe por quê? Porque o problema não é seu. É de seu pai e ele só vai deixar de beber no dia que quiser. Claro que não é agradável ver uma pessoa que você ama agir de forma imprudente, criando confusões e perturbando o resto da família.

Ele é um alcoólatra. Essa é uma doença difícil, que acaba por destruir a harmonia de toda a família. As pessoas que convivem com um quase sempre acabam por superprotegê-lo encobrindo e desculpando suas falhas, pensando que assim o estão ajudando. Esse comportamento aumenta sua insegurança, tornando-o cada vez mais dependente da bebida.

O dependente do álcool costuma dizer que não é alcoólatra, que bebe por prazer e que pode deixar de beber quando quiser. Isso não é verdade. Reconhecer que está viciado é o primeiro passo da recuperação. Porém para chegar a esse ponto alguns precisam ir ao fundo do poço. Só quando os sofrimentos se tornam insuportáveis é que eles reagem, procuram a cura com sinceridade, usam a própria força e conseguem vencer. Isso pode levar mais de uma encarnação.

Ao conviver com um alcoólatra, a melhor atitude é deixar que ele sofra todas as conseqüências de seus atos, que perceba os vexames a que se submete. Evite as críticas, mas não tente justificar suas atitudes nem encobrir suas fraquezas. Só o elogie quando ele estiver bem ou fizer alguma coisa boa.

Não se envergonhe por ele! Você não é responsável pelo que ele faz. Nem queira "curá-lo", porque não vai conseguir. Ele está vivenciando suas próprias experiências dentro do próprio processo. Um dia vai encontrar um jeito de vencer essa fraqueza. O que você não pode é estragar sua vida, sua felicidade, por causa de algo que não depende de você e que não está em suas mãos evitar.

Você tem um bom marido, uma filha adorável, por que não usufrui dessa felicidade? Não deixe que os problemas de seus pais atrapalhem sua vida. Não transfira a infelicidade deles para seu lar. Saiba separar as coisas.

Aceite que você não tem o poder de fazê-los mudar. Não se deixe envolver pelo negativismo deles. Não leve para seu lar energias pesadas que vão atrair problemas e dificuldades. Seu marido e sua filha merecem ter em casa um ambiente alegre e harmonioso. Preservar esse espaço é o esforço que lhe compete. Entregue nas mãos de Deus o problema de seus pais e não se torture mais. Cuide de sua felicidade e deixe-os em paz. Eles vão encontrar o próprio caminho! Você pode e deve pensar em você e preservar sua paz.

Só quando não suporta mais o sofrimento o alcoólatra usa sua própria força para vencer o vício.

Foi magia negra?

"Eu era culta, admirada, feliz. De repente tudo mudou. Estou sem inteligência, todos me maltratam. Dizem que me fizeram "magia negra". Me ajude, por favor!" (Eliana)

Você era ativa, dava cursos, ajudava os outros, via a aura das pessoas, cultivava bons pensamentos, tinha saúde e boa situação financeira. Era valorizada, querida. Vivia bem. Agora perdeu tudo, inclusive o equilíbrio, está cheia de medo, fechada em casa, odiando-se e sendo maltratada pelas pessoas.

Como é que você fez isso? Aí você vai dizer que estou enganada, que foram os outros que lhe fizeram um trabalho de magia negra que nada nem ninguém consegue "desmanchar". Acreditar nisso seria o mesmo que dizer que o mal é mais forte do que Deus, que as trevas podem mais do que a luz.

Sua vida mudou porque você mudou sua forma de pensar. De alguma maneira você se deixou influenciar pelas idéias dos outros, perdeu a confiança em si, ficou com medo e permitiu a invasão das energias negativas. Quando foi que isso começou a acontecer?

Você acha que fazer as coisas pensando em seu bem é egoísmo, vaidade. Mesmo estando mal, você acha que "tem que" ajudar os outros. A idéia de querer "salvar" todo mundo é responsável por muitos problemas de obsessão. Se você não se fortalece interiormente, não cuida de conhecer e controlar as próprias emoções, de aprender como as leis cósmicas funcionam, como é que vai querer intervir nos problemas alheios? Que condições tem de ajudar verdadeiramente?

Ocupar-se com o próprio progresso não é vaidade. Vaidade é ter a pretensão de resolver os problemas dos outros, apesar de não saber como solucionar os próprios. Esquece-se que Deus está cuidando das pessoas melhor do que você? Só que ele faz do jeito dele, não do jeito que você gostaria.

Foi você quem abriu sua aura permitindo a intromissão de elementos negativos que usam suas energias e a dominam. Quem não toma conta do corpo como se deve é invadido. Foi o que lhe aconteceu. Pare de culpar os outros pelo que está passando e reaja. Procure lembrar-se de como foi mudando sua forma de pensar e trate de reassumir o controle absoluto de suas atitudes. Você é a dona de sua mente e de seu corpo! Não dê poder ao mal. Valorize o bem, cultive pensamentos positivos, confie na vida. Logo estará melhor e voltará a ser como antes. Só você tem o poder de acabar com as influências maléficas que a incomodam. Acredite, você pode! Quando estiver bem, deixe de lado a megalomania de achar que "sabe" o que os outros precisam. Pense em você, em seu bem-estar. Seja humilde. Cuide de sua harmonia interior e sempre estará bem. Experimente e verá!

Só você tem o poder de acabar
com as influências
maléficas que a incomodam.

Perturbação e mediunidade!

"Não quero desenvolver minha mediunidade. Como devo lidar com minha sensibilidade para não sofrer tanto?" (Susi)

Dizer que não quer desenvolver a mediunidade é o mesmo que uma criança dizer que não quer crescer. Nada vai poder evitar. A abertura da sensibilidade é um fenômeno natural e ocorre com todas as pessoas em determinado momento de sua evolução. É irreversível.

Você pode "fechar o corpo" nos terreiros, bloquear a comunicação com os desencarnados, não querer informar-se sobre o mundo astral, usando seu livre-arbítrio, mas não vai conseguir evitar a captação de energias e vai acabar se sentindo cada dia pior, até o momento em que resolva admitir que mesmo a contragosto você já desenvolveu a mediunidade e que precisa aprender a lidar com ela.

Disseram-lhe que se você não trabalhar com os espíritos vai lhe acontecer algo de ruim. Muitos acreditam nisso. Entretanto os espíritos superiores não obrigam ninguém a fazer o que eles querem. Só os mais atrasados têm essa pretensão. Um espírito superior quando se aproxima deseja doar amor, luz, alegria, lucidez. Se você está mergulhada em energias negativas, eles não insistem, ficam esperando que você amadureça.

A idéia de que o médium tem que "salvar" a humanidade, destruir o mal, ser o herói que sofre na Terra para usufruir de uma vida melhor no outro mundo é fantasia. Ninguém tem esse poder. A vida protege a todos, transforma a pior situação em benefício sem precisar de sua ajuda. Cada um só é responsável por si. Cooperar com os outros só é bom se for de coração.

Sua mediunidade é uma ferramenta a mais para ajudá-la a viver melhor. Você pode ter acesso às verdades do mundo espiritual, à sabedoria dos espíritos superiores, à certeza de que o espírito é eterno. Pode alimentar seu espírito, acabar com todos os medos, valorizar suas oportunidades, reciclar seus valores, ampliar seus horizontes. Porém isso só vai ocorrer se você se ligar com o positivo, ignorar o mal, acreditar que você merece e pode ser feliz.

Se cultiva pensamentos de medo, se acredita no poder do mal, você está se ligando com os espíritos sofredores, encarnados ou não. É você quem escolhe de que lado quer ficar. Não com palavras mas com atitudes. O que conta não é o que você diz, mas o que você faz. Negue o poder do mal, do ruim, não admita a interferência de espíritos negativos. Ignore o mal e aja sempre no bem. Faça meditação, ligue-se com a luz, evoque a presença dos espíritos superiores, acredite que eles estão de seu lado, apenas esperando que você abra espaço para que eles possam dar-lhe todo bem-estar, alegria e lucidez que precisa para viver melhor. Faça isso e verá!

Entre o bem e o mal é você quem escolhe de que lado quer ficar.

Infelicidade no amor!

"Sou bonita, alegre mas nunca tive um namorado. Será que eu fui muito má e egoísta em outras encarnações?" (Raquel)

Não existe castigo. As leis universais entendem que se você agiu com maldade foi pensando que seria para seu bem. Você queria ficar melhor. Por ignorância escolheu o caminho errado. Então elas criam situações em que você aprende e recicla seus valores. É assim que a vida funciona.

Se os rapazes "fogem" de você e não consegue se relacionar, é porque suas energias os estão "empurrando" para fora. Tente perceber como faz isso.

No relacionamento amoroso, o que conta são as energias. Há as que atraem e as que expulsam. Essa "coisa de pele" é isso. Para que duas pessoas se sintam atraídas é preciso que as energias combinem. Há mulheres feias que são tão atraentes e disputadas, amadas por homens bonitos e bons, que provocam o comentário: "O que será que ele viu nela?"

A atração, aquele "algo mais" é criado por sua aura energética. Como se faz isso? Melhorando o padrão mental, enriquecendo o espírito, desenvolvendo seus potenciais e se valorizando. A autovalorização não é você mudar o visual, fazer tudo que tem vontade e sair por aí incomodando, invadindo o espaço dos outros a pretexto de ser "você".

A autovalorização é um trabalho interior. Vem da atenção que você dá a seus sentimentos, sendo verdadeira, não se incomodando com a opinião alheia. É dizer *sim* quando sente que deve e *não* quando sente que não quer. É preciso deixar de querer ser a "maravilhosa", a "certinha", fazer o que você sente, mesmo correndo o risco de não preencher as expectativas dos outros.

Não confunda desvalorização com humildade. Ser humilde é não ter vergonha de ser como você é. Aí você vai descobrir as qualidades que já tem. Saber com o que pode contar vai dar-lhe segurança e motivação para aprender mais. Encontrará outras atividades no dia-a-dia que vão enriquecer seu espírito. O que é a energia da atração senão o brilho da alma?

Domine a ansiedade e saiba esperar a vida lhe trazer a pessoa certa. É preferível ficar só a machucar-se com um casamento inadequado. A insatisfação, o receio da solidão, a vontade de "agarrar" alguém a qualquer preço criam energias desagradáveis que os rapazes sentem e fogem como o diabo da cruz. E se um deles ficar, será só para criar problemas. Não faça isso! Não entre na neura de muitas mulheres que estragaram sua chance de felicidade.

Valorize-se, cultive o bem, confie na vida. Não tenha pressa. Um dia, quando estiver pronta, vai aparecer a pessoa adequada, na hora certa. Juntos irão construir um lar feliz e próspero. Não é isso o que você quer?

A vontade de "agarrar" alguém
a qualquer preço
afasta as pessoas e impede o amor.

A autotortura!

"Um conhecido meu de 28 anos foi assassinado e desde então não consigo ter paz. Por favor me ajude." (Angélica)

Você é bem casada, tem duas filhas lindas e está se deixando impressionar por um problema que não é seu, se autotorturando com ele, tentando imaginar o que as pessoas envolvidas estariam sofrendo e criando infelicidade em sua vida.

Claro que a morte trágica de uma pessoa jovem e amiga é sempre um acontecimento triste, entretanto é preciso compreender que cada um atrai e vive as experiências de que necessita para amadurecer. Nós não temos condições de saber a causa desses acontecimentos muitas vezes escondidos em problemas não resolvidos de vidas passadas, mas sempre provocados pela crença de que a violência resolve todos os problemas.

Além do que nada acontece sem a permissão de Deus e ele nunca erra. O bem maior está em tudo que acontece, mesmo em uma tragédia como essa. Quem pode saber as mudanças que esse fato provocou no espírito do rapaz assassinado? Que transformações sua família estará passando? E o assassino, que experiências estará vivendo após esse gesto? Apesar das aparências, eu afirmo: se não fosse para o bem de todos, esse fato não teria acontecido. A bondade de Deus não teria permitido.

Pare de se torturar! Imaginar o quanto a mãe dele estaria sofrendo, colocar-se no lugar dela e sofrer também é uma tremenda fantasia. Nunca conseguirá entrar dentro dela e saber o que ela sente. Depois, essa sua atitude não irá suavizar nem um pouco os sofrimentos dela. Ao contrário, você com sua angústia está mandando para ela energias negativas que irão se somar às dela e aumentar sua dor. Não é isso que você quer.

O excesso de sensibilidade que você tem é uma porta aberta atraindo energias dolorosas dos outros e elas vão acabar provocando acontecimentos tristes em sua vida. Saia dessa. Cuide só do que lhe diz respeito e não permita que os problemas alheios interfiram.

Não pense que fazendo isso você estará sendo egoísta. Ajudar os outros quando você sente vontade e pode fazer alguma coisa é bom e útil. Mas torturar-se com os sofrimentos do mundo é arranjar problemas desnecessários.

Os hospitais estão cheios de gente sofrendo, as tragédias ocorrem todos os dias. Se viver pensando nisso como será sua vida? Você não é responsável pelo que as pessoas fazem e atraem para si. Jogue fora esses pensamentos tristes e aproveite os momentos de felicidade que pode desfrutar com sua família. Dê graças pelas coisas boas que possui e trate de cultivar pensamentos positivos para que sua vida seja cada dia melhor!

Ser chorosa não é ser sensível. É ser mimada e o mimo atrai acontecimentos dolorosos em sua vida!

Desemprego!

"Tudo ia bem até que quis tentar uma nova vida. Não deu certo. Agora não arranjo emprego, brigo com a namorada, dá tudo errado." (Mílton)

Não foi o fato de querer mudar de vida que o deixou nessa situação, mas as atitudes com as quais fez isso. Você é responsável por tudo que acontece em sua vida, mesmo que não perceba. Identificar suas atitudes que estão atraindo as experiências ruins é o primeiro passo. Medite sobre a lei maior para o sucesso: valorização.

1 – Autovalorização. Acreditar que é capaz. Saber o que pode fazer e interessar-se em aprender mais para melhorar seu desempenho e poder aumentar seu salário.

2 – Valorizar as oportunidades que tem, aproveitando as que aparecem, sem preconceitos nem vaidade.

3 – Valorizar o trabalho, caprichando sempre, até nos pequenos detalhes, fazendo um pouco mais do que lhe pedem.

4 – Valorizar o dinheiro, evitando qualquer desperdício, mesmo com o que não lhe pertence.

Se seus caminhos estão fechados, foi você quem os fechou com suas crenças e atitudes.

A vida responde ao que você lhe dá. Ela o trata como você se trata. Ao desvalorizar-se você está dizendo para a vida que vale menos e, portanto, terá sempre menos. Quando não sabe a própria capacidade, você pode se atribuir um valor mais alto do que tem, entrar na revolta por pensar que seu valor não é reconhecido e querer sempre mais do que vale. A pretensão não é valorização, é ilusão e leva ao fracasso.

O que traz a realização interior é o capricho, é o prazer de realizar um trabalho bem-feito, por mais simples que seja. A realização interior dá satisfação, aumenta a confiança em si, dá motivação para fazer mais e melhor. Essa disposição ajuda a progredir, abre as portas de novas oportunidades, atrai o sucesso.

A boa vontade, a participação com interesse, garante o emprego. Na hora do corte, quem vai embora é aquele que não coopera.

O dinheiro é um valor precioso que garante a dignidade da própria independência. Deve circular. Pague suas contas com prazer, dando graças a Deus por ter o dinheiro. Todo desperdício é desvalorização do dinheiro. Cuidado com o que você estraga, joga fora, gasta sem necessidade, ainda que pareça não fazer falta ou que não lhe pertença. A economia divina vai lhe cobrar isso. O respeito com tudo e todos traz prosperidade. Pense em tudo isso e comece já a mudar os conceitos inadequados. Faça isso e verá!

Valorizar a falta e não aproveitar suas oportunidades é afastar a prosperidade!

Encontros astrais

"Ontem sonhei com meu filho que morreu ano passado. Estava lindo, alegre e pediu-me para não chorar mais. Estive com ele ou foi ilusão?" (Georgina)

Você se emocionou, abraçou-o e sentiu grande prazer em vê-lo. Isso significa que não foi um sonho, mas que você saiu do corpo e encontrou-se realmente com ele na outra dimensão. É natural que aqueles que morrem e descobrem que a vida continua voltem para confortar os que ficaram.

Todas as noites, enquanto nosso corpo descansa, nosso espírito se desloca, utilizando o corpo astral, e vai para outras dimensões, procurando soluções para os problemas do dia-a-dia, aconselhando-se com espíritos amigos, tentando rever pessoas queridas, muitas delas conhecidas apenas no mundo astral. Nossa família não se limita apenas aos laços consanguíneos que criamos na Terra que podem ser apenas circunstanciais e temporários e que vão se romper depois da morte para alívio de ambos os lados. Nossa verdadeira família é formada pelos laços da afinidade e do amor. Todos temos nossa família espiritual, pessoas com as quais nos ligamos voluntariamente pelos laços da amizade e com as quais sentimos grande prazer de conviver.

Se quando estamos acordados a vida nos fez esquecer essas ligações, foi para que elas não atrapalhem nosso processo no dia-a-dia. Lembrando-se da convivência feliz e harmoniosa no astral, quem se conformaria em conviver aqui com uma família com a qual não se harmoniza? Seria muito mais difícil.

A vida na Terra é uma escola onde aprendemos como a vida funciona e por que precisamos respeitar os outros, aceitando que eles têm o direito de ser diferentes. Nossa ignorância nos faz criar problemas com as pessoas e todos os assuntos mal resolvidos voltam para que possamos solucioná-los. Assim atraímos para a família, ou para a convivência, pessoas com as quais não nos afinamos e quanto antes aceitarmos isso e tratarmos de harmonizar as pendências, mais depressa nos libertaremos delas.

Aprender essas verdades vai fazer com que você não veja a morte de seu filho como uma separação definitiva e sem remédio. Assim como você saiu do corpo e foi visitá-lo no astral, quando deixar a Terra estará novamente com ele, e se vocês têm afinidade, se os laços de amor que os unem são reais, poderão conviver outra vez por mais algum tempo, até que um dos dois volte a reencarnar.

Ninguém é de ninguém. As pessoas são livres e têm seus próprios caminhos. Há momentos de ficar junto e momentos de se separar. Por isso, aprender a desapegar-se das pessoas que você ama é fundamental. Às vezes a morte comparece só para ensinar a lição do desapego. Isso não impede que você continue pensando nele desejando o bem. Lembre-se de que a única maneira de ficar junto com ele para sempre é sentir e alimentar muito amor no coração.

Quem morre, quando descobre
que a vida continua, deseja encontrar
os que ficaram para contar.

Descrença!

"Sou leitora assídua de sua coluna, entendo o que você diz, mas na prática não funciona! Estou perturbada, deprimida." (Ida)

Você diz que tudo vai mal em sua vida, que já fez de tudo para se separar de seu marido, mas ele não quer dar a separação e só a manda embora. E me pergunta: o que fazer?

De que adianta você me perguntar, se não vai fazer nada para sair dessa situação? De alguma forma você se compraz em manter-se como vítima, recusando-se a experimentar outras formas de viver. Diz que não acredita na força da vida, que muda tudo para melhor. Como pode afirmar isso se nunca tentou?

Apesar de sua resistência, eu afirmo que se você jogasse fora sua descrença e tentasse fazer alguma coisa por você, abriria a porta para que a vida pudesse lhe trazer algo melhor. Você se acovarda, não assume seus sentimentos, sujeita-se a viver com uma pessoa que não ama e com a qual não se relaciona bem, que a manda embora e você não faz nada. O que espera conseguir com tanta falta de dignidade? O que tem medo de perder? O status de "vítima" que a coloca como uma pessoa "boazinha" e seu marido como "maldoso"?

A opinião dos outros não vai lhe trazer a paz nem o bem-estar de que você precisa. A ilusão de manter-se incapaz não vai evitar o confronto com a verdade.

Um dia os fatos vão colocá-la diante do inevitável e você terá que enfrentá-los, tomar decisões, mudar. Essa é a única maneira de acabar com os problemas.

Por que então não abreviar seu sofrimento se antecipando? Faça um balanço corajoso de seus sentimentos, busque em sua intimidade perceber onde coloca sua felicidade, faça dela seu objetivo. Deixe ir tudo que for obstáculo a que ele se realize. Você tem qualidades, acredite nisso. Você não é a pessoa frágil e incapaz que parece.

Uma boa postura é procurar um trabalho que a faça sentir-se útil e capaz. Ocupe-se com algo que lhe dê prazer. O trabalho, quando feito com capricho e alegria, oferece realização e bem-estar. Torne-se independente financeiramente. Muitos maridos não deixam a esposa trabalhar para mantê-la sob seu controle. O primeiro passo para se libertar de um casamento infeliz é garantir a própria subsistência. Não diga que não tem capacidade. Para quem quer de fato, sempre há algo para fazer. Essa atitude vai fazê-la sentir-se melhor e mais digna. Se realmente sentir que seu casamento a infelicita, não tenha medo de sair de casa, nem espere a próxima vez que ele a mandar embora. Saia logo. Vá cuidar de sua vida. Assuma que seu maior dever é fazer-se feliz. Não se infelicite com o que os outros fazem. Não vale a pena. Cuide-se bem escolhendo para você apenas o melhor. Será que desta vez você vai tentar? Ou vai esperar a vida apertar o cerco e o sofrimento aumentar? Você é quem decide!

O primeiro passo para se libertar
de um casamento infeliz
é garantir a própria subsistência.

Filho resolve?

"Sou solteira, fiz três abortos e me sinto muito infeliz. Pensei que meu amado fosse ficar comigo, mas não consegui. Foi castigo?!" (Valéria)

Não, foi a maneira como você agiu. "Facilitar" uma gravidez na expectativa de que a pessoa que você ama assuma um compromisso consigo é abusar da natureza. É chantagear seu namorado e ninguém gosta de ser forçado a nada.

Ele tentou fugir, questionou a paternidade na esperança de se livrar do problema, e mesmo você fazendo pressão ele não cedeu. Apesar de você não pensar assim, foi o melhor que podia acontecer, porque se ele assumisse um relacionamento com você a contragosto, sentindo-se "obrigado", não ia dar certo.

Um filho não deve ser gerado para servir de terapia ou de pretexto a que seus pais possam resolver seus problemas. Muitos casais, quando o relacionamento não é bom, acreditam que tendo um filho as coisas podem melhorar. Isso acaba criando problemas maiores para eles e para a criança, que está sendo "usada" no processo sem o devido respeito a sua integridade.

Quando acontece uma gravidez inesperada e o casal se ama e decide assumir o relacionamento, é diferente. Não houve intenção de induzir o parceiro nem de "forçar" nada. Nesse caso, pode dar certo.

Com você não foi assim. Arriscou esperando que ele se separasse da esposa e não conseguiu. Ele preferiu mais uma vez, já que com ele foi a segunda vez, dar o dinheiro para o aborto. Quem ficou com a pior parte foi você. Sente-se rejeitada, culpada, deprimida. Está na hora de parar para pensar.

O caminho da felicidade não é por aí. É preciso respeitar as leis da vida, reverenciar a natureza, agir a favor dela. Fique certa de que os fatos que a infelicitam tiveram origem em suas atitudes. Se deseja sair da infelicidade, precisa descobrir quais foram essas atitudes e mudá-las. Enquanto continuar agindo do mesmo jeito, vai obter os mesmos resultados. Reaja com coragem. Aceite os fatos que lhe aconteceram como resultado de seus enganos e deixe o passado ir embora. Pense só no bem e olhe a vida com bons olhos para atrair o melhor. Não acredite em complicação para não atrair em seu caminho parceiros comprometidos e problemáticos. Há pessoas livres e dispostas a um bom relacionamento. Você merece um bom companheiro para repartir suas alegrias. Deixe as coisas acontecerem naturalmente. Não force nada. Cuide-se para não ter que fazer outro aborto. Tenha paciência de esperar o momento certo. Quando for oportuno e seu filho chegar, precisa encontrar um lar harmonioso e feliz a sua espera, pais interessados em ajudá-lo a desenvolver seus potenciais, a realizar seus projetos para a reencarnação, preparados para dar-lhe todo o amor e a segurança de que ele precisa. Faça isso e verá!

Um filho não deve ser gerado para servir de terapia ou pretexto para que os pais resolvam seus problemas. Ele merece respeito!

Limpeza astral!

"Eu mudei para uma casa onde tinha morado uma família espírita, eu não 'limpei' a casa e coisas começaram a acontecer. Ajude-me." (Marilene)

Às vezes você está na cozinha e sente que alguém passou na sala correndo ou no chão rastejando. Se está dormindo, sente que alguém vai tocar em seus pés. Certa vez, você estava dormindo e viu um garoto de uns dez anos, de cor escura, passar correndo perto de sua cama, você quis acordar e não conseguiu. Outra, você estava sozinha em casa pela manhã e seu cachorro entrou atrás da geladeira e começou a latir assustado, você olhou pela porta da cozinha para ver se tinha alguém no quintal e não havia ninguém. Quando você passou pela porta da cozinha sentiu arrepios pelo corpo todo e voltou correndo com medo. Você pergunta se é por falta de orações que isso acontece. Alega que reza muito mas não resolve. Pede orientação sobre esses acontecimentos.

Você diz que se mudou para lá e não "limpou" a casa. O que quis dizer com isso? As pessoas quando entram em uma nova casa costumam fazer rituais, conforme a religião que professam. Os católicos chamam o padre para entronizar o retrato de Jesus, os protestantes pedem ao pastor para benzer a casa, os espíritas fazem sessão de desobsessão, os umbandistas defumam os quatro cantos de cada aposento, etc. Essas coisas funcionam conforme a fé de quem as utiliza. Toda atitude sincera atrai a ajuda dos espíritos superiores que não têm preconceitos nem barreiras religiosas.

Uma boa pintura na casa antes de se mudar renova e modifica o ambiente, e você pode proceder a uma "limpeza" astral, conforme sua fé, porém o que vai criar, modificar e manter o ambiente de seu lar são as atitudes das pessoas que passarão a morar lá.

De nada vale você rezar muito, benzer a casa, querer um ambiente harmonioso, se seu coração está cheio de medo, de negativismo, de dúvidas. A vida não responde de acordo com o que você faz, mas de acordo com o que você sente. Se sua fé no bem não é bastante para garantir sua paz interior aconteça o que acontecer, é porque você acredita no mal. Está contaminada pela inversão de valores que há na sociedade, impressionada com o pensamento da maioria entrando nas energias destrutivas dos "intelectuais" de fachada. Não entre nessa. Cultive atitudes positivas, enfrente seus medos, melhore o ambiente de seu lar. A influência dos espíritos é natural e constante em nosso dia-a-dia. Eles estão em sua casa para chamar sua atenção para a espiritualidade. Na medida em que você entender isso, deixar de lado as idéias materialistas e confiar no bem melhorando sua forma de ver a vida, eles irão abrindo novos caminhos de luz e de felicidade para você e para sua família. Experimente e verá!

O ambiente de seu lar, bom ou mau, é formado com as energias das pessoas que moram lá!

Amor proibido!

"Elas reuniram todos os parentes e conhecidos e comentaram minha vida íntima como se eu fosse uma criminosa. Sinto-me triste." (Estela)

Você se dedicou muito a sua família. Sua mãe herdou de seu pai sete imóveis e um a um os vendeu. Hoje tem apenas um salário mínimo de renda. É você quem a ajuda financeiramente. Fez mais. Construiu com esforço de seu trabalho as casas muito confortáveis onde moram, sendo que a sua fica atrás da dela. Tem sido uma boa filha, dividido seu dinheiro com sua mãe e irmã, generosamente. Sei que fez isso por amor e se sente triste porque elas não compreenderam sua maneira de ser.

Infelizmente, o preconceito, a vaidade cegam as pessoas e as tornam incapazes de enxergar a verdade.

Você terminou dois relacionamentos sérios com homens porque nunca gostou de ter sexo com eles. Encontrou agora, nessa mulher com a qual você vive, muito amor, afinidade, respeito e companheirismo. Sentem-se felizes juntas. Quando sua mãe descobriu, pressionou:

— Ou você "arranja" um homem ou vai embora daqui.

Você preferiu se mudar e ficar ao lado da pessoa que ama. Mas há muitos problemas decorrentes e você me pergunta:

— Não acho justo que eles continuem desfrutando de tudo que eu construí com muito sacrifício e esforço e entrei na Justiça para desmembrar minha parte. Devo tentar me aproximar delas ou dar um tempo para ver se tudo se acalma? Mesmo estando proibida de usar minha casa, devo continuar ajudando financeiramente?

Você está sendo corajosa defendendo sua felicidade e seu direito de amar a quem quiser. Já que decidiu assumir, não fique em cima do muro. Vá em frente. Aceite que sua família não tem condições de entender sua maneira de ser e não espere nada deles. Não procure se aproximar agora porque eles vão continuar desconsiderando você e vai piorar a situação. Afaste-se completamente deles por algum tempo, não dê qualquer ajuda financeira e deixe as coisas acontecerem. Prove a eles que está determinada. Assuma para valer. Quando você é verdadeira, sua dignidade se manifesta e desperta o respeito das pessoas. Demonstrar fraqueza agora vai infelicitá-la mais. Deixe-as sentir um pouco a falta que sua amizade e seu dinheiro lhes faz. Talvez assim tenham o bom senso de se informar e venham a descobrir que o amor entre pessoas do mesmo sexo pode ser puro e verdadeiro como qualquer outro. Ser homem ou mulher é uma condição transitória do mundo físico. Espírito não tem sexo, embora em determinadas faixas do astral ainda continuem assumindo essa postura. Você merece ser feliz. Fique firme e tudo mudará em sua vida! Espere e verá!

O amor independe do sexo.
Ser homem ou mulher é uma condição
do mundo físico. Espírito não tem sexo!

Solidão!

Tenho recebido inúmeras cartas de leitoras que sofrem de solidão. Que sentimento é esse que pode aparecer mesmo quando você está rodeada de pessoas? Nunca aconteceu de você ir a uma festa e sentir-se solitária? De estar junto com seus familiares e não preencher o vazio que há em seu coração?

Há esposas que, enquanto os filhos e o marido dormem tranqüilos, choram acordadas, sentindo-se carentes e insatisfeitas. Jovens que moram com os pais, rodeadas de afeto e que se sentem sós.

Isso ocorre em todos os países do mundo e as estatísticas revelam que a maior causa do suicídio tem sido a solidão. Acontece em todas as classes sociais, o que prova que a situação financeira é fator menos importante. O desamor, o abandono têm sido colocados como causa desse sentimento, mas embora essas justificativas tenham encontrado quem acredite nelas, não respondem aos que mesmo estando rodeados de pessoas se sentem sós.

Em contraposição, há muitas pessoas que vivem sozinhas muito bem, sem registrarem tristeza ou depressão. Para elas, viver só significa liberdade, alegria e até privacidade. Essas estão de bem com a vida e se relacionam bem com as pessoas.

O que faz a diferença? O que elas têm que você não tem? Se prestar atenção, vai perceber que elas não são ansiosas e fazem só o que gostam. Dizem *não* com naturalidade. Jamais se infelicitam para agradar os outros. Nunca se abandonam.

A causa de sua solidão é a distância que você está de você. Toda vez que você se obriga a fazer coisas fora de sua natureza, está criando insatisfação interior. Com o tempo você começa a sentir dores no peito e um vazio que nada nem ninguém pode preencher. Sua alma sente-se abandonada e expressa sua dor, que só vai passar quando você perceber o que está causando isso.

Seu maior dever é cuidar de você. Depois, se tiver como, pode até ajudar os outros, mas sem nunca se colocar para trás. Fazer coisas contrárias a seu jeito natural de ser causa dor, insatisfação, tristeza. Tristeza leva à depressão, depressão leva a moléstias dos pulmões e acaba em morte.

Se deseja curar sua solidão, não titubeie. Fique de seu lado, aconteça o que acontecer. Diga *não* para qualquer situação desagradável, não aceite mais entrar no jogo dos outros. Livre-se do vampirismo alheio. Seja você mesma, do jeito que você é, livre, inteira, alegre e feliz, e nunca mais sentirá solidão!

Quando você se abandona, se sente só. Cuidando melhor de você, ouvindo seus sentimentos, você acabará com sua solidão.

Parapsicologia e mediunidade!

"Os parapsicólogos dizem que são as pessoas que produzem os fenômenos espirituais. Que os espíritos não se comunicam." (Gilberto)

A parapsicologia tem estudado os potenciais psíquicos humanos e chegou à conclusão de que existe a paranormalidade. A telepatia, a clarividência, a premonição ocorrem de fato. Há pessoas que possuem a sensibilidade para perceber além dos cinco sentidos físicos. Algumas religiões estão até adotando a bioenergética na cura dos problemas emocionais e espirituais. Contudo, a parapsicologia não vai além dos limites humanos. Não aceita a existência dos seres de outras dimensões nem dos espíritos desencarnados. Nega que possam intervir em nossas vidas.

Por outro lado, o que a parapsicologia descobriu em anos de pesquisa laboratorial, há muitos séculos vem sendo divulgado pelos orientais e mais modernamente pelos espíritas. Todos eles sempre afirmaram que a mediunidade faz parte da natureza do homem e que não há nada de sobrenatural. Até a comunicação com os espíritos desencarnados é natural, uma vez que eles fazem parte da comunidade universal e têm vida própria. Tudo é natural no universo.

O ser humano é portador de grande poder. Como não acredita neles, cria bloqueios e perde ocasião de usá-los em benefício próprio. Quando você se deixa iludir pelo materialismo de uma ciência que ainda engatinha e pouco conhece, está desprezando seu potencial espiritual e a intuição que flui de sua essência interior, que é divina. Passa a se ver incapaz, o mundo fica assustador e o medo se incorpora em seu dia-a-dia, limitando suas atitudes, enfraquecendo sua força.

Faz do negativismo sua realidade maior e acredita que o sofrimento seja condição natural de quem vive no mundo, vive esperando o momento em que será sua vez de sofrer. Dessa forma, acaba materializando o que acredita, porque esperar pelo sofrimento, ainda que ele nunca chegue, é uma tortura terrível. Quantas coisas você teme que nunca aconteceram? Pois é, mas você as sofre como se estivessem acontecendo.

Os espíritos desencarnados existem e interferem em sua vida, mesmo quando você não acredita neles. Contudo, o nível de interferência, os resultados bons ou ruins dependem de quanto e como você usa os poderes que tem. Se você disciplina sua vida emocional, confia em sua intuição, fica aberto para perceber mais, está dando chance a que seus poderes se manifestem. Se, além disso, ignorar o mal e pensar só no bem, espíritos iluminados poderão se aproximar de você, enchendo sua vida de energias positivas. Então todos os medos desaparecerão. Você sentirá sua capacidade espiritual aumentar e coisas boas acontecerão em sua vida, transformando-a para melhor. Experimente e verá!

Quando você usa os poderes naturais que tem, disciplina as emoções, transforma sua vida para melhor!

Implicância!

"Eu tenho uma colega de trabalho que me irrita o tempo todo. Não consigo nem olhar para ela. Devo sair do emprego?" (Nice)

Não acho que deva deixar seu emprego. Você está satisfeita com seu salário, gosta do que faz, trabalhou duro para conquistar o lugar. Tem medo de sair e não conseguir outro igual. Ao mesmo tempo, tem que trabalhar o tempo todo com uma pessoa que a incomoda. Justamente a ela você precisa prestar contas de suas atividades diárias, já que ela é chefe de sua seção.

Ela a trata de maneira cordial, mas você não gosta da forma como ela sorri, olha, fala ou mesmo se dirige às pessoas. Em sua opinião, ela é pretensiosa, arrogante, vaidosa e metida. Não possui sua discrição nem sua postura. Você é recatada e reconhece seu lugar, só dando opinião quando os outros insistem. Já ela, não. Está sempre criando novas formas de fazer o trabalho, modificando a rotina, querendo "aparecer". Você acha que ela está sempre "puxando o saco" do patrão.

Por que o jeito dela a incomoda tanto? Nunca se perguntou? O que as atitudes dela têm a ver com você? O problema não está nela, mas em você.

No fundo você gostaria de ser criativa, falante, social, relacionando-se fácil com as pessoas, mas não se permite porque dentro de sua cabeça há o medo de causar má impressão aos outros. Talvez você tenha aprendido que o "certo" é não mostrar seus verdadeiros sentimentos. Para ser responsável, ter credibilidade, precisa ser formal.

Deseja progredir no emprego, faz tudo que mandam, mas não vai além. Até tem tido vontade de modificar algumas coisas melhorando seu desempenho, mas tem receio de ser vista como intrometida ou pretensiosa. Você gostaria ter o sucesso dela, que se relaciona bem e sabe resolver rapidamente os problemas que aparecem. O que você sente é inveja.

Não veja isso de forma pejorativa. A inveja é admiração. Você a admira e se irrita por não se permitir ser como ela. Reconheça a verdadeira natureza de seus sentimentos e aproveite para analisar quais as crenças que estão limitando sua forma de ser. Você não está sendo verdadeira. Está bloqueando suas potencialidades, se desvalorizando, entrando em um modelo de comportamento inadequado que está impedindo seu sucesso. Essa é a causa de sua irritação. Essa colega é o espelho do que você gostaria de ser e não é.

Mas pode vir a ser se jogar fora a pretensão de ser "certinha" e deixar fluir sua natureza e ouvir seu "bom senso", que é mais sábio do que qualquer regra porque sabe o que é mais adequado a você. Descubra sua alegria, liberte sua criatividade, mostre sua boa vontade, seu desejo de fazer o melhor! Seja o que você é, com naturalidade, e sua implicância com a colega não mais a incomodará. Faça isso e verá!

A inveja é admiração. Você sente admiração pela pessoa e se irrita por não se permitir ser como ela!

Medo de viver!

"Tenho medo de tudo. Se minha filha demora, pressinto uma tragédia. Se preciso sair sozinha, temo ser assaltada. Não agüento mais!" (Alice)

Viver sob tensão é terrível. E você vive se pressionando, enxergando a vida de maneira negativa. Aí você vai dizer que todos os dias acontecem crimes, desastres e que não dá para não ver essa dolorosa realidade de nossos dias.

Pensando assim, você destrói todo o prazer de viver, faz de seu dia-a-dia um inferno. Sua tensão só se alivia quando lhe acontece alguma coisa ruim.

Apesar do que você acredita, muitas pessoas vivem bem, desfrutam de alegria, levam a vida com prazer, acreditam no futuro sem que nenhuma desgraça ou tragédia lhes aconteça. Como o astro de Hollywood Gene Kelly, que dançou a vida inteira e morreu em idade avançada, dormindo.

Você acha que foi pura sorte? Que o destino das pessoas está nas mãos do acaso?

Tudo é perfeito no universo. Ele é controlado por leis que funcionam, mantendo o equilíbrio da vida. Elas dão a você a responsabilidade de criar o próprio destino com suas atitudes. É você quem programa seu dia-a-dia para aprender os valores eternos do espírito.

Se você se impressiona com o mal, só pensa no mal, só vê o mal, só vai ter em sua vida o quê? O mal. Você diz que só deseja o bem. Contudo, se tem medo do mal, é porque acredita que ele seja mais forte do que o bem. Por isso sua vida é ruim.

Se deseja sair do círculo vicioso em que se colocou, só há um caminho: valorizar o bem. Observar como pensam os que vivem melhor. Perceberá que eles olham a vida de maneira otimista, têm fé no futuro, cultivam a espiritualidade.

Ser espiritual é viver no bem maior, não se impressionando com o mal em nenhum momento, já que ele é fruto das ilusões do homem e vai desaparecer. A certeza de que existe uma força superior comandando o universo, trabalhando em favor de nossa felicidade, nos dá serenidade e bem-estar.

Claro que essa certeza só vai acontecer quando você experimentar a força do bem, olhar os fatos com bons olhos. Quando você não se impressiona com o mal, ele desaparece de sua vida. Quer tentar? Toda vez que um pensamento ruim aparecer, dê de ombros e vá para o oposto afirmando que para você só vai acontecer o que é bom. Nessa hora vão emergir todos os seus medos. É o momento de inutilizá-los, ignorando-os e afirmando o oposto.

É só isso? É. Parece simples, mas é um trabalho interior que só você pode fazer em favor de sua paz. Nesse processo é normal que os pensamentos negativos voltem. Continue insistindo. Evite filmes de violência, noticiários de televisão, não alimente seus medos. Cultive o bom humor. É o preço de sua serenidade e bem-estar. Vale a pena tentar!

Não dar força ao mal é um trabalho interior que só você pode fazer em seu favor.

Cirurgia espiritual

"Há alguns meses fiz uma cirurgia oftálmica em um Centro Espírita, obtive razoável melhoria. Noto que a cada dia fico melhor. É possível?" (Mílton)

Por que me pergunta isso? Você melhorou com a cirurgia e sente que algo continua ocorrendo com seus olhos, como se a operação continuasse acontecendo, pois sua visão melhora a cada dia.

Um fato como esse não lhe parece prova suficiente de que está sendo cuidado por assistentes espirituais desencarnados? Os evidentes resultados de sua cirurgia não bastam para vencer sua incredulidade?

Talvez você não duvide do poder divino, já que procurou a ajuda espiritual, mas não acredita nem um pouco em você mesmo. Não confia na própria experiência, precisando que eu afirme que o que está lhe acontecendo é possível para que possa aceitar os fatos.

Você precisou e recorreu à ajuda espiritual. Conseguiu e esse é um fato concreto. Se os médicos da Terra não abandonam seus pacientes depois de uma cirurgia, por que acha que os médicos desencarnados fariam isso?

Agora que você já está se recuperando, medite sobre seu problema ocular e tente perceber como o atraiu. Se os espíritos o ajudaram, é porque você já tem condições de curar-se. Entretanto, sua cura definitiva vai depender de encontrar qual a sua atitude que provocou a doença. Modificando-a, você eliminará a possibilidade de uma recaída.

Tenho observado que algumas pessoas curadas pelos espíritos, dentro de algum tempo, arranjam outra doença ou a mesma reaparece. É que elas não modificaram a atitude causadora e portanto tudo voltou a ser como era antes. Aí dizem que a cirurgia não adiantou. Entretanto, foram elas que anularam os benefícios recebidos.

O fato de você não confiar em seu próprio discernimento é revelador. Sua opinião não conta. Só o que os outros dizem é válido. Dessa forma, está se anulando, jogando fora sua intuição, sua lucidez, sua força. Desvalorizando seus poderes naturais.

O que é que você não quer ver? Por que está jogando areia em seus olhos para não ter que olhar a realidade? É medo de se ver do jeito que você é, ou de ver a "dura realidade da vida"? Tudo isso são conceitos que você criou e que não são verdadeiros. A vida não é como lhe parece e você não é como pensa. É sua hora de encontrar a verdade. Você é um espírito eterno. Possui potenciais que precisam expressar-se, uma consciência que anseia por mais lucidez, um senso forte do bem para se conduzir. Observe os fatos da vida e confie nas forças superiores que regem o universo. Dê graças pela ajuda que está recebendo. Tudo é concedido àquele que crê!

A cura definitiva depende de encontrar a atitude que provocou a doença. Então é só mudá-la para outra melhor.

Separação e ciúme!

"Meu ex-marido vive com outra mas tem ciúme e não me deixa arranjar outro companheiro. É problema de vidas passadas?" (Tatiana)

É um problema seu. Apesar de estarem separados há nove anos, você ainda está ligada a ele, preocupando-se com o que ele pensa ou faz. Psicologicamente, você ainda continua dependente dele. Talvez porque ele lhe dê dinheiro para ajudar nas despesas ou apareça para resolver os problemas domésticos quando você precisa, julga-se no direito de procurá-la, mesmo dizendo viver feliz com a outra.

Essa é uma situação inaceitável porque a torna dependente dele, portanto incapaz de agir por conta própria e refazer novamente sua vida afetiva. No fundo você se sente rejeitada por ele ter preferido a outra. Quem se rejeita acaba sendo rejeitado. É a energia gostosa de quem acredita que pode ser amado, que possui qualidades suficientes para trocar com o parceiro, que atrai o interesse de alguém e pode se transformar em amor.

Nunca se perguntou qual é o verdadeiro motivo que a faz aceitar uma situação como essa? Seu casamento fracassou. Será que você teria coragem suficiente para tentar um novo relacionamento? Não estará usando o ciúme de seu ex-marido como uma desculpa para não ter que admitir que é você quem está se fechando ao amor com medo de ser rejeitada novamente? Você não está alimentando o ciúme dele porque apesar de tudo a faz sentir-se valorizada?

Pense nisso. Talvez seu ex-marido se sinta culpado por viver com a outra e esteja tentando "compensá-la" de alguma forma. É provável que ele pense que você não tem capacidade para cuidar de si mesma.

Isso não é verdade. Você tem condições de ser independente e de se libertar dessa incômoda e humilhante situação. Descubra um trabalho, use sua criatividade para ganhar dinheiro. Essa atitude vai aos poucos devolver-lhe a dignidade e modificar sua maneira de se ver. A descoberta do próprio poder fará maravilhas em sua vida. Acredite que você vale o bastante para obter um companheiro que saiba apreciá-la e com quem possa trocar todo o amor que guarda dentro de si. Quando isso acontecer, você vai se surpreender em verificar que, em vez de ciúme, seu ex-marido se sentirá aliviado. Primeiro por não ter mais que se preocupar com seu bem-estar, segundo por não se sentir mais culpado por gostar de outra e ter acabado com o casamento. Quando uma pessoa assume o comando de sua própria vida com garra e disposição, provoca alívio não só nas pessoas das quais ela era dependente mas em todas de sua relação. É um crescimento, uma emancipação, uma recuperação da própria dignidade. Essa atitude inspira muito respeito, admiração e atrai as poderosas energias positivas do universo que transformarão sua vida para melhor!

Acabar com a dependência é recuperar a dignidade e atrair as energias positivas do universo!

Para deixar de sofrer!

"Por que motivo eu tenho que sofrer tanto assim? Por que meu marido é tão ruim comigo e com minha filha?" (Lúcia)

A pergunta certa seria: "Como eu atraí tanto sofrimento em minha vida?" Sim, porque foi você quem atraiu não só os tipos de pessoas com as quais tem convivido como os fatos desagradáveis que lhe acontecem.

Tudo isso tem uma única causa: suas atitudes diante da vida, a maneira como olha os fatos do dia-a-dia.

Tenho recebido inúmeras cartas de pessoas desesperadas, sofredoras, dizendo terem tentado tudo, mas que nada dá certo. Fizeram muitas coisas fora de si, mas nunca olharam para dentro de suas crenças nem mudaram a verdadeira causa, porque não se julgam responsáveis pelo que lhes acontece.

Você diz que "nasceu para sofrer", desfia o rosário de seus sofrimentos, vive pensando neles. Arranjou um namorado perverso que a torturava até com punhal e casou-se com ele por medo de suas ameaças. Com isso, o que esperava encontrar?

Você vê a vida de forma negativa. Como não acredita em vida melhor, aceita como naturais todas as maldades dos outros contra você. Acredita na força do mal, por isso só atrai o mal.

Se duvida de minhas palavras, faça uma experiência. Escreva em um papel todos seus pensamentos mais constantes. Coloque seus medos, suas revoltas, depois compare com os fatos de sua vida e veja como eles são parecidos. Tudo de que tem medo, você atrai.

Depois, faça o propósito de fazer o oposto do que tem feito. Só cultivar pensamentos positivos. Comece por dizer que não aceita mais o mal em sua vida e queime a lista que fez. Depois, imagine o que gostaria de ter para ser feliz, como gostaria que sua vida fosse. Vão aparecer pensamentos de dúvida, não ligue. Continue pensando coisas boas.

Ligue-se com Deus, creia na bondade divina e peça a ele que lhe mostre o que tem que fazer para conquistar a felicidade.

Parece simples, mas funciona. Para mudar sua vida você não precisa tomar nenhuma providência externa, basta modificar suas atitudes. Se persistir, em pouco tempo as coisas começarão a se modificar. Às vezes essas mudanças são radicais. Seja o que for que acontecer, não tenha medo. Elas são para melhor. Continue evitando pensar no mal e acreditando no bem, afirmando que sua vida é melhor a cada dia e que Deus está abrindo seus caminhos.

Tente, não custa nada. Tenho certeza de que obterá êxito. Quando acontecer, me escreva contando. Publicaremos sua carta e outros pessimistas talvez decidam seguir seu exemplo e se ajudar.

Quando tudo vai mal, a única saída para melhorar é pensar só no bem.

Confrontando o desespero!

Oitenta por cento das cartas que tenho recebido são de pessoas desesperadas pedindo ajuda. Casos de separação, desemprego, perda de entes queridos, solidão, procura de amor. Pessoas atormentadas, em busca de uma saída, esperando que alguém possa lhes dar uma receita que em um passe de mágica lhes resolva todos os problemas.

Isso é ilusão. Ninguém pode buscar nos outros uma resposta que está dentro de si. Se você se desespera, é porque quer as coisas de seu jeito, sem o mínimo de compreensão do funcionamento universal.

A vida é controlada pela Fonte Divina, que é programada de maneira perfeita visando a evolução, procurando nos levar para a felicidade, a luz e a harmonização. Porém essa programação, que pode ser observada na perfeição e no equilíbrio da natureza, é flexível e relativa às atitudes de cada um, respondendo de acordo com o que a pessoa precisa para alcançar seu bem-estar.

Assim, conforme você atua no dia-a-dia, ela responde com fatos que possuem uma linguagem sábia, tentando levá-la ao melhor. Aprender a ler essas mensagens é a chave para a solução de seus problemas. O desespero revela a ausência completa da fé, a falta de confiança na Fonte Divina, o abandono em que você se colocou. Quem se desespera acredita que a vida seja ruim, tenta inutilmente resolver de seu jeito os problemas que aparecem, sem levar em conta a força das leis que cuidam do equilíbrio de tudo e de todos, sem dar espaço a que elas atuem na efetiva ajuda, dissolvendo problemas, promovendo as mudanças, sempre para melhor.

Ninguém pode segurar a força das coisas. Se deseja sair desse ciclo de desespero e ir gradativamente resolvendo seus problemas, comece por compreender que se preocupar, ficar angustiada, imaginar o pior, além de não resolver nada, acaba com sua saúde, turva sua lucidez, coloca mais obstáculos em seu caminho.

Tudo que lhe acontece é uma mensagem da vida tentando equilibrar seu mundo interior. É dentro de você, na forma que você olha e escolhe suas atitudes no dia-a-dia, que está a causa do que lhe acontece. Pare. Pense. Pergunte: o que a vida quer me ensinar com essa situação? Se pedir com vontade, a resposta aparecerá, na forma de intuição, de conselho de alguém, até de uma frase ouvida a esmo. A fé não está em ir a uma igreja, nem em praticar uma religião. Isso pode confortar, mas não vai fazer a parte que lhe cabe na busca de sua felicidade. Desespero é o oposto da fé. É a descrença total. Rezar desesperada não melhora nada. É a serenidade que prova a fé e remove montanhas. Quem faz sua parte e entrega seus problemas nas mãos de Deus fica sereno, porque sabe que ele cuida de tudo e sempre faz o melhor.

Quem tem fé, faz sua parte e entrega todos os problemas nas mãos de Deus conquista a serenidade.

Prosperidade!

"Vivo sem dinheiro, com contas a pagar. Brigo com meu marido. Tenho pensado em morrer, estou desesperada. Pode me ajudar?" (Aninha)

Vou contar para você a história de Helenice. Ela me escreveu dizendo que vivia triste, queria morrer, largar o marido, nada estava bom. Jogava no bicho, não dava; Sena, menos ainda. Deus não a ajudava, os espíritos também não.

Ela mora no interior de Goiás e uma irmã a convidou para ir a Goiânia, na casa da sogra dela. Lá chegando, viu no sofá uma revista *Contigo!* e ela leu minha coluna em que eu dizia que a mulher pobre ao invés de ir à luta espera tudo do marido. Essa frase a tocou profundamente e ela resolveu mudar sua vida. Voltou para casa mais alegre, pois tinha encontrado todas as respostas de que precisava. Chegando lá, lavou roupa para fora e ganhou vinte reais. Foi a Goiânia de carona e comprou duas camisetas, chegou em sua cidade e vendeu.

No mês seguinte, comprou dez camisetas com o dinheiro. Procurando, encontrou mais baratas. Assim ela começou seu negócio. Hoje vende shorts, bermudas de *cotton*, calças e com a ajuda do marido passou a vender também para a lojinha de outra cidade.

Ela começou em janeiro e tudo mudou em sua vida. Não toma mais calmantes, não xinga nem se queixa, não quer mais se separar do marido, está mais vaidosa. Cortou os cabelos, tingiu-os mais claros, emagreceu quatro quilos, comprou meias finas e sapatos de salto alto. Todos que a conhecem estão maravilhados com sua transformação. Até sua menstruação que atrasava está normal. Ela diz que ficou bem com o marido e com os cinco filhos depois que "matou" aquela mulher chata, feia e que se queixava de tudo e criou outra mais bonita e mais feliz. Atualmente está aumentando a casa, construindo mais um quarto-e-cozinha.

Porque você não faz o mesmo? Deus ajuda a quem se ajuda. O caso de Helenice ilustra bem isso. Ela leu e pôs em prática. Entendeu o que eu tenho repetido constantemente e tratou de fazer alguma coisa por si. Acreditar que o trabalho é penoso atrai a miséria e priva a pessoa do prazer de sentir-se capaz. Reaja. Não se deixe dominar pelo pessimismo.

Você conhece a história do menino pobre que aos catorze anos começou vendendo uma carteira para título de eleitor na rua do Ouvidor? Hoje ele é empresário famoso, dono de várias empresas e até de um canal de televisão, onde distribui alegremente seu dinheiro. Valorizou o trabalho e deu certo!

Faça o mesmo. Quando você larga a revolta, a queixa, encara o trabalho de frente, com capricho e disposição, atrai a ajuda de Deus, dos bons espíritos e até das pessoas em volta.

A realização profissional dá confiança em si e a certeza de que sua vida pode ser melhor, se você quiser! É isso o que você precisa para encontrar satisfação e alegria de viver

Encarar o trabalho com disposição
atrai a ajuda de Deus, das forças positivas
do universo e dos bons espíritos.

Perfume astral!

"Venho sentindo um cheiro de óleo de cozinha queimado em todas as peças de minha casa. O que pode ser isso?" (João)

Você já verificou na cozinha, no fogão a gás e não encontrou nada. As outras pessoas da casa não sentem. Só você. Tem sido desagradável demais e você quer saber o que fazer para acabar com ele.

O cheiro que você vem sentindo não vem do mundo físico e nem através de seu nariz. Ele está no campo energético e você o está registrando por seu sexto sentido, fora dos cinco sentidos. É por isso que as outras pessoas não o sentem. É que elas não estão tão sensíveis quanto você às energias astrais.

Essas energias não são positivas, já que provocam sensações desagradáveis em você e certamente denunciam a presença de espíritos perturbados ou doentes.

Nesse caso, dois fatores são fundamentais para que isso aconteça: você de alguma forma baixou seu padrão de pensamentos alimentando idéias negativas de depressão, falta de fé em si ou na vida e isso facilitou o assédio desses espíritos. O outro fator é a necessidade de chamar sua atenção para os fatos espirituais, mostrando que existem outras coisas além de nosso mundo físico.

Provavelmente você está desenvolvendo sua sensibilidade. Daqui para a frente é possível que outros fenômenos comecem a ocorrer, onde só você perceba.

A mediunidade é uma ferramenta a mais para seu progresso e deve ser encarada com seriedade e estudo. Sem medo nem fantasias. Trata-se de um fenômeno natural que quando bem usado enriquece o espírito e ajuda a compreender os problemas do dia-a-dia com coragem e alegria.

Não se preocupe com o tipo de energias que estão a sua volta. Você pode substituir o cheiro desagradável por perfume. Comece fazendo uma análise de seus pensamentos nos últimos tempos e perceba quais foram pessimistas. Depois trate de substituí-los por outros positivos e logo se sentirá melhor.

O mundo astral é mais objetivo do que o nosso para os espíritos que vivem nele. Quando uma pessoa encarnada consegue abrir a sensibilidade e sentir as energias astrais, vai se ligar com as que correspondem a seu nível de pensamentos. O mal não está só nas atitudes que temos para com os outros, está em tudo que nos leva para baixo, destruindo nosso entusiasmo, nossa alegria de viver. Para nos ligarmos com as forças superiores do universo é preciso que estejamos sempre no otimismo, fazendo nosso melhor, criando a cada dia novas formas de celebrar a vida. Se fizer isso, deixará de sentir esse cheiro desagradável. Depende só de você. Experimente e verá!

O mal está em tudo que nos
leva para baixo, destruindo nosso
entusiasmo e nossa alegria de viver!

Desilusão!

"Por que duas pessoas que se casam por amor com o correr dos anos vão se distanciando e acabam até se odiando?" (Gleide)

Talvez porque os jovens não são suficientemente orientados para a vida a dois. No seio da família onde eles foram criados os desacertos já existem e as pessoas têm dificuldade de se relacionar. Não há preparação adequada antes do casamento. Pais em conflito, que não sabem lidar com as próprias emoções, que estrutura têm para educar? A mãe, cultivando o "sonho de amor" que "não deu certo" na vida dela, fantasia ainda mais, pretendendo revivê-lo na vida da filha. Esconde dela suas frustrações para não "tirar-lhe as ilusões" e contribui para que ela se case com o sonho. Que homem, por melhor que seja, vai poder ganhar de um sonho?

Você diz que seu casamento não deu certo. Esse é seu drama. Seu marido não é como você gostaria. Você o culpa pelo fracasso de sua união. Será que essa culpa é só dele? Será que não foi você quem fantasiou em cima da atração que sentia por ele, iludindo-se, projetando seu "sonho" de amor? Agora, sem querer reconhecer que se equivocou e assumir a própria responsabilidade, joga sua frustração em cima dele? Insatisfeita, você salienta seus defeitos e não perde ocasião de criticá-lo. Assim, as brigas são inevitáveis.

Sua saúde está ruim e a situação financeira também. Você sabia que a amargura alimentada durante certo tempo produz diabetes? Está cansada dos trabalhos domésticos. Você ensina seus filhos a cooperar ou é mãe sacrificiosa que quer fazer tudo sozinha? Nos tempos atuais todos os membros da família ajudam dentro de casa. A participação estimula a compreensão.

Você se envolve muito com os problemas afetivos de seu filho. Não faça isso. Estimule-o a tornar-se independente, mudar-se com a mulher e o filho. Você não tem obrigação de assumir os problemas dele.

Tem feito isso a vida inteira e já não agüenta mais. Ensine-o a crescer deixando-o resolver os próprios problemas. É o melhor que pode fazer por ele.

Por que não joga fora sua amargura e tenta melhorar sua vida conjugal? Lembre-se dos tempos de namoro! Volte a tratar seu marido com gentileza. Seja carinhosa. Será que nesses anos todos ele não fez nada de bom? Queixas, revolta, tristeza só atraem infelicidade. Por isso tudo está ruim. Melhore seu padrão de pensamentos e tudo a sua volta começará a mudar, inclusive ele. Sendo alegre, gentil, carinhosa, amável, você vai atrair todas essas coisas. O poder de transformação está dentro de você. Jogue fora sua amargura, procure sua alegria, cante, ouça música, coloque flores na casa. Agradeça a Deus o bem que já tem. Acredite que você pode ser feliz!

Sua vida é como você acredita e atrai. Mudando dentro, você muda todas as coisas de fora.

Recuperando bens!

"Consegui subir na vida com muito sacrifício e perdi tudo, até o amor. Será que é uma dívida de vidas passadas?" (Vivian)

Não. As experiências que você está passando são frutos de suas atitudes atuais. Pode ser até que elas venham se repetindo desde outras vidas, porque enquanto você continuar mantendo os mesmos padrões de pensamentos, elas continuarão acontecendo.

Você não está sendo "castigada" por erros do passado. Os erros fazem parte da aprendizagem e são naturais.

Mas você tem crenças que geram atitudes inadequadas a seu progresso e são elas que atraem fatos desagradáveis. Percebendo quais são e modificando-as, tornando-as mais condizentes com a realidade, passará a atrair acontecimentos mais felizes.

A vida trata você da forma como você se trata. Quando você pensa que só vai subir na vida com "muito sacrifício", está programando isso.

E por quê? Porque ouviu em algum lugar que só o que é realizado com sacrifício tem valor. Isso não é verdade, mas você que deseja ser "heroína" gosta de supervalorizar seu desempenho. Essa atitude complica, dificulta e segura seu progresso financeiro e até afetivo.

Seu marido faleceu e você ficou só. A vida tirou seu apoio para que você aprenda a cuidar de si mesma, desenvolva seus potenciais. Se isso aconteceu, é porque você já tem amadurecimento suficiente para viver bem e aproveitar as oportunidades que vão aparecer.

A vida não erra. Tudo está certo. Se as coisas estão sendo ruins para você, é porque não está agindo de maneira adequada quando já tem condições de fazer isso.

Esteja certa de que você pode fazer melhor. Comece por identificar quais os seus medos. Atrás deles escondem-se as crenças inadequadas aprendidas dos outros, aceitas sem experimentá-las.

Os conceitos religiosos que colocam você como um ser inferior, os medos dos pais que bloqueiam sua ousadia, a falta de conhecimento espiritual que anula sua fé e cria o medo de viver.

Pense na perfeição do universo, na força Divina que faz funcionar todos os aparelhos de seu corpo sem que você tome parte ativa, que cuida do equilíbrio de todas as coisas e dos seres, preservando a harmonia e a vida! Essa Força alimenta seu espírito, cria o que você precisa para viver melhor! Procure identificá-la dentro de você. Depois, amparada por ela, aceite sua situação como é. Faça dela uma oportunidade de desenvolvimento interior. Não se queixe, reveja suas crenças. Questione-as, substitua-as por outras mais positivas. Sinta o que você gostaria de fazer e vá em frente sem medo. Faça o possível e confie que o impossível Deus vai fazer!

Se você se encorajar, for em frente, fizer tudo que lhe é possível para melhorar sua vida e progredir, o impossível Deus fará!

Volta ao passado!

"Sonhei que era judia, os soldados nazistas atiravam e fui assassinada. Foi reminiscência de vidas passadas?" (Marinalva)

Foi. Está sendo difícil apagar as penosas impressões daqueles tempos. Você foi morta tentando proteger seu filho pequeno e o deixou à mercê do perigo, exatamente no momento em que fazia tudo para salvá-lo. Seu espírito, inconformado, permaneceu ao lado dele, ajudando-o.

Entretanto, agora, apesar de reencarnada você ainda sofre, vendo-se perseguida, tendo pesadelos, sentindo-se mal, com medo de que lhe aconteçam outras tragédias. Desde criança você sofria desmaios que só passaram quando você procurou um Centro Espírita. Agora, casada, mãe de três filhos, continua mal, briga com o marido. Acha que está sendo perseguida por espíritos ruins e pergunta se deveria estudar mais o Espiritismo ou freqüentar o candomblé.

Talvez alguém lhe tenha dito que tem mediunidade e que precisa desenvolver, trabalhar em benefício dos outros para se equilibrar. Não é esse seu caso. Você tem desequilíbrio emocional, energias dolorosas acumuladas no corpo astral pelas lembranças passadas. São elas que provocam seu mal-estar, fazem-na desmaiar, fugir do corpo na tentativa de evitar ser novamente assassinada.

Precisa liberar essas energias para ficar bem, e esse trabalho interior só você poderá fazer. Quando se sentir mal, ao invés de rezar, pense que tudo faz parte do passado. Já acabou. Agora está vivendo outra vida, o perigo passou e não vai acontecer de novo. Os perseguidores não têm mais ação sobre você. É preciso soltar o passado para que essas energias se dissipem e mais tarde não se transformem em doença para poderem ser eliminadas.

Os judeus falam muito sobre o Holocausto, na intenção de impedir que esses fatos se repitam. Mas recordar a tragédia não estará alimentando a dor e atraindo mais sofrimentos? Não é o perdão que liberta e o esquecimento que permite criar um estado de espírito mais feliz?

Pense nisso. A causa de seus problemas está em sua mente. Você vê a vida conservando impressões dolorosas de seu passado. Seu espírito é eterno e quem matou seu corpo não teve poder de acabar com sua vida. Você é livre para construir sua felicidade e deve aproveitar, jogando fora os pensamentos ruins, fazendo do perdão seu caminho para a liberdade, acreditando que tem o poder para construir um destino melhor. Enfrente o passado olhando sem medo e acreditando que ele não existe mais. Reaja, não dê importância ao "mal-estar" quando aparecer. Pense que você não precisa mais fugir. Nessa hora os pensamentos de medo vão reaparecer, mas se não os alimentar, o mal-estar irá aos poucos desaparecendo até não voltar mais. Então estará livre para pensar só no bem, buscar a alegria, criar a própria felicidade.

Seu espírito é eterno. Quem mata o corpo não tem poder de acabar com a vida.

Separação!

"A empregada recebeu o dr. Bezerra de Menezes e falou que eu não tinha condições de ficar com minhas filhas." (Sueli)

Você, por causa da doença contagiosa de seu pai, pagou a empregada de sua irmã para tomar conta de suas duas filhas. Depois da morte de seu pai, quando desejou buscar as meninas, essa empregada "recebeu" o espírito do dr. Bezerra de Menezes e também de Emmanuel (dois mentores do médium Chico Xavier), dizendo que a verdadeira mãe era ela e que suas filhas nunca deveriam ficar com você. Fez mais, pediu que recorressem à Justiça para isso. Sua irmã acreditou e "tirou suas filhas", inclusive fazendo você assinar papéis que em confiança você não leu. Há dois anos que não vê as meninas e está desnorteada, revoltada, não pára em emprego. Sua vida despencou de vez.

Os mentores espirituais não interferem na vida de ninguém. Quando convocados, limitam-se a esclarecer alguns lados da questão, mas nunca tomam decisões. Essa empregada sem escrúpulos usou o nome desses espíritos em proveito próprio. Sua irmã acreditou e ajudou essa mulher, que talvez não ficasse com as crianças se elas não tivessem uma pensão.

Você se sente revoltada, com raiva, sem motivação para viver, julga-se vítima da maldade alheia. Entretanto, ninguém é vítima. Você atraiu isso de alguma forma com suas atitudes, sua maneira de ver.

Nunca se perguntou o que a vida pretende lhe ensinar fazendo-a passar por essas experiências? Suas atitudes revelam suas necessidades. São suas necessidades de aprendizagem que atraem os fatos de sua vida. Mudando as atitudes, você muda os fatos. Reflita sobre isso.

Comece por aceitar as coisas como são. Cuide bem de você, ocupe-se mais com seu bem-estar. Não aceite mais sofrer por causa das atitudes dos outros. Ignore-as. Jogue fora o rancor, a mágoa. Fique com seu lado bom, dê forças a sua alegria. Pense que tudo passa e isso também passará. Suas filhas estão crescendo e logo serão livres para fazer o que desejarem. Enquanto isso, melhore sua vida. Capriche nos arranjos de sua casa, arrume-se melhor, ponha amor em tudo que fizer. Faça seu trabalho com praze.:.

Largue o passado. Ele acabou. Recomece com disposição. Você pode trabalhar em favor de sua felicidade. Ela não está só junto com suas filhas. Ela está também em outros aspectos da vida. Perdoe o mal que lhe fizeram para se libertar do sofrimento. Acenda sua luz interior, faça o brilho de sua alma aparecer. Espalhe seu amor ao redor e ele inutilizará todos os obstáculos que agora a torturam. Então, quando menos esperar, terá suas filhas de volta, e o amor delas lhe dirá que, dessa vez, fez tudo certo!

Acenda sua luz interior, espalhe
seu amor e ele inutilizará
todos os obstáculos que a torturam.

Triste ilusão!

"Sinto um vazio e fico na expectativa de que algo o preencha. Tenho procurado a astrologia, eles não me esclareceram." (Maria Aparecida)

Você recorreu a mim querendo que eu diga o que deseja ouvir. Vive se iludindo procurando fora de você respostas que continuem alimentando seus sonhos e fantasias. Ninguém vai poder satisfazer suas expectativas.

Enquanto espera que os outros preencham o vazio de seu coração, deixa de perceber a verdadeira causa de sua insatisfação e quanto mais age assim mais ela aparece, querendo lhe dizer que não é por aí.

Tudo que precisa já está dentro de você. É voltando-se para seu interior que você poderá compreender as necessidades de seu espírito que não estão sendo alimentadas. Você vive preocupada com as aparências, com o que os outros pensam, com as "regras" da sociedade. Acredita que para ser aceita tenha que "entrar" no modelo que a maioria considera adequado. Acontece que sua natureza, seu modo de ser é diferente do convencional. No mundo não há duas pessoas iguais, cada um é um e portanto ser diferente é ser natural.

Quando você violenta sua forma de ser, assume uma postura formal, o faz acreditando que é errado ser como você é. Que você é menos, não tem qualidades. Que se não "controlar", se soltar, coisas terríveis vão acontecer.

Essa atitude acaba com seu prazer porque é contrária às verdadeiras necessidades de seu espírito. Bloqueia sua criatividade, sua alegria, seu progresso. Forma-se o vazio. A insatisfação é o grito da alma querendo libertar-se das algemas com as quais você a manietou. Quanto mais procurar soluções nas coisas de fora, mais insatisfação sentirá.

Faça esse exercício: vá para um local sossegado, imagine que você está dando um passo para trás e é outra pessoa. Olhe para a pessoa que está em sua frente, de forma impessoal. Você apenas quer conhecê-la melhor. Preste atenção aos pensamentos que aparecem. As idéias mais ousadas podem surgir. Continue sendo impessoal. Permita que a pessoa em sua frente libere seus sentimentos íntimos, sem censura ou julgamento. Pense que ela é livre para fazer tudo que quiser. Nessa hora pode sentir medo e desejar segurá-la. Não entre nele, enfrente-o perguntando-se: "Se ela se soltar, o que de pior poderá acontecer?" Resposta: a condenação dos outros! Imaginar isso é entrar na fantasia. Você não sabe como eles irão reagir, já que nunca experimentou. É desvalorizar-se, não acreditar no próprio valor. Isso é mentira. Você possui qualidades, inteligência, capacidade.

Pense bem e não se segure mais. Faça as coisas consultando seus sentimentos, fique de seu lado, seja verdadeira. Assim você vai reencontrar seu prazer de viver, preencher seu vazio interior, acabar de vez com a insatisfação.

Insatisfação é o grito da alma
querendo libertar-se das algemas
com as quais você a manietou!

Necessidade de amar!

"Tenho pensado em adotar uma criança. Pode me dizer como a espiritualidade vê a adoção?" (Mônica)

O que prevalece na espiritualidade é a moral cósmica, muito diferente da moral de nosso mundo. Para eles, toda criança é adotada, uma vez que os filhos são espíritos independentes que durante certo espaço de tempo vão estar unidos aos pais físicos, mas que quando for o momento irão embora.

Os pais terrenos não criaram o espírito dos filhos, nem lhes deram a vida. Apenas os receberam, contribuindo para que eles pudessem revestir-se do corpo de carne e se materializassem na Terra. Todo o processo de nascimento é gerenciado pelo invisível, sem que os pais tenham que fazer nada a não ser aceitar.

Para a espiritualidade não há nenhuma diferença entre um filho carnal e um adotivo. Todos são igualmente necessitados de amor, de amparo e merecem o mesmo tratamento.

Certos pais têm muito preconceito com relação à adoção, escondendo da criança sua origem. Ao descobrir a verdade, muitos jovens adotados se revoltam sem perceber que a adoção, ao contrário do que eles pensam, é uma prova de amor, já que eles foram escolhidos, o que não acontece com os filhos legítimos, que a vida impõe às vezes até a contragosto, em uma gravidez nem sempre desejada. A verdade é sempre mais adequada.

A vontade que você e sua amiga sentem de adotar uma criança vem da necessidade de amar. Uma criança vai apoiar esse afeto, fazendo-o desabrochar, trazendo alegria e realização.

Você pergunta: "A criança que virá para mim terá alguma ligação espiritual comigo de outras vidas?"

De vidas passadas ou não, isso não importa. O que é certo é que essa criança será a mais adequada para viver de seu lado durante algum tempo, tal qual em um nascimento através de seu próprio corpo. Não importa por qual via ela veio, o que vale são as experiências que irão vivenciar, o quanto cada uma pode aprender com isso durante o tempo em que estiverem juntas.

Pense nisso e deixe falar seus sentimentos, levando para seu convívio a criança que despertar seu interesse. Conte-lhe a verdade, mostrando que sua escolha foi por amor. Seja firme, plantando em seu coração os valores espirituais, porque é isso que a vida espera de você. Respeite a natureza dela, ajudando-a a descobrir sua própria força, fazendo-a crescer acreditando no bem. Agindo assim, diante do universo, você vivenciará a função de mãe na mais completa acepção dessa palavra. Vá em frente e felicidades!

A moral cósmica não vê diferença entre um filho de sua carne e um que foi adotado. Todos são temporários.

Na onda da violência!

"Jurei-o de morte, mas hoje, depois de cinco anos, não penso mais em vingança. Peço para Deus dar o castigo que ele merece." (Carmem)

Seu irmão de vinte anos foi algemado, depois foi morto por um policial. Revoltada, você jurou vingança e agora diz que não pensa mais nisso. Entretanto confessa que pede a Deus que o castigue. Pelo jeito você não mudou nada. Continua desejando vingar-se.

Quando a violência nos atinge, é difícil aceitar. A maldade, a crueldade, ferindo uma pessoa indefesa machuca nossos princípios de justiça, porque mesmo que ela houvesse cometido um erro, jamais deveria ser sumariamente executada sem ter como se defender.

Essa guerra declarada entre os policiais e os marginais vem se estendendo em uma longa e terrível cadeia de ódios de parte a parte e fica difícil a seus participantes discernir, usar o bom senso. De um lado os bandidos, assaltando, roubando, matando, agredindo sem dó nem piedade suas vítimas. Do outro os policiais, desafiados a cada dia pela crueldade do mundo do crime, tendo seus amigos mortos, lidando com criaturas perigosas, colocando em risco a própria vida. Como ficam os nervos de todos eles? Não será por isso que muitos atiram antes para pensar depois?

Não tento justificar nada. Bom seria acabar com essa onda de violência que infesta nossa TV, nossos cinemas. De tanto aparecer nas telas, matar, explodir, bater, esfaquear, começa até a parecer uma forma natural de agir. Quando o "mocinho" bate mais, mata mais e melhor que qualquer "bandido", não estará se igualando a ele? Embora defender-se seja um direito, matar para conseguir seus fins não será sempre apoiar o mal e alimentar a violência?

Está mais do que provado que em uma guerra não há vencedor. Todos perdem. Apesar disso, as guerras continuam servindo às ambições de alguns em detrimento do sofrimento de muitos. Essa guerra entre os policiais e os bandidos, triste realidade de nossos dias, é alimentada pelo ódio de parte a parte, o que inutiliza os esforços daqueles que procuram solucionar o problema da violência.

Enquanto os policiais não se tornarem impessoais no exercício de suas funções, agindo com perícia, valorizando a ética, tudo continuará como está. Conter os marginais afastando-os do convívio da sociedade é o dever deles. Se deixarem o ódio de lado, estarão se colocando energeticamente superiores, terão mais poder para discipliná-los. Treiná-los para isso não seria bom?

Quanto a você, saia dessa guerra e da violência. Não deseje castigo para ninguém. Limpe seu coração do ódio. Você tem se encontrado com seu irmão em sonhos. Ele está muito bem, feliz e a tem protegido. Para que mais? Não é isso o mais importante? Esqueça e seja feliz!

Só quando aprenderem a disciplinar sem ódio é que os policiais atuarão com eficiência contra a violência!

A arte de se ajudar!

"Durante anos trabalhei como médium ajudando os outros. Se fiz tanto bem, por que tudo vai mal em minha vida?" (Rosane)

Porque você só se ocupou com os outros e esqueceu-se de si mesma. Assim deixou de lado sua responsabilidade maior que é a de desenvolver seus potenciais e alargar sua consciência. Foi para isso que você reencarnou.

Fazer o bem é agradável, e o que você fez em benefício dos outros certamente lhe granjeou muitos amigos, mas é só. Não acrescentou nada a seu progresso pessoal, não lhe abriu as portas do conhecimento das leis da vida, nem lhe ensinou como lidar com suas emoções, disciplinar sua mente. Esses são fatores indispensáveis a sua felicidade.

Os desafios no dia-a-dia representam oportunidades maravilhosas para que você aprenda como as leis universais funcionam. Tudo que lhe acontece, por mais simples que seja, traz um recado positivo para que você identifique as causas dos problemas que a afligem. Saber ler esses recados é perceber o próprio processo de amadurecimento interior e encontrar a maneira mais adequada para cada situação, com menos sofrimento e mais sucesso. Significa ver as coisas como são.

Quando alguém a prejudica ou destrata, ao invés de ficar magoada ou com raiva, já experimentou se perguntar: "Como eu atraí isso para mim?"

A vida a trata como você se trata. Se você se critica, maltrata, anula, sua energia fica ruim e atrai coisas ruins. Você é a única responsável por tudo que lhe acontece. Culpar os outros encobre a verdade e provoca julgamentos inadequados, alimentando mágoas, criando desentendimentos, aumentando a infelicidade, criando doenças.

Mas cuidado, descobrir que é você quem provoca os fatos ruins em sua vida não significa ficar se perseguindo ainda mais por causa disso, mas sim perceber seu poder na criação do próprio destino e usar inteligentemente essa descoberta substituindo suas crenças depreciativas e inadequadas por outras mais positivas. É só o que precisa para melhorar sua vida.

Cuidar melhor de si mesma significa reconhecer as qualidades que você sabe que tem, perceber os pontos fracos com naturalidade, sem ficar contra você nem julgar-se menos por isso. Reconheça que você é só o que é. Nem mais nem menos do que ninguém. Essa é a verdadeira humildade. Valorize suas qualidades, discipline sua mente evitando entrar nos exageros da dramaticidade. Continue a usar sua mediunidade em favor dos outros se o faz por prazer, mas lembre-se de que o mais importante é cuidar de seu progresso espiritual, de seu amadurecimento interior, de sua serenidade. Isso é o que realmente importa. Experimente e verá!

Ser humilde é saber que você é só o que é.
Nem mais nem menos do que ninguém!

Uma ceia de Natal diferente!

"Este será o primeiro Natal sem meu filho que morreu em abril em um acidente. Queria apagar essa data do calendário." (Magda)

De que adiantaria você ignorar o Natal se a dor da perda está ainda viva em seu coração? Não é fácil aceitar um acontecimento desses. O nascimento de um filho é sempre motivo de novos projetos para o futuro. Você sonhou para ele uma vida longa e feliz.

Entretanto, de um momento para outro todos os seus sonhos rolaram por terra. Ele partiu aos 28 anos, e você não se conforma. Não acredita em vida após a morte e o "nunca mais" aparece como uma ferida sem remédio.

Sua vida também parou nesse dia. Você não consegue esquecer sua tragédia. Vive em depressão, fecha-se no quarto e já avisou o resto da família que vai ignorar o Natal.

Essa atitude não vai diminuir sua dor, vai infelicitar ainda mais seus familiares, já machucados com o fato em si. A falta de fé a faz rebelar-se, mas nada que fizer vai mudar o que passou. Ficar chorando pelos cantos não vai trazer seu filho de volta.

Trate de reagir. Você tem marido e dois filhos que contam com seu apoio. Seu filho que partiu continua vivo em outra dimensão e um dia você estará com ele, então saberá por que vocês tiveram que passar por essa experiência. Não acontece nada sem a vontade de Deus e ele nunca erra! Acredite que o remédio foi amargo mas precioso para a felicidade de todos.

Informe-se, estude, faça experiências para saber se estou dizendo a verdade. Sua fé, sua certeza só virão quando você as procurar. As provas da sobrevivência após a morte estão por toda parte, se der abertura chegarão até você em profusão. Mas é preciso que você as busque, com sinceridade, persistência, boa vontade.

Ao invés de lamentar a morte de seu filho, agradeça a Deus pelos que ficaram. Dedique-se a eles. Em nome desse amor, faça de seu lar um ambiente alegre e acolhedor. Eles merecem. Saia do quarto, participe do Natal, aproveite a data para reafirmar a união de sua família. Enfeite a casa, faça a ceia, acenda luzinhas coloridas, troque presentes. Coloque flores no retrato de seu filho. Antes da ceia reúna todos os familiares diante do retrato de mãos dadas, e converse com ele em voz alta. Não fale de sua tristeza, nem do acidente, mas de seu amor e de quanto toda a família o ama. Afirme que todos vocês desejam sua felicidade. Que compreendem sua necessidade de partir e o libertam para que ele siga em paz.

Embora esses momentos sejam de emoção, se você tiver coragem de enfrentá-los, se sentirá aliviada. O olhar de seus familiares terá um novo brilho e essa será uma ceia de Natal diferente e inesquecível.

Ao invés de lamentar a morte de seu filho, agradeça a Deus pelos que ficaram.

Para viver melhor!

"Dizem que Deus ajuda as pessoas de bom coração, mas vejo muita gente ruim viver bem. Estou descrente." (Sônia Maria)

Você não se conforma em ver pessoas felizes enquanto sua vida vai mal. Julga-se bondosa, honesta e não entende por que não dorme direito, tudo que faz dá errado. Acha que seu dinheiro é amaldiçoado porque desaparece, não rende. São problemas e mais problemas, infelicitando sua vida.

Em sua cabeça Deus é um juiz, igual seu pai era quando você era criança, que lhe dizia que se fosse boazinha ele lhe daria tudo que lhe pedisse. Muita gente crescida confunde Deus com o pai, desejando agradá-lo para obter-lhe favores e regalias. Essa é a grande ilusão que não deixa perceber a vida como ela é.

As leis cósmicas que regem nossas vidas têm outros valores. Não protegem suas fraquezas mas favorecem tudo que possa levar você ao desenvolvimento da consciência, porque quanto mais consciente e mais lúcida, mais feliz você se tornará.

A vida trabalha para sua felicidade, cria estímulos a que você encontre a maneira mais adequada para conseguir viver bem, todavia espera que você aprenda a fazer a parte que lhe cabe.

Se tudo vai mal, ao invés de se lamentar seria melhor você tentar descobrir por quê.

Que atitude sua está atraindo infelicidade? Pode ter certeza que é você quem está fazendo isso.

Ser bondosa vai lhe granjear muitos amigos, mas eles por mais que a estimem não vão poder fazer sua parte na evolução de seu espírito. É você quem precisa aprender e só vai conseguir isso testando suas crenças, aprendendo quais as que dão bons resultados. Esse é o segredo de quem vive melhor. Saber apertar o botão certo é ter a atitude adequada em cada situação.

Aí você vai perguntar: "E como é que eu vou saber se uma atitude é adequada?" Quando o resultado for satisfatório. Deu errado, sua atitude não foi a indicada para o que você pretendia.

Estudando os resultados você irá aos poucos descobrindo o que não deve fazer. Já que tudo está ruim, por que não tenta fazer o inverso do que tem feito? Da descrença, passar a colocar Deus em sua vida; da queixa, passar ao agradecimento das coisas boas que tem; da inveja dos que são felizes, ocupar-se em fazer sua vida mais alegre; do pessimismo, buscar o otimismo.

Se fizer isso, com certeza dentro de pouco tempo terá obtido resultados muito diferentes e melhores do que até agora. Verificará que o poder de mudar seu destino está em suas mãos. Sentirá o prazer de cuidar do próprio progresso e a alegria de aprender sempre mais. Experimente e verá!

Quanto mais consciente e mais lúcida,
mais feliz você se tornará!

Hoje, quem pergunta sou eu!

Você já fez seu balanço do ano que está acabando? Que tal? Obteve resultados positivos ou as coisas continuaram na mesma rotina de sempre?

Se essa rotina foi razoável, você pode até achar que foi bom. Embora desejasse mais, conformou-se. Poderia ter sido pior. Por que não melhor? Esse conformismo não está sufocando seu entusiasmo bloqueando a realização de seus projetos mais caros?

Agora, você que sente-se infeliz e faz de sua vida um muro de lamentações vai responder que foi um ano muito ruim, como sempre. Mas que você não pôde fazer nada. A culpa é da situação do País. Você não tem sorte, Deus a esqueceu. Afirma que enquanto não acabar com os corruptos nada vai dar certo para ninguém. Também, o governo não cumpre seu papel de pai dos infortunados, etc., etc.

Será que você está certa quando acredita que reclamando muito, colocando-se como vítima, vai melhorar sua vida? Penso que não. Basta dar uma olhada naqueles que estão bem, desfrutando as alegrias de viver com conforto e prazer, em boa companhia e com saúde. Não seria interessante observá-los para descobrir como eles conseguiram isso?

A vida não protege ninguém. Pode-se aprender muito com a experiência deles. Se tiver oportunidade de conviver com uma pessoa bem-sucedida, confronte a maneira que ela tem de olhar a vida com a sua. Notará diferenças surpreendentes. Claro. Se para ela tudo está correndo bem, é porque ela soube encontrar o caminho mais adequado. Se para você está dando errado, é porque você se baseou em valores falsos que só podiam criar resultados ruins.

Mas o importante é daqui para a frente. Afinal vamos iniciar um ano novo e você pode fazer mais do que desejar que ele seja melhor do que o que está findando. Pode renovar-se, jogando fora todas as idéias e crenças que tem, afirmando que deseja abrir as portas ao conhecimento da verdade. Claro que terá que despojar-se dos preconceitos, das pequenas maldades do dia-a-dia, dos comentários jocosos sobre as fraquezas dos outros, de seu pessimismo, acreditando que você está esquecida pelos poderes superiores da vida ou que o sucesso e a felicidade não são para você. Pode criar dentro de você um sentimento de alegria, de confiança no futuro, de certeza na melhoria de sua vida. Pode não dar importância a nenhum pensamento depressivo, insistir em acreditar no bem, olhando com bons olhos até os fatos desagradáveis, aproveitando-os como lição e amadurecimento. Então, a vida vai testar para saber até que ponto você mudou. Se persistir nessa atitude positiva, aos poucos toda sua vida se transformará. E o ano que se inicia será verdadeiramente para você um ano maravilhoso, cheio de alegrias, luz e paz. Esses são meus votos!

Para tornar maravilhosos todos os anos de sua vida, basta largar a malícia e viver só no bem.

Mantendo o sucesso!

"Sou esforçada, trabalho muito, consigo progredir. De repente, tudo dá errado e volto à estaca zero. Por quê?" (Valdeci)

Você acha que está sendo vítima de inveja, de macumba, de energias negativas de pessoas que não querem seu sucesso. Tudo isso pode ser verdade, entretanto a vida é justa e responde a suas atitudes. Só atrai o mal quem mantém atitudes que geram isso.

Há muita gente maldosa mandando energias ruins para as pessoas, principalmente para as que estão mais em evidência e são vencedoras. Enquanto algumas são parcialmente atingidas, a maioria continua bem. O que faz a diferença? O que torna você vulnerável ao assédio de energias negativas? Por que o mal "pega" em você? Certamente porque você dá abertura.

Você vai dizer que é honesta, dedicada e que não deseja mal a ninguém. Acredito que tenha essas virtudes, mas para imunizar-se contra o assédio do mal é preciso mais. Há que desenvolver sua força interior, tomar posse de seu espaço, disciplinar a mente.

Para desenvolver sua força interior é preciso acreditar-se capaz e merecedora de sucesso ilimitado. Quando você acredita que determinado patamar é o máximo que poderá conseguir, está se limitando e nunca se permitirá ir além dele. É você quem se coloca no lugar em que está.

Para tomar posse de seu espaço, há que perceber, valorizar as qualidades que geraram seu sucesso e pontos que deve desenvolver para melhorar seu desempenho, acreditando na própria capacidade, sem medo dos desafios. Não coloque limites em sua aprendizagem. Você pode tudo!

Para disciplinar a mente há que prestar atenção nas conversas que tem com você, na intimidade de seu mundo interior. Há pensamentos que têm origem nas idéias aprendidas em sua família, na escola, na sociedade. Há os que são sugeridos pelas energias das pessoas encarnadas ou não, que circulam a sua volta. O importante é perceber que tipo de energias cada um tem e como você está se impressionando com elas. As que você não liga logo desaparecem, mas as que você teme, alimenta e acredita, permanecem gerando suas atitudes, criando pólos de atração afins. Acreditar que o mal tem poder, que é vítima desprotegida da maldade alheia, abre as portas às energias ruins, torna-a vulnerável.

Por outro lado, substituir os pensamentos depressivos pela crença no bem maior, confiar na força superior que comanda a vida, cria a sua volta energias de defesa que a tornam invulnerável ao assédio do mal. Acredite que a melhor defesa é disciplinar a mente procurando manter-se no bem. Se fizer isso, atrairá não só o sucesso estável como conquistará a harmonia interior que vai garantir seu bem-estar, sua alegria de viver!

Crer no bem maior e na força
da vida torna você invulnerável ao
assédio do mal e atrai só o melhor.

Sucessos de ZIBIA GASPARETTO

Crônicas e romances mediúnicos.
Mais de sete milhões de exemplares vendidos.
Há mais de dez anos Zibia Gasparetto vem se mantendo na lista dos mais vendidos, sendo reconhecida como uma das autoras nacionais que mais vende livros.

Crônicas: Silveira Sampaio

- PARE DE SOFRER
- O MUNDO EM QUE EU VIVO
- BATE-PAPO COM O ALÉM

Crônicas: Zibia Gasparetto

- CONVERSANDO CONTIGO!

Autores diversos

- PEDAÇOS DO COTIDIANO
- VOLTAS QUE A VIDA DÁ

Romances: Lucius

- O AMOR VENCEU
- O AMOR VENCEU *(em edição ilustrada)*
- O MORRO DAS ILUSÕES
- ENTRE O AMOR E A GUERRA
- O MATUTO
- O FIO DO DESTINO
- LAÇOS ETERNOS
- ESPINHOS DO TEMPO
- ESMERALDA
- QUANDO A VIDA ESCOLHE
- SOMOS TODOS INOCENTES
- PELAS PORTAS DO CORAÇÃO
- A VERDADE DE CADA UM
- SEM MEDO DE VIVER
- O ADVOGADO DE DEUS
- QUANDO CHEGA A HORA
- NINGUÉM É DE NINGUÉM
- QUANDO É PRECISO VOLTAR
- TUDO TEM SEU PREÇO
- TUDO VALEU A PENA
- UM AMOR DE VERDADE
- NADA É POR ACASO
- O AMANHÃ A DEUS PERTENCE

Sucessos de LUIZ ANTONIO GASPARETTO

Estes livros irão mudar sua vida!
Dentro de uma visão espiritualista moderna, estes livros irão ensiná-lo a produzir um padrão de vida superior ao que você tem, atraindo prosperidade, paz interior e aprendendo acima de tudo como é fácil ser feliz.

- ATITUDE
- FAÇA DAR CERTO
- SE LIGUE EM VOCÊ *(adulto)*
- SE LIGUE EM VOCÊ - nº1 *(infantil)*
- SE LIGUE EM VOCÊ - nº 2 *(infantil)*
- SE LIGUE EM VOCÊ - nº 3 *(infantil)*
- A VAIDADE DA LOLITA *(infantil)*
- ESSENCIAL *(livro de bolso com frases para auto-ajuda)*
- GASPARETTO *(biografia mediúnica)*

- PROSPERIDADE PROFISSIONAL
- CONSERTO PARA UMA ALMA SÓ *(poesias metafísicas)*
- PARA VIVER SEM SOFRER

- CALUNGA - Um dedinho de prosa
- CALUNGA - Tudo pelo melhor
- CALUNGA - Fique com a luz...

- série AMPLITUDE:

1- Você está onde se põe

2- Você é seu carro

3- A vida lhe trata como você se trata

4- A coragem de se ver

OUTROS AUTORES

Conheça nossos lançamentos que oferecem a você as chaves para abrir as portas do sucesso, em todas as fases de sua vida.

LOUSANNE DE LUCCA:

- ALFABETIZAÇÃO AFETIVA

MARIA APARECIDA MARTINS:

- PRIMEIRA LIÇÃO - "Uma cartilha metafísica"
- CONEXÃO - "Uma nova visão da mediunidade"
- MEDIUNIDADE e AUTO-ESTIMA

VALCAPELLI:

- AMOR SEM CRISE

VALCAPELLI e GASPARETTO:

- METAFÍSICA DA SAÚDE:

vol.1: sistemas respiratório e digestivo

vol.2: sistemas circulatório, urinário e reprodutor

vol.3: sistemas endócrino *(incluindo obesidade)* e muscular

MECO SIMÕES G. FILHO:

- EURICO um urso de sorte (infantil)
- A AVENTURA MALUCA DO PAPAI NOEL
E DO COELHO DA PÁSCOA (infantil)

MAURÍCIO DE CASTRO (pelo espírito Hermes):

- O AMOR NÃO PODE ESPERAR

RICKY MEDEIROS:

- A PASSAGEM
- QUANDO ELE VOLTAR
- PELO AMOR OU PELA DOR...
- VAI AMANHECER OUTRA VEZ
- DIANTE DO ESPELHO

MARCELO CEZAR (ditado por Marco Aurélio):

- A VIDA SEMPRE VENCE
- SÓ DEUS SABE
- NADA É COMO PARECE
- NUNCA ESTAMOS SÓS
- MEDO DE AMAR
- VOCÊ FAZ O AMANHÃ
- O PREÇO DA PAZ

MÔNICA DE CASTRO (ditado por Leonel):

- UMA HISTÓRIA DE ONTEM
- SENTINDO NA PRÓPRIA PELE
- COM O AMOR NÃO SE BRINCA
- ATÉ QUE A VIDA OS SEPARE
- O PREÇO DE SER DIFERENTE
- GRETA
- SEGREDOS DA ALMA

LEONARDO RÁSICA:

- FANTASMAS DO TEMPO - Eles voltaram para contar
- LUZES DO PASSADO

MÁRCIO FIORILLO (ditado por Madalena):

- EM NOME DA LEI

LUIZ ANTONIO GASPARETTO EM CD:

Aprenda a lidar melhor com as suas emoções, para conquistar um maior domínio interior.

- Prosperidade
- Confrontando a desilusão
- Confrontando a solidão
- Confrontando as críticas
- Confrontando a depressão
- Prece da Solução *(pelo espírito Calunga)*

- série VIAGEM INTERIOR *(n° 1, n° 2 e n° 3)*:

Através de exercícios de meditação mergulhe dentro de você e descubra a força da sua essência espiritual e da sabedoria. Experimente e verá como você pode desfrutar de saúde, paz e felicidade desde já.

- série REALIZAÇÃO:

Com uma abordagem voltada aos espiritualistas independentes, eis aqui um projeto de *16 cds* para você melhorar.

Encontros com o Poder Espiritual para práticas espirituais da prosperidade.

Nesta coleção você aprenderá práticas de consagração, dedicação, técnicas de orações científicas, conceitos novos de força espiritual, conhecimento das leis do destino, práticas de ativar o poder pessoal e práticas de otimização mental.

- série VIDA AFETIVA:

1- Sexo e espiritualidade

• série LUZES:
Coletânea de 8 cds, nos volumes 1 e 2.

Através de curso ministrado no Espaço Vida e Consciência, pela mediunidade de Gasparetto, os espíritos desencarnados que formam no mundo astral o grupo dos Mensageiros da Luz, nos revelaram os poderes e mistérios da Luz Astral, propondo exercícios para todos aqueles que querem trabalhar pela própria evolução e a melhoria do planeta.

Nesta coletânea trazemos aulas captadas ao vivo, para que você também possa juntar-se às fileiras dos que sabem que o mundo precisa de mais luz.

• série ESPÍRITO *(composto de 12 cds)*:

1- espírito do trabalho
2- espírito do dinheiro
3- espírito do amor
4- espírito da arte
5- espírito da vida
6- espírito da paz
7- espírito da natureza
8- espírito da juventude
9- espírito da família
10- espírito do sexo
11- espírito da saúde
12- espírito da beleza

A realidade tem muitas camadas, porém mais profunda é aquela que gera a existência das outras. Nós a chamamos de **Espírito**. Sendo o centro de cada um de nós, é pois o guia de nossos destinos rumo à realização.

Eleve-se, aprofunde-se e acorde para o seu espírito.

• série PALESTRA:

1- Meu amigo, o dinheiro
2- Seja sempre o vencedor
3- Abrindo caminhos
4- Força espiritual

ESPAÇO VIDA & CONSCIÊNCIA

É um centro de cultura e desenvolvimento da espiritualidade independente.

Acreditamos que temos muito a estudar para compreender de forma mais clara os mistérios da eternidade.

A Vida parece infinitamente sábia em nos dotar de inteligência para sobreviver com felicidade, e me parece a única saída para o sofrimento humano.

Nosso espaço se dedica inteiramente ao conhecimento filosófico e experimental das Leis da Vida, principalmente aquelas que conduzem os nossos destinos.

Acreditamos que somos realmente esta imensa força vital e eterna que anima a tudo, e não queremos ficar parados nos velhos padrões religiosos que pouco ou nada acrescentaram ao progresso da humanidade.

Assim mudamos nossa atitude para uma posição mais cientificamente metodológica e resolvemos reinvestigar os velhos temas com uma nova cabeça.

O resultado é de fato surpreendente, ousado, instigador e prático.

É necessário querer estar à frente do seu tempo para possuí-lo.

Maiores informações:
Rua Salvador Simões, 444 • Ipiranga • São Paulo • SP
CEP 04276-000 • Fone Fax: (11) 5063-2150
E-mail: espaco@vidaeconsciencia.com.br
Site: www.vidaeconsciencia.com.br

Luiz Antonio Gasparetto

INFORMAÇÕES E VENDAS:

Rua Agostinho Gomes, 2312
Ipiranga • CEP 04206-001
São Paulo • SP • Brasil
Fone / Fax: (11) 6161-2739 / 6161-2670
E-mail: editora@vidaeconsciencia.com.br
Site: www.vidaeconsciencia.com.br